T0354304

Las Pisadas de Cristo en el Antiguo Testamento Parte II

Jesucristo en los Libros Históricos y Poéticos

José A. Quiñones

WESTBOW
PRESS®
A DIVISION OF THOMAS NELSON
& ZONDERVAN

Santa Biblia, Reina-Valera. Revisión de 1995, Edición de Estudio, Sociedad Bíblica Americana.

Puede hacer pedidos de libros de WestBow Press en librerías o poniéndose en contacto con:

WestBow Press
A Division of Thomas Nelson & Zondervan
1663 Liberty Drive
Bloomington, IN 47403
www.westbowpress.com
1 (866) 928-1240

ISBN: 978-1-5127-3607-6 (tapa blanda)
ISBN: 978-1-5127-3608-3 (tapa dura)
ISBN: 978-1-5127-3606-9 (libro electrónico)

Numero de la Libreria del Congreso: 2016905053

Información sobre impresión disponible en la última página.

Fecha de revisión de WestBow Press: 03/28/2016

Índice

Dedicación

A mi Salvador Jesús quien murió por mí en la vergonzosa cruz.

A mi muy apreciado Dr. Dan C. Coker, ilustre profesor de la Biblia con toda una vida dedicada al servicio de la predicación principalmente en el continente americano. Humilde gran siervo del Señor que ha preparado a un sin número de líderes en la prédica de la Palabra en muchísimos países para beneficiar al mundo hispanoparlante. Excelente educador y hermano, de quien uno de los más bendecidos es su servidor, pues tuve la gran dicha de ser su estudiante en el Instituto Leta Baxter cuando estudié en México.

Agradecimientos

Al Espíritu Santo por las veces que me dio palabras para seguir escribiendo cuando ya en mi mente se agotaban las ideas y pensamientos.

A mi esposa Tere por su apoyo, ideas y ayuda en la corrección del manuscrito.

Al personal de WestBow Press por su colaboración y amabilidad en todo el proceso de la publicación.

Introducción

El mundo hebreo interpreta el tiempo en repetición y el griego en forma lineal. Si pudiésemos graficar la historia del Mesías en el Antiguo Testamento obtendríamos una secuencia lineal. Una serie de acontecimientos ya planificados por Dios desde antes de la fundación del mundo y escenificados por varios personajes sobresaliendo entre ellos Moisés. A este excepcional héroe, a quien la Biblia reconoce como el *hombre más manso sobre la tierra*, le llegó la hora de decir *adiós*. Había que seleccionar un líder íntegro capaz de seguir la enorme ejecutoria de Moisés. No se encontró otro mejor que Josué. Un hombre celoso de Dios con una fe que mueve montañas cuyo nombre significa "Jehová es salvación."

Hay un dicho popular que aplica a aquellos que desean ejercer una posición de liderazgo que dice que "los líderes no nacen, sino que se hacen." Y es que desde niños hay que enamorarse y soñar con aquello que nos gusta, ya sea un oficio, un deporte o las artes. Aunque no tengamos las habilidades, la experiencia de la vida nos dará la oportunidad de ver nuestros sueños hechos realidad. En la política, en especial en los países latinoamericanos, el *continuismo* en los líderes presidenciales o en partidos políticos es peligroso pues produce gobiernos dinásticos, principal fuente de corrupción. Podemos decir todo lo contrario cuando Dios es el que tiene las riendas de una nación. El salmista lo afirma con convicción y certeza cuando dice: *"Bienaventurada la nación cuyo Dios es Jehová"* (Salmo 33:12).

La incumbencia de Moisés por unos cuarenta años llegaba a su fin y también su vida, cumpliendo así un pensamiento judío sobre la estadía aquí en la tierra: *hay que morir para que otro tome mi lugar.*

No sabemos si Josué cuando niño demostraba cualidades de buen líder. Lo que sí sabemos es que estuvo con Moisés y fue su servidor siendo escogido entre los doce exploradores que inspeccionaron la tierra Prometida (Éxodo 24:13; Números 13:8). Al regreso, estos presentaron un informe de su expedición a Moisés y al pueblo que hizo que los israelitas se rebelaran en contra del liderazgo de Moisés. Algunos de los exploradores dijeron que las ciudades a conquistar eran muy grandes y fortificadas donde habitaban gigantes (Números 13:25-32). Moisés y su hermano Aarón simplemente se postraron sobre sus rostros ante la protesta del pueblo y sólo Josué y Caleb salieron a la defensa de ellos (Números 14:1-10).

Era necesario una *transición planificada* con anticipación para reemplazar al que había sido fiel en toda la casa de Dios, como *siervo*, por cuatro décadas (Hebreos 3:5). Y, ¡quién mejor que Josué! El fiel amigo de Moisés, de quien aprendió y en los momentos difíciles fue su defensor como un buen soldado.

Josué, un tipo de Jesucristo a quien con José y David se le pueden considerar las mejores representaciones del Mesías en el Antiguo Testamento. Josué significa *Jehová es salvación* y de acuerdo a la Escritura no tenemos registrado señales de que Josué hubiese pecado como sucedió con los demás personajes en el Antiguo Testamento. ¿Omisión del Espíritu Santo con algún propósito? ¡No lo sabemos! Por lo dicho por Pablo, *"no hay justo ni aun uno"* (Romanos 3:10), concluimos que sí pecó. Dios que absuelve de todo pecado al que le es fiel lo quiso presentar así para anticipar la vida de Su Hijo, puro y sin mancha. ¡Sabiduría de Dios en misterio!

Mientras hay fe, convicción, confianza y adoración a Dios las cosas marchan bien, hay progreso y se disfruta de paz. Como dijo el salmista,

"Si Jehová no guarda la casa, en vano trabajan los que la edifican" (Salmo 127:1). Y así sucedió a Israel con su nuevo líder, Josué, el que sustituyó a Moisés.

Con Josué a cargo de la administración política del gobierno de Israel la conquista tuvo su clímax y ordenadamente se repartió la tierra a cada tribu, excepto a los levitas porque ellos eran porción de Jehová. El que gobierna bien a una nación es recordado y respetado después de su muerte porque no queda en el olvido. *"Israel sirvió a Jehová durante toda la vida de Josué, y **durante toda la vida de los ancianos que sobrevivieron a Josué** y que sabían todo lo que Jehová había hecho por Israel"* (Josué 24:31 énfasis mío). ¡Un líder que inspiró a la próxima generación!

El gobierno de los *jueces* fue de anarquía. El pueblo se olvidó de los buenos principios de administración basados en la obediencia a la Ley de Jehová. Muy bien podemos encontrar en este período político una buena representación de lo que sucede cuando el hombre se arropa con el humanismo y se seculariza. A Dios le cierra las puertas y lo echa fuera porque piensa que no hace falta. Sigue la misma mentira que le dijo Satanás a Eva, *"no moriréis".* (Génesis 3:4). ¡Qué ridícula y descarada mentira! Como en la actualidad, aquí en los Estados Unidos, se prohíbe orar en las escuelas públicas pertenecientes a una institución gubernamental, con apoyo en la separación de iglesia/estado pero sí es permitido entrar a una cárcel a orar y enseñar la Palabra de Dios. ¡Políticos ignorantes y sin visión espiritual! Ignoran que Dios creó todas las cosas y es el que da la inteligencia (Job 12:13).

Israel cayó en la trampa de gobernarse a sí mismo dejando la adoración al Creador a la conveniencia y libertad de cada ciudadano. La Escritura resume así el resultado de tal sistema de gobierno: *"Pero acontecía que, al morir el juez, ellos volvían a corromperse, más aún que sus padres, siguiendo a dioses ajenos para servirlos e inclinándose delante de ellos. No se apartaban de sus obras ni de su obstinado camino"* (Jueces 2:19).

El gobierno terminó en un caos debido a la ausencia de un rey y porque cada cual hacía lo que le venía en gana (Jueces 17:6). Por tal razón, el profeta Samuel fue designado por Dios como el nuevo guía espiritual y enlace entre la época de los jueces y el establecimiento de la monarquía para tipificar al *Rey de reyes*, a Jesucristo.

Samuel, un personaje de gran talla, pues además de ser profeta y juez tuvo el distintivo de ser *sacerdote*. Como dijo Juan en su libro apocalíptico, *"Aquí hay sabiduría"* (Apocalipsis 13:18). Pues bien, antes de que llegara Samuel, la nación estaba hundida en el pecado. De la misma manera que cuando Jesucristo llega a la tierra no solo los judíos estaban lejos de Dios, sino que el diablo estaba *haciendo su agosto* tomando ventaja de la miseria humana. Samuel ejerció como sacerdote como antesala al establecimiento de un *rey* en Israel que presagiaba al *Mesías*. Lo intrigante de este hecho es que Samuel no descendía de la tribu de Leví de donde descendían los sacerdotes, tampoco Jesucristo, quien es sumo Sacerdote para siempre. La descendencia de Cristo (como bien escribió el autor de la carta a los Hebreos), *"vino de la tribu de Judá, de la cual Moisés nada habló del sacerdocio"* (Hebreos 7:14). ¡Sabiduría de Dios en misterio!

Después del fracaso de los jueces y del primer rey, Saúl, Dios introduce a la figura central, es decir al rey David, en su plan mesiánico. La época de gobierno monárquico no fue muy exitosa. Se parece a lo que sucede con nuestros políticos en la actualidad. Escándalos, corrupción, conspiraciones y desobediencia a la Ley de Dios era la orden del día. Y es que la Biblia no es un libro de historias, de leyendas y sucesos que no tienen sentido y veracidad como sucede con el origen de muchas religiones. Lo que leemos en la Biblia cumple con esa frase periodística, muy cierta por demás, "la noticia tal como es", ¡sin opiniones o alteraciones!

En un relato bíblico encontramos la información tal como sucedió. Sin editar. No hay parcialidad. No se protege al fulano de tal, de gran influencia, bien parecido y elefantón. Al que tiene los billetes o a quien se considera carismático para gobernar. Las debilidades, medias mentiras e incredulidades de Abraham se escribieron tal como sucedieron. Salió a la luz pública el pecado de fornicación de Moisés, ¡el hombre más manso de la época! De Jacob, padre de la nación israelita, se publicó todo el enredo de su familia, riñas y odio entre sus hijos quienes llegaron a ser cabezas de las doce tribus israelitas. Consabido es la falla del hijo de David, Salomón, quien por su apetito sexual tuvo más que un fan club exclusivo de mujeres.

¿Y qué se puede decir de David? El hombre que debió haber sido procesado y sentenciado con la pena de muerte. Un *adúltero y homicida* que, aún así, siguió siendo el rey de Israel y la raíz de donde vino el Mesías. Él es el personaje del Antiguo Testamento más mencionado en relación al Hijo de Dios. ¡Y quién mejor que David para encaminar la descendencia del Mesías! El que oró diciendo, *"Bienaventurado el hombre a quien Jehová no culpa de iniquidad"* (Salmo 32:2).

La época de los reyes es una de fracaso, rebeldía y castigo. El profeta Isaías acertó muy bien al describir este periodo de gobierno resumiéndolo en una sola oración: *"pero vuestras iniquidades han hecho división entre vosotros y vuestro Dios y vuestros pecados han hecho que oculte de vosotros su rostro para no oíros"* (Isaías 59:2). Lo interesante es que aun así, Dios estaba trazando la línea mesiánica durante una época caracterizada por el desprecio de su pueblo hacia Él. ¡El amor de Dios nunca desaparece!

Por un deseo equivocado, Israel pidió un rey pues quería *ser como las demás naciones*. ¡Qué horror! Dios es la fuente de todo, el Creador, y como dijo Pablo, *"porque en él vivimos, nos movemos y somos"* (Hechos 17:18).

David es la figura central en este periodo monárquico. No sólo se destacó como un gran líder, sino que fue el escritor de salmos mesiánicos que anuncian y prefiguran a Jesucristo desde su nacimiento hasta que logre poner a sus enemigos bajo sus pies cuando Él regrese por segunda vez. Los salmos, después del libro de la profecía de Isaías, que se le conoce también como el evangelio en el Antiguo Testamento, son la fuente más enriquecedora en cuanto al ministerio de Cristo.

Después de haber escudriñado la literatura sapiencial (Job, Salmos, Proverbios, Eclesiastés y Cantar de los Cantares) me he dado cuenta que su contenido va más allá de la belleza de un estilo poético. No son escritos acomodados para apaciguar las emociones, levantar al corazón entristecido o deleitar a quien amamos. Son también proféticos. ¡Mucha profecía que anuncia la vida, muerte y resurrección de Jesús! Con mucho respeto a todos los que han dedicado mucho tiempo al estudio e investigación de los libros sapienciales digo que los salmos, en especial, deberían estar incluidos entre los profetas. ¡Perdonadme este atrevimiento y otros más, en la lectura de esta segunda parte!

Hay que considerar la parte humana de Jesús ya que María fue su madre. Sin la naturaleza carnal y temporera Cristo se hubiese presentado en la tierra como otras apariciones semejantes a las encontradas en el Antiguo Testamento. Por ejemplo, el varón con la espada desenvainada, Príncipe del ejército de Jehová, que enfrentó a Josué antes de empezar la conquista de la tierra Prometida (Josué 5:13-15).

La parte corporal de Jesús y la divina se unieron para darnos el evangelio de salvación creando así un sólo pueblo, santo y redimido por su sangre y la gracia de Dios. El Hijo de Dios fue tentado en todo pero sin llegar a pecar. La parte humana de Jesús no podía estar representada en un personaje de aparente perfección, sino en uno que conoció los efectos miserables del pecado cuando no se obedece la Ley de Dios. David vivió en carne propia los efectos de tal desobediencia.

Examinando la genealogía de Jesucristo, aunque es difícil llegar a una conclusión exacta por la falta de información, digo que David es el más pecador de todos los antecedentes del Mesías o Cristo. Todos pecaron como lo manifiesta Pablo, pero David tuvo la característica de que cuando caía en las garras del pecado se *acercaba* a Dios. No huía de su presencia como lo hizo el profeta Jonás, prefigurando así nuestro llamamiento. En todo momento, no importa nuestra situación pecaminosa, debemos acercarnos a Dios pues el Espíritu Santo es el que nos convence de pecado y nos conduce al arrepentimiento. *"Él os dio vida a vosotros, cuando estabais muertos en vuestros delitos y pecados"* (Efesios 2:1). ¡Sabiduría de Dios en misterio!

1

Una Transición Necesaria: de Moisés a Josué

"Nunca más se levantó un profeta en Israel como Moisés, a quien Jehová conoció cara a cara"
(Deuteronomio 34:10)

Es un estado de confusión cuando después de trabajar por largos años bajo la dirección de un jefe que ha demostrado ser un gran líder y un buen día cuando todo parece marchar con tranquilidad en la empresa para la cual laboramos, nos citan al salón de conferencias. De repente nos sentimos como *ovejas enmudecidas delante de los trasquiladores.* Lo primero que pasa por nuestra mente es que se anunciará el último día de trabajo en la organización. La noticia sorpresiva es que nuestro jefe al que nos acostumbramos y con quien nos encariñamos por su buen ejemplo y desempeño, porque fue como un mentor guiándonos por un camino de excelencia en nuestro progreso profesional, ahora ya no lo tendremos a nuestra disposición. Ya no lo veremos en el lugar acostumbrado porque ha sido promovido a otro departamento por su excelente ejecución en su puesto o ha encontrado otros horizontes. La tristeza en ese momento se puede comparar al último día del año escolar en la escuela primaria, cuando el/la maestro(a) se convirtió en el segundo papá o mamá y nos hizo una fiestecita para decirnos adiós. Mis lágrimas se derramaban porque ya terminaba aquella costumbre mañanera, recordada por la estrofa contenida en la canción *Mi Escuelita*, que dice: *Lo primero que yo hago, saludar a mi maestra y después a mi trabajo. Mi escuelita, mi escuelita, yo la quiero con amor...*

La partida de Moisés fue también muy triste para el pueblo de Israel hasta el punto que lo lloraron por unos treinta días (Deuteronomio 34:8). Él estuvo al frente de ese pueblo por cuarenta años. Aguantando todas sus quejas por falta de agua y comida en un desierto de sinsabores que alimentaba el deseo de un pueblo cansado a protestar y culpar sin misericordia a sus líderes. Moisés logró ser su gran líder porque tenía quizás la característica que distingue a todo buen gobernante de una nación o institución. Era el hombre más *mans*o sobre la tierra en aquella época (Números 12:3).

Un buen líder se distingue y alcanza madurez cuando en momentos muy difíciles de incertidumbre mantiene la calma y mostrando templanza logra que el pesimismo no invada a la organización que dirige. Como empleados, si nos encontramos en una situación de diferencia con nuestro jefe inmediato nos ponemos en una situación de vulnerabilidad con simplemente acatar las órdenes y no dialogar y exponer nuestros puntos de vista. Moisés fue el jefe que corregía y exhortaba pero también estaba abierto al diálogo tanto con los subordinados al igual que con el Creador.

El pueblo de Israel cometió un gran pecado ante Dios cuando en ausencia de Moisés y por dirección de su hermano Aarón decidió hacerse un becerro de oro y adorarlo en lugar de rendir culto y adoración a Jehová (Éxodo 32:1-4). Esa acción muy ignorante de Aarón y de los israelitas hizo enojar a Dios hasta el punto que determinó erradicar por completo al pueblo de Israel y hacer un nuevo pueblo de la descendencia de su siervo Moisés (v. 9-10). Ante esa situación, como se dice en el lenguaje del béisbol, Moisés pegó un batazo de cuatro esquinas. Él pudo haber procedido como la mayoría de nosotros hacemos cuando el jefe toma una decisión drástica: aceptar lo que el supervisor decide sin cuestionarlo. En ese momento Moisés se puso su mejor vestimenta: *un traje hecho cien por ciento de mansedumbre.* ¡Esa virtud fue su arma más poderosa! Moisés logró convencer a Dios de que desistiera de eliminar a un pueblo al que ya Él le había prometido una tierra que *fluye leche y miel* (Éxodo 3:8; 32:11-14).

Josué: Sucesor de Moisés

En cualquier deporte el debut de un novato o *rooky* es algo emocionante, especialmente para sus familiares, haciendo correr una gran expectativa y emoción por todo el estadio. Esa primera experiencia para cualquier jugador es inolvidable. Por ejemplo en el deporte de béisbol de Grandes Ligas, si un jugador novato logra conectar un hit o un vuelca cercas (home run) en esa primera oportunidad, tal hazaña es suficiente para acaparar al siguiente día los titulares de la sección deportiva de los medios noticiosos y los ojos de los analistas deportivos velarán muy de cerca su futuro desarrollo.

Desde que apareció en escena bíblica y durante la travesía del pueblo de Israel desde Egipto hasta la tierra Prometida Josué demostró celo, convicción y un amor incondicional hacia Dios. Lo encontramos por primera vez en la batalla contra Amalec, un aferrado enemigo de Israel descendiente de Esaú, hermano de Jacob o Israel, que atacó la retaguardia de Israel en la ciudad de Refidim (Génesis 36:12; Éxodo 17:8-16). Por orden de Moisés Josué organizó el ejército que peleó contra los amalecitas. Fue una batalla campal y sonante donde la *fe* fue el factor determinante demostrado por la acción de sostener en alto las manos de Moisés. Cuando a Moisés se le cansaron las manos tomaron una piedra y lo sentaron mientras Aarón y Hur sostenían los brazos de Moisés en alto hasta que Amalec y su pueblo fue derrotado. En la Biblia levantar las manos hacia arriba, al cielo, es símbolo de poder, orar e implorar el favor de Dios (Deuteronomio 32:40; Hebreos 12:12; Lucas 24:50). Esta batalla fue tan exitosa que Moisés erigió un altar a Dios y lo llamó *Jehová-nisi* o *Jehová es mi bandera* (Éxodo 17:15-16).

Más adelante en el capítulo veinticuatro del libro del Éxodo nos encontramos con la nueva noticia que Josué es el servidor de Moisés, su ayudante o mano derecha a quien Moisés le otorgó el privilegio de subir al Monte Sinaí para recibir la Ley y los mandamientos (Éxodo 24:12-14, cf. Números 11:28).

El nombre original de Josué era Oseas, que significa *salvación*. Josué significa *Jehová es salvación*. Hijo de Nun un descendiente de la tribu de Efraín (Números 13:8, 16). Él fue el líder principal de entre los doce exploradores enviados por Moisés a reconocer la tierra Prometida, Canaán. De ese grupo sólo Josué y Caleb trajeron buenas noticias de la tierra que *fluye leche y miel*. Los demás desanimaron al pueblo de Israel dándoles información exagerada del poderío de los habitantes que por su poca fe los veían como gigantes (Números 13:27-33; 14:30, 38). Estos dos varones de una altura espiritual inigualable tienen la distinción de ser los únicos que entraron a la tierra Prometida de toda aquella muchedumbre que salió de Egipto bajo la mano poderosa de Jehová (Números 26:63-65, Deuteronomio 1:38). Moisés antes de morir designó a Josué como su sucesor pronunciando unas palabras exhortativas que quedaron como un fundamento del éxito de los futuros líderes de Israel: *"Jehová va delante de ti; él estará contigo, no te dejará ni te desamparará. No temas ni te intimides"* (Deuteronomio 31:8; cf. 34:8).

No hay duda que Josué fue un hombre celoso y lleno de fe que tuvo éxito por su dedicación y total entrega a Dios. En su libro, que lleva su nombre, Dios usó unas cuantas frases muy inspiradoras que no solamente ayudaron a Josué en su nueva y difícil encomienda, sino a todo aquel que se acerque a Dios en cualquier momento de dificultad o tarea que emprenda. Jehová le dijo:

___ *"no te dejaré ni desampararé"* (Josué 1:5)
___ *"Esfuérzate y sé valiente"* (Josué 1:6)
___ *"para que seas prosperado en todas las cosas que emprendas"* (Josué 1:7).
___ *"porque Jehová, tu Dios, estará contigo dondequiera que vayas"* (Josué 1:9).

Josué, al igual que Abraham, se graduó con altos honores de la escuela de la fe. Con su desarrollo espiritual y fe en Dios nos dejó un legado o fundamento que nos ayuda a tener una buena relación con Dios. En su último discurso exhortó al pueblo de Israel a servir de todo corazón a Jehová: *"Si mal os parece servir a Jehová, escogeos hoy a quién sirváis; si a los dioses a quienes sirvieron vuestros padres cuando estuvieron al otro lado del río, o a los dioses de los amorreos en cuya tierra habitáis; pero yo y mi casa serviremos a Jehová"* (Josué 24:15).

El Gran Trío: Moisés, Josué y Jesús

En la historia de la música hispanoamericana, allá por las décadas de los 50 a los 70 nos encontramos con la gran aportación y desarrollo de los tríos musicales que con sus voces y sonidos de cuerdas nos llenaban de ilusiones y sueños con sus hermosas melodías. Tuve la gran suerte de disfrutar esas bellas canciones durante mi niñez y juventud. También se escuchaba a los dúos, cuartetos y quintetos, pero los *tríos* dominaron por décadas. La combinación de tres guitarras y tres voces es una combinación perfecta y agradable a nuestros oídos.

En la narración de la creación el día número tres es distinto a los demás debido a que Dios lo bendijo dos veces, los otros los bendijo una sola vez (Génesis 1:9-13). Esta es una razón por la cual en el tercer día los judíos celebran bodas. Como ejemplo, Jesús asistió a las bodas en Caná de Galilea un tercer día o un martes.

El número tres en la Biblia es una combinación perfecta que representa la Divinidad como Padre, Hijo y Espíritu Santo. Hay tres que dan testimonio en el cielo: el Padre, el Verbo y el Espíritu Santo (1 Juan 5:7). También tres dan testimonio en la tierra: el Espíritu, el agua y la sangre (1 Juan 5:8).

En el bautismo de Cristo hubo una demostración de la Divinidad en tres formas: el Espíritu descendiendo y posando sobre el Hijo y la voz de <u>Dios</u> declarando a toda la tierra y cielos: *«Éste es mi Hijo amado, en quien tengo complacencia.»* (Mateo 3:17). En la creación se manifestó la voz de <u>Dios</u>, el <u>Hijo</u> creando y el <u>Espíritu</u> *moviéndose sobre la faz de las aguas* (Génesis 1:1; Colosenses 1:16; Hebreos 1:2). En la transfiguración se presentaron tres personajes: Moisés representando a la ley, Elías a los profetas y, Cristo a la gracia (Mateo 17:1-13). Las virtudes cristianas son tres: la fe, la esperanza y el amor (1 Corintios 13:13). La nueva Jerusalén tendrá tres puertas en cada punto cardinal para un total de doce puertas (Apocalipsis 21:13). El número doce representa al pueblo de Dios.

El nombre de Moisés significa *sacado de las aguas,* que podría entenderse en términos de salvación, pues era un inocente bebé en una canasta entre los juncos en la orilla del río Nilo cuando fue rescatado por una criada de la hija del faraón (Éxodo 2:1-6). Aunque Moisés fue un gran personaje de quien se dice en la Biblia que *"Nunca más se levantó un profeta en Israel como Moisés, a quien Jehová conoció cara a cara"* (Deuteronomio 34:10) y que era el más manso de entre todos los hombres de la tierra (Números 12:3), su vida como la de cualquier ser humano, estuvo *manchada* por el pecado. Sus excusas para rechazar el llamado de Dios abundaron (Éxodo 3:11, 13; 4:1, 10, 13). Entró en un momento de ira cuando Dios le ordenó que hablara a la roca para que fluyera agua y en su furia la golpeó con la vara por lo cual Dios le prohibió entrar a la tierra Prometida (Números 20:1-13; Deuteronomio 32:48-52). Su matrimonio con Séfora, mujer madianita, quedó salpicado por una relación adúltera con una mujer cusita (Números 12:1).

Josué fue llamado por Dios para vestir el calzado de Moisés y llevar al pueblo de Israel hasta su final jornada conquistando la tierra Prometida. Los nombres en hebreo de Josué (Y'hoshua) y de Jesús (Yeshua, una elipsis de Y'hoshua) transmiten la idea de salvación o liberación, literalmente "Dios es salvación."

Moisés al pasar el mando a Josué y poco antes de morir dijo: *"Ya tengo ciento veinte años de edad y no puedo salir ni entrar"* (Deuteronomio 31:2). En su último discurso Josué pronunció unas palabras objetivas que nos ayudan a reflexionar sobre la brevedad de la vida: *"Yo estoy próximo a entrar hoy por el camino que recorren todos"* (Josué 23:14). Jesús antes de ir a la cruz dijo: *"Os conviene que yo me vaya, porque si no me voy, el Consolador no vendrá a vosotros; pero si me voy, os lo enviaré"* (Juan 16:7). Y fue a su destino, la cruz. Descansó en el corazón de la tierra tres días y tres noches (Mateo 12:40), resucitó y regresará por segunda vez (1 Corintios 15:50-53).

Los tres grandes: Moisés liberó al pueblo de Israel, Josué conquistó la tierra Prometida y Cristo, el más grande, conquistó al pecado, la muerte y a Satanás para presentarnos ante Dios sin mancha (Colosenses 1:21-22; Hebreos 2:14).

Josué: un Tipo de Jesucristo

En el libro de Josué encontramos tres detalles o eventos que hacen de él un personaje único y una representación de un *ser divino*, un buen tipo o representación de Jesucristo. En primer lugar con Josué nos encontramos con un personaje sin igual, sin tacha. No es que haya vivido perfecto y sin pecado, es que la Escritura no relata que haya cometido falta alguna. ¡Tuvo un récord limpio! Simplemente leemos en las páginas sagradas el desarrollo de un personaje que temió y obedeció a Dios con un celo que lo sitúa por encima de cualquier otro en la historia de Israel. Tomando en consideración lo que dijo Pablo que, *"no hay justo, ni aun uno,"* entendemos que sí pecó. Pienso que el Espíritu Santo quiso mostrar a Josué como una representación de la perfección de Jesucristo quien de acuerdo a Pedro, *no pecó ni hubo engaño en su boca.* Josué fue un personaje del presente y del futuro. Su vida ejemplar y buena ejecutoria fue de tanta influencia que Israel sirvió a Jehová durante todo el tiempo que Josué los gobernó al igual que la próxima generación (Josué 24:31).

Un detalle muy particular de Josué como siervo de Dios es que, siendo descendiente de la tribu de Efraín, su primera tarea fue de guardián "en medio del Tabernáculo" (Éxodo 33:11). Tal asignación, por instrucciones de la Ley, estaba reservada a los levitas y sacerdotes. El extraño que se acercaba se encontraba con la muerte (Números 1:47-53; 3:10, 38; 16:40; 18:1-7). De la misma manera, los únicos que podían ser nombrados sumos Sacerdotes eran los levitas descendientes de Aarón quien era un levita (Éxodo 28:1). Jesucristo es nuestro sumo Sacerdote y su descendencia según la carne, al igual que la de Josué, tampoco era de Leví. Tal situación la pone en perspectiva el autor de la carta a los Hebreos que hablando del sacerdocio de Jesucristo dice: *"Porque sabido es que nuestro Señor vino de la tribu de Judá, de la cual nada habló Moisés tocante al sacerdocio"* (Hebreos 7:14; cf. v. 20-25). El sacerdocio levítico no era para siempre y tuvo su fin. Jesucristo es sumo Sacerdote de acuerdo a una orden sacerdotal *celestial*, la de Melquisedec (v. 15-17).

Por último, en el capítulo 10 de su libro se menciona la batalla y derrota de los amorreos en la cual una coalición de cinco reyes peleó contra Israel. Fue una victoria por la intervención directa de Dios desatando Su poder contra tales reyes. Después de que los amorreos fueron derrotados, Josué habló a Dios en presencia de los israelitas implorándole que *"el sol se detuviera en Gabaón"* y el sol se paró (v. 12-13). Ahora bien, el versículo 14 dice que antes ni después de tal acontecimiento, no ha sucedido que *Dios haya obedecido a la voz de un hombre*. Dios es Rey, Creador y no hay otro dios. Él no tiene que obedecer a ningún ser humano.

En el salmo 110 encontramos algo sorprendente que nos deja con cierto desafío para entender. El primer versículo del salmo dice que "mi Señor," esto es Jesucristo, se sienta a la *diestra* de Jehová. Pero en el versículo cinco de dicho salmo, después de que Jehová jura que Jesucristo es nombrado sacerdote según el orden de Melquisedec, es Dios (El Señor), no Jesucristo, el que se sienta a la *diestra* en el trono de Dios, para vencer a los enemigos del Rey. ¡Dios a la disposición de Su Hijo para vencer a sus enemigos!

¡Algo misterioso, celestial y divino había en Josué para que Dios le obedeciera! ¡Jesucristo y Josué: sus nombres significan "Dios es salvación"! ¡Sabiduría de Dios en misterio!

2

El Ángel de Jehová

"Allí se le apareció el Ángel de Jehová en una llama de fuego, en medio de una zarza."
(Éxodo 3:2)

La tecnología ha eliminado oficios que en el pasado eran sectores de muchos empleos. El sistema de correos quizás sea el más afectado por las redes sociales, las cuales casi igualan la velocidad de la luz. Desde nuestro computador y teléfonos celulares nos comunicamos alrededor del planeta y hacemos tareas como comprar un boleto de avión cuando en décadas anteriores teníamos que ir a alguna agencia y alguien, con la información personal necesaria nos ayudaba para lograr tal gestión. Los empleos en el área de mensajería y correos se han afectado grandemente pero no así el de los mensajeros espirituales y celestiales. Ellos están muy ocupados sirviendo a Dios y a los seres humanos. Ellos no necesitan dar un *upgrade* o un reemplazo con la última versión a sus programas de sistemas operacionales pues no utilizan *tecnología* digital sino *celestial*.

La palabra *ángel,* en hebreo *malac* y en griego *anguelos* significa mensajero, embajador, delegado, enviado. Evangelio o *euanguelio* es un vocablo en el idioma griego cuyos componentes son *eu,* un adjetivo que significa *bueno* y *anguelion* que significa mensaje. Por lo tanto, evangelio se traduce como un buen mensaje o buenas noticias.

9

Los ángeles son mensajeros y servidores de Dios para comunicar su mensaje o voluntad a los seres humanos. En la Escritura encontramos a arcángeles encargados de grandes misiones como el arrebatamiento de la iglesia (1 Tesalonicenses 4:16), luchando contra el *Maligno* (Judas 9) y ejecutando los juicios de Dios (Apocalipsis 12:7, 8). Los únicos nombres dados a los seres angelicales son *Miguel* y *Gabriel.* Este último se le apareció a Daniel para enseñarle sobre una visión, a Zacarías para anunciarle el nacimiento de Juan el Bautista y a la virgen María le dio la buena nueva del nacimiento del niño Jesús (Daniel 8:16; 9:21; Lucas 1:8-13; 26-38).

El ministerio de los ángeles en los planes proféticos de Dios para redimir a los humanos es abarcador. *"¿No son todos espíritus ministradores, enviados para servicio a favor de los que serán herederos de la salvación?"* (Hebreos 1:14). En el libro de Job a los ángeles se les llama "hijos de Dios" o seres divinos quienes se alegraron ante la belleza y complejidad de la creación (Job 38:4-7). Por lo tanto, los ángeles fueron creados antes de la humanidad. La ley fue entregada a Moisés por medio de ángeles (Gálatas 3:19; Hechos 7:53). Estos seres celestiales amenizaron y proclamaron la gloria de Dios en el nacimiento de Su Hijo (Lucas 2:8-14), servían al Señor Jesucristo cuando fue tentado por Satanás (Mateo 4:11; Marcos 1:13) y estuvieron presentes en Su resurrección (Mateo 28:2; Juan 20:12).

Los ángeles, a diferencia de los que hemos sido redimidos por la preciosa sangre de Jesús, no reciben los beneficios y bendiciones de una salvación tan grande, hecha posible por el sacrificio del Hijo de Dios. Solo pueden mirar y contemplar las riquezas de la gracia recibida gratuitamente por el amor inmenso de Dios: *"cosas en las cuales anhelan mirar los ángeles"* (1 Pedro 1:12b; cf. Juan 1:17).

El Ángel de Jehová

"Aconteció que estando Josué cerca de Jericó, alzó los ojos y vio a un hombre que estaba delante de él con una espada desenvainada en su mano. Josué se le acercó y le dijo: —¿Eres de los nuestros o de nuestros enemigos? —No —respondió él—, sino que he venido como Príncipe del ejército de Jehová. Entonces Josué, postrándose en tierra sobre su rostro, lo adoró y le dijo: —¿Qué dice mi Señor a su siervo? El Príncipe del ejército de Jehová respondió a Josué: —Quítate el calzado de los pies, porque el lugar en que estás es santo. Y Josué así lo hizo" (Josué 5:13-15).

En el Antiguo Testamento Dios se manifestó de diversas maneras dependiendo de la situación o ambiente cuando se comunicaba con los patriarcas a través de los profetas (Hebreos 1:1). En algunas historias nos encontramos con un ser misterioso que comúnmente se le conoce como el *Ángel de Jehová* o Príncipe de su ejército. Su presencia por primera vez se registra en Génesis (16:7, 10) cuando Él encuentra a Agar en gran aflicción por ser echada fuera de la casa de Abraham. Sarai, esposa de Abraham, tenía celos de Agar su sierva después que ésta dio a luz un hijo a Abraham por mandato de la misma Sarai quien era estéril.

En otra ocasión Dios ordena a Abraham que sacrifique su único hijo Isaac. En el instante que Abraham levanta su mano con el cuchillo para sacrificar a su unigénito el Ángel de Jehová lo llama desde el cielo para que desista de tal gestión pues Abraham había demostrado, con levantar su mano, que estaba dispuesto a obedecer a Dios sacrificando a su hijo Isaac (Génesis 22:9-18). Esa mano movida hacia lo alto fue impulsada por fe y no por energía y movimiento muscular.

La experiencia más asombrosa que tuvo Moisés antes de que gobernara Israel fue cuando Dios se le apareció en una zarza ardiendo en el monte Sinaí (Horeb) para anunciarle su plan de liberación del pueblo israelita que estaba siendo afligido por los egipcios (Éxodo 3:1-10). La voz que emanaba de la zarza ardiente era la del Ángel de Dios (v. 2) que luego es identificado como *Dios* mismo cuando habla con él (Moisés) en el versículo cuatro. En algunos casos, como lo fue el de Gedeón, la persona que experimentaba la presencia del Ángel sentía que estaba ante Dios mismo y así se dirigía a Él (Jueces 6:22-24, cf. Éxodo 33:20). Cuando a Manoa, el papá de Sansón, le fue anunciado por el Ángel de Jehová que iba a darle un hijo, tanto él como su esposa, que era estéril, temieron por su vida al darse cuenta que estaban ante la presencia de Jehová y exclamaron: *"Ciertamente moriremos, porque hemos visto a Dios"* (Jueces 13:22b, cf. Génesis 32:30).

Cristo y los Ángeles

Entre los judíos, incluyendo a los que habían aceptado a Jesucristo como el Hijo de Dios, existía la creencia de que los ángeles eran superiores a Cristo. Tal creencia se puede entender por el hecho que la ley fue otorgada al pueblo de Israel en el monte Sinaí por disposición de ángeles (Hechos 7:53; Galatas3:19). De acuerdo a la Biblia, Cristo fue hecho un poco menor que los ángeles por una brevedad, unos treinta y tres años, con el único propósito de cumplir los planes de Dios, experimentando la muerte para salvar al mundo de sus pecados. *"Pero vemos a aquel que fue hecho un poco menor que los ángeles, a Jesús, coronado de gloria y de honra a causa del padecimiento de la muerte, para que por la gracia de Dios experimentara la muerte por todos"* (Hebreos 2:9).

El autor de la Epístola a los Hebreos combate tal creencia en el mismo primer capítulo y con un estilo de preguntas y respuestas, el escritor presenta a Cristo superior a los ángeles. El primer argumento es que Dios a ningún ángel ha llamado "mi Hijo" (Hebreos 1:5a), tampoco ha declarado que es padre de algún ser celestial (Hebreos 1:5b) y sólo a Jesucristo ha declarado como Su Hijo amado (Mateo 3:17). En la Biblia no se encuentra un mandamiento de parte de Dios para que adore a los ángeles (Hebreos 1:6) y por último, jamás Jehová a dicho a un ángel que se siente a su diestra (1:13).

De Jesucristo dice: *"tu trono Dios"* (Hebreos 1:8), *"Tú, Señor, en el principio fundaste la tierra, y los cielos son obra de tus manos"* (1:10) y, *"Pero tú eres el mismo, y tus años no acabarán"* (1:12). Ante Jesucristo, los seres humanos solo podemos exclamar y decir que Él no es de este mundo ni se parece a un ser celestial. Su grandeza y poder se comparan a la de Dios. De Moisés podemos señalar que fue un gran libertador, de Salomón el más inteligente de los seres humanos, de Aristóteles un gran filósofo. Ha habido grandes hombres y mujeres cuyos talentos e inteligencia los han llevado a ser inmortalizados a la vista humana. Jesucristo no tiene igual. No lo podemos comparar con los humanos ni tampoco con los seres celestiales porque Él es totalmente divino: *"A ellos también pertenecen los patriarcas, de los cuales, según la carne, vino Cristo, el cual es Dios sobre todas las cosas, bendito por los siglos"* (Romanos 9:5).

¿Quién es el Ángel de Jehová?

Pablo nos dice que quien iba acompañando al pueblo de Israel durante los cuarenta años que tardaron en arribar a la tierra Prometida fue Jesucristo en forma de una nube de fuego (1 Corintios 10:1-4). Cuando el Príncipe del ejército de Dios se le aparece a Josué lo hizo para demostrarle, antes de conquistar la tierra de Canaán, que tenía que estar convencido de que iba a ser una victoria por el poder de Dios y no por sus habilidades o estrategias militares. Ese Príncipe era un ser divino igual a Dios pues Josué lo *adora* y ningún ángel puede recibir adoración, sólo Dios es digno de ser glorificado.

Cuando Juan es visitado por un ángel (no el Ángel de Dios) y le anuncia la cuarta bienaventuranza en el libro de Apocalipsis, el apóstol lo confunde con la presencia de Dios y se postra ante el ángel para adorarle. El ángel se rehúsa y le contesta: *"¡Mira, no lo hagas! Yo soy consiervo tuyo y de tus hermanos que mantienen el testimonio de Jesús. ¡Adora a Dios!"* (Apocalipsis 19:10). Tal parece que ese ángel no era el *Ángel de Jehová*, pues rehúsa ser adorado. Dios envió a su Ángel para guiar al pueblo de Israel hasta la tierra Prometida y le recordó a Moisés que se comportara en su presencia obedeciéndole porque el nombre de Dios estaba en él, esto es, en el Ángel (Éxodo 23:21). La comunicación de Dios con su pueblo es a través de sus siervos los profetas (Amós 3:7) pero cuando Él anuncia eventos o situaciones de gran envergadura, como el llamamiento de Moisés en el Monte Sinaí, lo hace directamente por su Ángel (Cristo).

Es fácil identificar al Ángel de Jehová con nuestro Señor Jesucristo en el Antiguo Testamento. Cuando en la Biblia se otorga o se pregunta por un nombre la intención es indagar sobre la identidad, presencia o carácter de la persona. Los judíos acusaron a Jesús de blasfemador porque llamaba a Dios, *Padre*. Los fariseos entendieron que Cristo estaba reclamando ser divino como Dios (Juan 5:18). Solo la Divinidad, Padre, Hijo y Espíritu Santo recibe adoración.

El hecho de que Jesús declarara que era divino y que en forma misteriosa guiara al pueblo de Israel en su travesía por el desierto es prueba de que Él se manifestaba como el Ángel de Jehová. La Escritura lo afirma así:

*"El ángel de Jehová respondió: ¿Por qué preguntas por mi nombre, que es un nombre **admirable**?,"* (Jueces 13:18 énfasis mío). Ningún ángel puede ser adorado, ni ningún otro ser celestial. Por lo tanto, a la Divinidad no se le ha unido un cuarto integrante.

"Porque un niño nos ha nacido, hijo nos ha sido dado, y el principado sobre su hombro. Se llamará su nombre «Admirable consejero», «Dios fuerte», «Padre eterno», «Príncipe de paz»" (Isaías 9:6). El nombre de Dios y de Jesucristo, *Admirable*, anunciado mucho antes de Su nacimiento. ¡Sabiduría de Dios en misterio!

3

Las Ciudades de Refugio

Los cambios y avances tecnológicos nos han obligado a vivir cerca o en ciudades grandes que nos ofrecen mejores oportunidades económicas. En la actualidad las ciudades atraen por sus diversos ofrecimientos de entretenimiento, educación y empleo. Para una gran mayoría es el bullicio, las atracciones, la diversión y lo último en avances tecnológicos lo que los conquista para vivir en una metrópoli. La variedad de numerosas actividades triunfa a la hora de tomar tal decisión. El hijo pródigo se cansó de la vida hogareña con su padre y le exigió que su herencia le fuera otorgada para irse a otra *ciudad* donde podía disfrutarla y gastarla antes de llegar a la madurez.

Antiguamente muchas ciudades eran fundadas en los sitios montañosos para protegerse y vigilar a los enemigos. Se construían murallas como principal arma de defensa contra los invasores y durante la noche las puertas permanecían cerradas (Josué 2:5, 7). En la Biblia sobresale la ciudad de Jericó como una ciudad bien protegida y preparada para cualquier ataque de sus enemigos. Antes de ser conquistada por Josué se dice que *"estaba cerrada, bien cerrada, por temor a los hijos de Israel: nadie entraba ni salía"* (Josué 6:1).

Josué tuvo la encomienda de parte de Dios de repartir la tierra Prometida, Canaán, a las doce tribus de Israel. Cada tribu recibió su espacio territorial exceptuando a la tribu de Leví. Los levitas fueron escogidos por Dios para el servicio, cuidado y administración del Tabernáculo. Jehová dijo a Moisés *"No tendrán, pues, heredad entre sus hermanos; Jehová es su heredad, como él les ha dicho"* (Deuteronomio 18:2; cf. Levítico 25:32-34; Números 20:20-24; 1 Crónicas 6:54-81). En lugar de recibir una extensión territorial como las otras tribus, los levitas recibieron *ciudades* dentro de todo el país israelita, en total unas *cuarenta y ocho* (Números 35:7). Las ciudades dadas a los sacerdotes, que eran descendientes de Aarón, estaban situadas cerca de Jerusalén por la razón de que su trabajo era en el Tabernáculo y más tarde en el Templo (Josué 21:4).

De las ciudades otorgadas a los levitas, un total de *seis* fueron designadas *ciudades de refugio*. Tres ciudades estaban localizadas al este del Jordán: Golán, Ramot de Galaad y Beser (Josué 21:27, 35, 38; Deuteronomio 4:43). Las otras tres se encontraban al oeste: Hebrón o Quiriat-arba, Siquem y Cedes (Josué 21:13, 21, 32). Estas ciudades tenían un propósito muy especial: guardar al criminal cuando cometía homicidio involuntario. Para que se declarara tal falta como *homicidio involuntario* tenía que cumplirse un requisito muy particular: la persona que *sin intención* mataba a otra no podía tener enemistad previamente al homicidio, *"aquel que hiera a su prójimo sin intención y sin haber tenido enemistad con él anteriormente"* (Deuteronomio 19:4b; cf. Números 35:11; Josué 20:3). Esos lugares de refugio no eran para salvaguardar a personas que cometían actos alevosos. Tales criminales tenían una cita con la Ley, cumpliéndose así la regla de, *ojo por ojo y diente por diente* (Éxodo 21:12-14, 23-24; cf. Números 35:16-21).

El que cometía un homicidio involuntario, de acuerdo a las leyes establecidas por Moisés permanecía en la ciudad de refugio hasta la *muerte del sumo Sacerdote.* Si por su cuenta salía fuera de los límites de la ciudad donde se encontraba refugiado y el vengador lo encontraba y le daba muerte, él vengador no cargaba con el crimen de asesinato (Números 35:26-28).

Para poder obtener los beneficios y protección el homicida tenía que permanecer en la ciudad hasta la muerte del sumo sacerdote acentuando así que el pecado solamente es perdonado por un sacrificio vicario o muerte sustituta. Como dice el dicho, *alguien tiene que pagar la cuenta.* La muerte del sumo Sacerdote tenía un efecto expiatorio, liberando de culpa al refugiado que regresaba a su tierra como una persona justificada y libre. Este procedimiento judicial ilustra el beneficio que tenemos como pecadores arrepentidos cuando nos unimos al cuerpo de Jesucristo. Mientras permanecemos en Él su sangre preciosa nos cubre y Dios perdona todos nuestros pecados. Somos libres y el maligno ya no puede acusarnos (1 Juan 1:7; 3:1-8).

La muerte del sumo Sacerdote no se consideraba como la de cualquier otro ser humano. Esa posición de líder sacerdotal era muy respetada y el mismo apóstol Pablo estuvo en aprietos cuando en su discurso de defensa ante el Concilio en Jerusalén llamó al sumo Sacerdote Ananías, *pared blanqueada* (Hechos 23:3). Cuando Pablo fue confrontado se disculpó diciendo: *"No sabía, hermanos, que fuera el sumo Sacerdote, pues escrito está: "No maldecirás a un príncipe de tu pueblo."* (v. 5).

El sumo Sacerdote moría por pecados involuntarios y su muerte se consideraba o actuaba como sacrificio por el pecado de un inocente. En esa muerte Dios estaba tipificando el sacrificio de Su Hijo para perdonar todos los pecados de cada ser humano. Cristo es el sumo Sacerdote, no de la descendencia de Leví, sino del orden de Melquisedec, esto es, de una celestial y para siempre (Hebreos 7:11-17). Cristo fue la ofrenda y sacrificio que agradó a Dios para perdonar toda clase de pecado, pues la Escritura dice que el Hijo de Dios dio su vida por todos: *"Asimismo, Cristo padeció una sola vez por los pecados, el justo por los injustos, para llevarnos a Dios, siendo a la verdad muerto en la carne, pero vivificado en espíritu"* (1 Pedro 3:18).

En Cristo tenemos protección contra el enemigo de las almas pues la Palabra dice que Satanás como león rugiente está buscando a quien devorar (1 Pedro 5:8). Jesucristo es nuestro refugio y nuestra vida está escondida en Él (Colosenses 3:3). Nos podemos sentir como la ciudad de Jericó que estaba *cerrada, bien cerrada.* Santiago dice en su carta, *"resistid al diablo, y huirá de vosotros"* (4:7). Hay una muralla entre Jesucristo y Satanás para protección de los que han entregado sus vidas al Cordero de Dios. *"Sabemos que todo aquel que ha nacido de Dios no practica el pecado, pues Aquel que fue engendrado por Dios lo guarda y el maligno no lo toca"* (1 Juan 5:18). ¡Gracias Dios, porque tu Hijo es la propiciación por nuestros pecados!

4

Rut: un Encuentro de Cristo con su Iglesia

"Así fue como Booz tomó a Rut y se casó con ella. Se unió a ella,
y Jehová permitió que concibiera y diera a luz un hijo."
(Rut 4:13)

Dijo el sabio Salomón que el amor es fuerte como la muerte, que cuando llega, nadie la puede rechazar ni decirle *todavía no, regresa más tarde* que todavía quiero seguir viviendo. Pablo, escribió lo más excelente y verdadero sobre el amor, y concluye que "el amor nunca deja de ser."

Algunas relaciones de parejas matrimoniales terminan y parece que contradijeran lo dicho por el apóstol. Pero no, lo que sucede es que una pasión carnal no se puede llamar amor. Lo que no echa raíz muere, se esfuma y no regresa. Pero cuando se ama de verdad, ni las grandes tribulaciones lo pueden hacer morir pues Jesucristo llama a la Iglesia de Éfeso, que había sufrido en gran manera, a que regresara al primer *amor*. La iglesia lo había dejado pero lo podía retomar porque fue un amor sincero que se descuidó, quizás por los afanes de la vida o probablemente convirtieron la relación espiritual con Cristo en una legalista y religiosa.

En una ocasión leía en el periódico una historia que una dama escribió a una sicóloga en su columna de consejos. Ella no buscaba un consejo sino que le contaba a la columnista lo sucedido en su relación matrimonial e indicaba que el amor por su esposo había terminado hacía ya muchos años. No sentía ni tan siquiera aprecio por él, solamente permanecía viviendo bajo el mismo techo por el amparo de sus hijos. Detestaba que su esposo se le acercara y las relaciones sexuales eran cosa del pasado. Un día tomó la decisión de permanecer en tal relación matrimonial, no porque pensaba que algún día volviera el amor, sino por el bienestar y futuro de sus hijos. Pasaron muchos años viviendo una relación sin sabor y en ausencia de cariño y amor pero sus hijos no sufrieron la tragedia y la desgracia emocional que acarrea una ruptura matrimonial. Los hijos se educaron y su amor por su esposo había sido reestablecido. Al final de su misiva cuenta con mucho orgullo que fue la decisión más sabia que había tomado en su vida. ¡Qué viva el amor!

El amor es como el árbol de café. Recuerdo que mi padre talaba ese árbol. Sólo quedaba el tronco al ras de la tierra, lo quemaba y meses después reverdecía. Pablo dijo que el amor nunca deja de ser, es eterno, lo demás es pura pasión y apariencia. ¡Un brindis por el amor!

El libro de Rut es una historia de amor, de misericordia, agradecimiento, perseverancia, la mejor ilustración para lo que en hebreo se llama *hesed*. Más que una singular palabra en *hesed* se unen acciones de bondad y misericordia que salen del corazón sin interés alguno. Como dice Arthur Green, es un amor que sale del corazón sin ataduras.

Esa bondad y buena intención hacia el prójimo está presente entre los personajes en el libro de Rut. Noemí, que había emigrado a los campos moabitas a causa del hambre en su pueblo natal, Belén de Judá, un día oye que Jehová había visitado a su pueblo para darle pan (Rut 1:6) y decide regresar a su tierra sola, ya golpeada por la vida, pues su marido y sus dos hijos murieron a temprana edad. Al despedirse de sus nueras, Rut y Orfa, les desea que la misericordia de Dios les acompañe. Rut reciproca el buen deseo de su suegra con su resolución de permanecer con ella y proclamando con firmeza de no abandonarla diciéndole: *"dondequiera que vivas, viviré. Tu pueblo será mi pueblo y tu Dios, mi Dios"* (1:16).

Ya de regreso en Judá, Rut y Noemí comienzan una nueva vida siendo Rut la emprendedora quien decide ir a los campos de cebada a trabajar y contribuir al sostén del hogar. Fue muy favorecida al arribar a los sembradíos de Booz, un pariente de Elimelec, esposo de Noemí. La difícil situación económica que estaban pasando forzó a Noemí a vender parte de las propiedades que había dejado su esposo.

En aquellos tiempos existían las leyes del matrimonio por *levirato* que establecían que un pariente de una persona ya fallecida tenía la responsabilidad primero, si no había dejado hijos, de casarse con la viuda y levantar descendencia al difunto y segundo, si habían perdido alguna propiedad el pariente más cercano podía redimirla pagando el justo precio.

El trato que Booz le da a Rut, siendo ella una moabita pobre a quien la vida golpeó fuertemente fue de respeto y alta estimación. Al final de la historia Booz termina casándose con ella rescatando así el honor, las propiedades perdidas y levantándole descendencia al esposo de Rut.

Pero por encima de la esfera humana el libro presenta el amor inmensurable de Dios bendiciendo a Noemí, quien no era tan placentera y bastante pesimista. Finalmente, Dios bendice a la nación de Israel y a toda la humanidad a través de Rut y Booz en la procreación de su hijo Obed, abuelo del rey David, de quien Dios profetizó que levantaría al Cristo según la carne (2 Samuel 7:12-13; Hechos 2:30).

Nombres de los Personajes

El significado de los nombres de los personajes no solo describe su carácter y el destino de cada cual, sino que también nos ofrece una guía y entendimiento del desarrollo de la historia con el sabor mesiánico que caracteriza a la tipología en el Antiguo Testamento.

Elimelec. Fue el esposo de Noemí y oriundo de Belén de Judá el cual emigró a los campos de Moab con su familia. Su nombre en hebreo significa, *mi Dios es rey*. Él murió muy temprano quedando Noemí con sus dos hijos, Mahlón y Quelión.

Noemí. Su nombre significa *dulzura, placentera*. Tal parece que ella no se acordaba del significado de su nombre pues no calló en expresar su situación de sufrimiento por causa del hambre en su tierra, su estado de viuda y la muerte de sus hijos apodándose a sí misma "mara" que significa "amarga". Su relación con sus nueras fue de mucho agrado motivo por el cual Rut resolvió permanecer con ella. Actuó de cupido con el fin de que Booz se casara con Rut.

Mahlón y Quelión. Hijos de Elimelec y Noemí quienes murieron a temprana edad. Mahlón probablemente quiere decir *enfermedad* y Quelión *agotamiento*. Su destino ya estaba en sus nombres.

Rut. Personaje principal de la historia el cual significa *amiga*. Hizo honor a su nombre permaneciendo con su suegra a pesar de la miseria y el sufrimiento de quedar viuda y sin hijos. De su matrimonio con Booz Dios levantó descendencia y de allí desciende David de donde procedió el Mesías según la carne.

Orfa. Este nombre es de origen incierto y se ha interpretado como *obstinación, rebeldía* o *dar la espalda*. Hizo honor a su nombre al no acompañar a su suegra Noemí, como lo hizo Rut. La tradición rabínica identifica a Orfa como progenitora del gigante Goliat, a quien más tarde David mató.

Booz. Este nombre se refiere a fuerza y una posible traducción podría ser *en Dios está la fuerza*. Booz es el personaje que representa la redención pues se casa con Rut rescatando así parte de las tierras que había dejado Elimelec y restauró el nombre del difunto.

Obed. Hijo de Booz y Rut. Fue abuelo de David y antecesor de Jesucristo. Su nombre significa el que sirve o *siervo*.

Isaí. Hijo de Obed, su nombre significa "Jehová es."

David. Hijo de Isaí, su nombre es de origen incierto, una posible traducción es *bien amado.*

Belén de Judá. Lugar de nacimiento de la familia de Noemí. Llamada así para distinguirla de Belén de Zabulón, situada al noroeste de Nazaret (Josué 19:10, 15; cf. Jueces 17:7-8). El nombre en hebreo de esta ciudad es *bethlehem* o *casa de pan.* Un importante símbolo mesiánico pues fue lugar de nacimiento del rey David así como de Jesucristo (1 Samuel 16:1, Miqueas 5:2; Mateo 2:6; Lucas 2:4; Juan 7:42). Aparece por primera vez en el libro de Génesis como el lugar de sepultura de Raquel, una de las esposas de Jacob, y donde se le nombra como Efrata, lo cual significa *fructuoso* (35:16, 19). En una ocasión David peleaba contra los filisteos y tuvo un gran deseo de beber agua del pozo de Belén. Los tres valientes que le acompañaban oyeron el deseo que tenía de beber de esa refrescante agua e irrumpieron a través de la guarnición del ejército filisteo, arriesgaron sus vidas y le trajeron agua de ese pozo. Cuando David recibe el agua y se da cuenta de que esos tres valientes pudieron haber perdido sus vidas, no toma el agua y la derrama en la tierra como un sacrificio a Jehová (2 Samuel 23:13-17).

Todos estos nombres se juntan para declarar la relación entre Dios y Su Hijo y la obra redentora en la cruz. Dios es el Rey y Padre de Jesucristo (Elimelec). La relación entre la esposa y el amado en el libro de los Cantares (1:16; 2:3; 4:16; 7:13), tipo de Jesucristo y su iglesia es dulce y deliciosa como las frutas (Noemí). Jesús no tiene ni fanáticos ni allegados o admiradores. A los que le reciben los llama amigos (Rut). Él no vino a salvar a los justos y buenos, pues no hay ni tan solo uno, sino a los rebeldes, a los que le dan la espalda y pecadores (Orfa), a sanar a los enfermos (Mahlón) y a los cansados y agotados (Quelión). Jesús siempre que hacía una obra o milagro invocaba al Padre porque en Dios está la vida y el poder o fuerza (Isaí y Booz). Uno de los títulos del Mesías anunciado de antemano en Isaías 52:13 fue *Siervo de Jehová* (Obed). Por último, Jesucristo es bien amado por Dios (David) y su lugar de nacimiento fue Belén de Judá. ¡Oh sabiduría de Dios en misterio!

Aportación de los Gentiles en la Historia de Israel

A pesar de que Dios escogió a Israel para ser su pueblo y especial tesoro y que les ordenó no mezclarse con otras naciones al establecerse como nación única en la tierra Prometida, la contribución de los gentiles al desarrollo y bienestar de dicha nación y por consiguiente a la descendencia del Mesías es considerable. La primera intervención la tuvo la hija del faraón cuando rescata de las aguas al gran líder de la futura nación, Moisés (Éxodo 2:1-10). Más tarde, este Moisés se casa con una mujer no israelita, Séfora, mujer extranjera de Madián. Un día sucedió que la ira de Dios se desató contra Moisés y quería matarlo a causa de no haber circuncidado a su hijo. Séfora fue una heroína en ese momento con su proceder, circuncidando a su hijo y evitando así que Dios terminara con la vida del futuro libertador de Israel.

La noche que salieron los israelitas de Egipto, dice la Escritura que salieron con ellos una gran multitud no israelita, de *toda clase de gentes* (Éxodo 12: 38). Jetro, gentil también y suegro de Moisés tuvo la tarea de enseñarle el proceso de *delegar responsabilidades*, tan importante en cualquier organización. Herramienta que fue de gran bendición a Moisés para dirigir y gobernar a Israel hasta llegar a su morada terrenal (Éxodo 18:1-12).

Rahab, además de ser gentil era una prostituta quien oyó de las grandes proezas de Jehová, tuvo fe en Él y por tal razón protegió a los espías enviados por Josué a reconocer la tierra Prometida pues enfrentaban la muerte a causa de su peligrosa encomienda (Josué 2:1-22). Esta mujer a pesar de su estigma fue incluida en la genealogía de Jesucristo y en el salón de la fama de los héroes de la fe (Hebreos 11).

En la época de los Jueces encontramos a otra mujer gentil, Jael, esposa de Heber el ceneo, liberando a los israelitas de manos de Sísara, un general de un ejército cananeo que ocupaba el norte de Israel al cual mató con una estaca (Jueces 4:11, 17-23).

Itai el geteo, un filisteo procedente de la ciudad de Gat, defendió al rey David durante uno de los momentos más difíciles de su vida (2 Samuel 15:16-22). Cuando David sufría a causa de la sublevación y golpe de estado iniciado por su propio hijo Absalón con el fin de alcanzar el trono davídico, Itai le juró fidelidad y no quiso regresar a tierras filisteas aunque David se lo había sugerido. Este gentil más tarde llega a ser un comandante en el ejército de Israel. Su juramento de lealtad hacia David es semejante al de Rut con Noemí: *"Itai respondió al rey diciendo: —¡Vive Dios, y vive mi señor, el rey, que para muerte o para vida, donde esté mi señor, el rey, allí estará también tu siervo!"* (v. 21, cf. Rut 1:16-17).

Los Moabitas

El origen de los moabitas lo encontramos en el libro de Génesis como resultado de una relación incestuosa. Su extensión territorial estaba localizada al este del Mar Muerto en lo que hoy se conoce como el país de Jordania. Después de la destrucción de Sodoma y Gomorra, Lot sobrino de Abraham, habita en una cueva con sus dos hijas por temor a los habitantes de Zoar. Sus dos hijas cuyos nombres no se mencionan, preocupadas por la descendencia de su padre y porque según ellas Lot era ya viejo y no quedaba hombre en la tierra que se uniera a ellas, decidieron tener relación sexual con él. La mayor dio a luz un hijo al cual llamó Moab, un nombre muy apropiado pues significa "salido de un padre" (Génesis 19:27-38).

Fue a la tierra de Moab adonde arribaron los israelitas después de su larga jornada de unos cuarenta años por el desierto y donde se dice que Moisés resolvió proclamar los mandamientos de Dios (Deuteronomio 1:5; cf. Números 35:1). Las relaciones diplomáticas entre los israelitas y los moabitas no fueron de lo mejor, resaltado en la Escritura por dos hechos o acciones por parte de Moab. Primero, Moab no recibió al pueblo de Dios con buen agrado y no le dio pan y agua cuando peregrinaban en el desierto. Segundo, alquilaron al profeta Balaam para que maldijera a Israel razón por la cual quedaron los moabitas excluidos de entrar a la congregación de Jehová (Deuteronomio 23:3-7; Números 22-25; Esdras 9:1-2).

Muy notable en esta historia es que a Rut se le nombre como *la moabita*, indicando su país natal (Rut 1:4, 22; 2:2, 6, 21; 4:5, 10). Aunque parezca algo despectivo en el relato histórico Rut recibe buen trato y no se le margina. ¿Por qué Rut entró en la congregación de Jehová llegando a ser la abuela de David de donde procede Jesucristo, Mesías e Hijo de Dios? Ni los comentaristas rabínicos pueden dar una explicación satisfactoria que resuelva la inclusión de una moabita en la genealogía de Cristo. ¡Quizás no la haya!

¿A quién vino a rescatar y a salvar Jesucristo? Él no vino a salvar a una nación en exclusivo, tampoco a una raza en particular o pura, menos a una elite que se lo mereciera. Jesucristo mismo dijo: *"porque el Hijo del hombre vino a buscar y a salvar lo que se había perdido"* (Lucas 19:10). Era necesario que la genealogía del Hijo de Dios incluyera a Rahab la ramera, a Rut la extranjera y moabita, a un asesino y adúltero como David, también a Fares que nació de una relación incestuosa entre Judá y su nuera Tamar y a otros que no eran de renombre. Una imagen y representación de toda la humanidad. En fin, que a la genealogía de Cristo se le podría llamar *The FBI most wanted list* o la lista de los más buscados.

Gracias a Jesucristo por habernos reconciliado con Dios: *"porque, si siendo enemigos, fuimos reconciliados con Dios por la muerte de su Hijo, mucho más, estando reconciliados, seremos salvos por su vida"* (Romanos 5:10; cf. Colosenses 1:21).

Redención

Proporcionalmente el libro de Rut es el que más habla de *redención* en toda la Biblia. De acuerdo al salmista la redención del pecador es de tan alto precio que nunca podrá ser lograda (Salmo 49:6-9). En el libro de Rut el término redención se menciona, con sus variantes, unas veintiuna veces. Tanto en el Antiguo como en el Nuevo Testamento, este concepto está dirigido, como tipo o cumplimiento, al sacrificio y ministerio de Jesucristo.

En la Escritura el rescate o redención indica la acción de ayuda por parte del pariente más cercano cuando ocurren desgracias familiares tales como en momentos de destitución, crisis económica, esterilidad o interrupción de descendencia. En el ámbito físico había reglas para rescatar objetos y animales.

Jehová el Redentor de Israel. El mensaje que Moisés dio a los israelitas de parte de Dios fue uno de reposo, de liberación de la esclavitud y de redención para llegar a ser una nación libre y soberana bajo la protección de Jehová (Éxodo 6:6). El cuidado y protección divina hacia la nación escogida es reafirmado más tarde por el profeta Isaías declarando que Dios es su *Redentor* y el *Santo* de Israel (Isaías 43:14). Dios está atento a los reclamos de los menos afortunados que sufren violencia teniendo misericordia y redimiéndolos del engaño y la violencia (Salmo 72:13-14; 107:1-3). El padre de la nación israelita, Jacob, al bendecir a su hijo José manifestó su confianza en Jehová como su redentor y libertador de la futura generación (Génesis 48:16). Y es que como dijo el salmista, bienaventurada es la nación cuyo Dios es Jehová. ¡Qué triste que más tarde en la historia Israel decidió ser como las otras naciones abandonando el cuidado de Dios y trasladando la casa presidencial *del cielo a la tierra*! (1 Samuel 8:1-21; 12:12-13).

Redención de la Tierra (Levítico 25:25-34). Jehová por medio de Moisés dejó claro que la tierra en Israel no se podía vender a perpetuidad. Dios es el creador de ella y su propietario. Las reglas sobre el rescate de un terreno o casas variaban, mayormente, cuando se trataba de una dificultad económica. Por tal condición era posible que la persona o familia terminara en la pobreza y se vieran obligados a vender sus propiedades. Para evitar la pérdida total del inmueble y que el clan familiar no pudiera recuperarlo en el futuro la ley establecía que el *pariente más cercano* tenía la responsabilidad de rescatar la propiedad por su justo precio. El que redimía no se convertía automáticamente en dueño de dicha propiedad para siempre, sino que en una manera transitoria le daba la oportunidad al dueño original, en el futuro, de recuperar lo perdido (Jeremías 32:6-14).

Rescate de Personas (Levítico 25:47-50). Después de que Israel se estableció en la tierra Prometida, si se presentaba la situación que un extranjero enriquecía y un israelita empobrecía a tal punto de venderse como esclavo al forastero, la legislación establecía que podía ser rescatado. Quienes podían rescatar al ya esclavo era su hermano, su tío, el hijo de su tío, pariente cercano, o si el esclavo llegaba a conseguir suficiente dinero, se rescataba a sí mismo.

Todos los hijos primogénitos dentro de las familias israelitas pertenecían a Dios. Él dijo: *«Conságrame todo primogénito. Todo lo que abre la matriz entre los hijos de Israel, tanto de los hombres como de los animales, mío es.»* (Éxodo 13:2). Cuando Moisés terminó de hacer el censo de todas las tribus de Israel Dios le instruyó que tomara a todos los levitas como propiedad suya en lugar de los primogénitos en Israel. Es decir, el pago por dicha sustitución fueron todos los primogénitos de origen levítico, una transacción de *cabeza por cabeza*. Resultó que los primogénitos israelitas excedían por unos doscientos setenta y tres al número total de primogénitos de la tribu de Leví. Ese sobrante fue rescatado o redimido. Esto es, quedaron libres de servir en las cosas santas por el precio de cinco ciclos por cabeza. El monto del dinero obtenido fue entregado a Aarón y sus sacerdotes para las arcas del santuario (Números 3:39-51).

Rescate de Cosas Consagradas a Jehová (Levítico 27:9-29). La operación del Santuario o Tabernáculo era costosa y por lo tanto era necesario que las ofrendas voluntarias de animales, casas o terrenos fueran rescatadas por los israelitas para generar ingresos. Las instrucciones levíticas daban la oportunidad al ofrecedor, de lo ya presentado a Jehová, de rescatarlo al precio establecido por el sacerdote con el fin de obtener los suficientes fondos monetarios para la operación de la Casa de Dios.

Redención en el Libro de Rut

Redención es el tema central en la historia de esa *mujer moabita* que se convierte en el personaje principal en el libro. Una desconocida y extranjera que como dijo Pablo, era ajena a la ciudadanía de Israel y a los pactos de la promesa. Como consecuencia de la muerte de su esposo, la precaria situación económica de su suegra Noemí a causa también de la muerte de su esposo e hijos y la hambruna en Judá, quedaron destituidas, situación que obligó a Noemí a vender su propiedad familiar (Rut 4:3). Entra en escena un pariente del esposo de Noemí, Booz, un hombre muy rico y quien podía rescatar dicha propiedad. Éste conoce a *Rut la moabita,* ella trabaja en los sembradíos de él, se enamoran y los planes para la boda dan comienzo. Había dos obstáculos. La propiedad que vendía Noemí estaba atada a Rut, por vía de su esposo fallecido e hijo de Noemí. Quien rescatara o redimiera la propiedad tenía que tomar como esposa a Rut para establecer descendencia al difunto.

El otro problema era que Booz no era el único pariente cercano, no era el primero en línea. Aquel pariente que tenía tal derecho tuvo el deseo de hacerlo pero no podía contraer matrimonio con Rut y levantar descendencia a su difunto esposo, por lo tanto, cede tal derecho a Booz. ¡Ya todo estaba proféticamente computado! Finalmente, Booz y Rut contraen matrimonio siendo redimida ella al igual que la tierra. De esa unión Jehová permitió la llegada de un hijo al cual llamaron Obed, un niño para el pueblo israelita y para la humanidad, pues *sorpresivamente,* su nombre fue otorgado por las vecinas en la comunidad (Rut 4:17). En la Biblia, la regla que se observa en cuanto a otorgar nombres a los recién nacidos es que tal responsabilidad recae en el padre o la madre. Obed fue el abuelo de David y antecesor de Jesucristo (v. 21). Una tipificación del niño Jesús: ¡De Israel para todo el mundo! ¡Sabiduría de Dios en misterio!

Jesucristo Redentor

En el Nuevo Testamento encontramos dos palabras griegas muy ricas y pertinentes, lo suficiente para entender la obra redentora de Jesucristo. La primera es *lutrosis* y su compuesto *apolutrosis* que conlleva la idea de rescatar a través de un pago, liberar o redimir con el sentido de salvación. La otra es *agorázo*, literalmente ir al mercado a comprar, también significa redimir o rescatar. Pablo, hablando sobre la santificación de nuestros cuerpos carnales nos recuerda que gran precio fue pagado por nuestra salvación, la sangre de Jesús (1 Corintios 6:20; 7:23, 30).

En los escritos paulinos encontramos que Jesucristo nos libró de la maldición de la Ley, pues ella como un juez, nos desnuda señalando nuestros pecados pero sin la prescripción de un remedio (Gálatas 3:13; 4:5). De acuerdo al apóstol, estar bajo la ley es ser sentenciado a muerte sin defensa alguna, sin esperanza y posibilidad de ser libre. La ley en ausencia de un redentor, se convierte en nuestro enemigo. Aclaro que Pablo no está atacando a la Ley. Ella es ineficiente, no puede justificarnos por nuestra condición pecaminosa que continuamente nos seduce hacia lo carnal y a pecar (Romanos 3:20).

Por la razón de que la Ley no podía ni tenía el propósito de redimirnos del pecado fue planificado, desde antes de la fundación del mundo, enviar desde los cielos a un Salvador, Redentor, Mediador, uno que conociera las dos naturalezas: humana y divina: Jesucristo Hombre (1 Timoteo 2:5). El hecho de que la Escritura hace énfasis en Jesucristo como *hombre* y como *Hijo de Dios* declara la particularidad de Cristo en ser divino y haber vivido en un cuerpo carnal para conocer la miseria de la vida humana. Por lo tanto Él es *único* con las credenciales de Redentor e intermediario entre Dios y los seres humanos.

Mesianismo en el Libro de Rut

Impresiona que un libro de solo cuatro capítulos tenga tanto mensaje mesiánico. Resalta el hecho que la historia presentada del rescate de Rut se desarrolle durante un importante periodo de tiempo en la agricultura y celebración de las fiestas judías: la Pascua, Panes sin Levadura, las Primicias, la cosecha de la cebada, la fiesta de Pentecostés o Shavuot y la cosecha del trigo (Rut 2:23; Levítico 23:5-18). Un periodo de tiempo muy importantísimo que encerraba y prefiguró el cuerpo, la muerte, resurrección de Jesucristo y la inauguración del Reino de los Cielos en la tierra, dando así, inicio en el día de Pentecostés a la predicación del evangelio.

La Pascua en cuya celebración se ordenó comer pan sin levadura (cae en el día catorce del primer mes del calendario judío llamado Nisán) prefiguró la *muerte y sepultura de* Jesucristo. La fiesta de los Panes sin Levadura comenzaba el día quince y terminaba el veintiuno de Nisán y anticipó la *incorrupción del cuerpo* de Jesús. La fiesta de las Primicias se observaba el día segundo durante la semana de la celebración de los Panes sin Levadura, esto es, el *día dieciséis* de dicho mes cuando se daba la bienvenida a la cosecha de la cebada y se ofrecía una gavilla o 7,7 litros de cebada como ofrenda mecida a Dios (Levítico 23: 9-11). La resurrección de Jesucristo fue el cumplimiento de esta fiesta de las Primicias.

Desde la observación o presentación de las Primicias (día 16) comenzaba el conteo de siete semanas equivalente a cuarenta y nueve días. Al día siguiente, día cincuenta, de donde se origina el nombre *pentecostés*, era la celebración de la fiesta del Pentecostés. Un hecho de suma importancia en esta fiesta era que se daba la bienvenida a la cosecha más importante en Israel, la del *trigo*. Como ofrenda se presentaban dos panes con levadura contrastando el pan ofrecido durante la Pascua y la fiesta de los Panes sin Levadura que no podía ser leudado (Éxodo 34:22; Levítico 23:15-20). Muy revelador es el hecho de que junto con los dos panes se ofrecían *holocaustos* (total dedicación a Dios), ofrendas *expiatorias* (perdón de pecados) y *sacrificios de paz* (reconciliación con Dios). ¡Sabiduría de Dios en misterio!

Esos dos panes leudados representan a judíos y gentiles, leudados con el pecado. Fue precisamente en tal día y celebración (Pentecostés) que se inauguró la era del evangelio y los apóstoles recibieron el Espíritu Santo quedando la iglesia establecida.

El evangelio y el perdón de pecados como bien dijo Isaías salió de Sión para todo el mundo. Quizás no sea una coincidencia que hasta el día de hoy la tradición judía acepta que en un día de Pentecostés sucedieron dos acontecimientos de muchísima importancia en su historia y cultura: la Ley recibida en el Monte Sinaí por Moisés y el nacimiento y muerte del rey David acontecieron en ese mismo día festivo. Fueron cuarenta y nueve días que les tomó a los israelitas llegar desde Egipto hasta el Monte Sinaí donde la Ley de Jehová le fue entregada a Moisés. También son cuarenta y nueve días los que se cuentan entre la celebración de la Pascua y la fiesta de los Primeros Frutos o Pentecostés cuya celebración cae el siguiente día o el número cincuenta (Levítico 23:15-16). ¡Definitivamente la Biblia no fue producto de la mente humana!

Rut es señalada en todo el libro como *la moabita*. Mujer gentil pero que por la gracia de Dios vino a ser puente para que David, símbolo real, llegara a ser parte de la genealogía de Jesucristo. El nombre de Rut significa *amiga*. Ella, cuando iba al encuentro con Booz (su futuro esposo) se preparó y atavió siguiendo los consejos de su suegra Noemí o *dulzura*. Un buen baño, el mejor vestido que tenía y perfumada como era la costumbre cuando la novia iba a encontrarse con su esposo (Rut 3:1-4). Jesús dijo que somos sus amigos si hacemos y guardamos sus mandamientos (Juan 15:14). Al igual que Rut y porque somos amigos de Jesús tenemos en el calendario de Dios un encuentro, como el de una novia ataviada para recibir a su futuro esposo. *"Y yo, Juan, vi la santa ciudad, la nueva Jerusalén, descender del cielo, de parte de Dios, ataviada como una esposa hermoseada para su esposo"* (Apocalipsis 21:2; cf. 19:7-8). ¡Sabiduría de Dios en misterio! ¡Luna de miel eternamente!

5

Samuel: un Tipo de Cristo

"Por este niño oraba, y Jehová me dio lo que le pedí."
(1 Samuel 1:27)

La anticipación de esperar la llegada de un bebé es emocionante y de mucha felicidad, aún más, cuando uno se convierte en abuelo pues es empezar una nueva etapa. El último tramo de la vida se correrá con mucha alegría. Se cambian los planes y los sueños sufrirán modificaciones. Es un nuevo reto para llegar a ser literalmente como niños. Para algunas que anhelan ser madres ese sueño de tener a un pequeño en sus brazos nunca se cumple o, en algunos casos, llega más tarde de lo esperado. Ese fue el caso de Ana, madre del profeta Samuel y esposa de Elcana de la tribu de Efraín (1 Samuel 1:1-28). Esta mujer lloraba por su situación de ser estéril y porque la otra esposa de Elcana, Penina, la humillaba por tal condición (v. 6).

En su aflicción Ana oró con devoción a Jehová y le suplicó que si la bendecía con el nacimiento de un niño se lo dedicaría a Él para que todos los días le sirviera en el Santuario (v. 11). Ana fue una mujer ejemplar de fe que demostró cómo hacer una oración a Dios y esperar positivamente la respuesta. Y sobresale el hecho de que Ana no estaba pidiendo un hijo para ella, sino para regresárselo a Dios a su servicio en el Santuario. Dios dice que estemos tranquilos porque Él está en control de todas las cosas y nuestra tarea es descansar en su poder y misericordia. Y ella creyó y tuvo fe en la Palabra de Dios y así lo demostró: *"Se fue la mujer por su camino, comió, y no estuvo más triste"* (v. 15-18). Se fue la tristeza y llegó la alegría. Ana se graduó de la escuela de la fe. ¡Qué mujer tan llena de fe y asida del Señor! ¡Qué muchas "Anas" hacen falta en las iglesias!

El escritor de la Carta a los Hebreos en el capítulo 11 (el salón de la fama de los héroes de la fe), no incluyó a Samuel y tampoco a *Ana* por falta de espacio y tiempo (Hebreos 11:32). No es que hagamos largas oraciones, es que cuando oremos, estemos confiados y demostremos un semblante que irradie la convicción de que Dios contestará nuestro ruego de acuerdo a su voluntad (Hebreos 11:1).

Jesucristo nos da un buen ejemplo en cuanto a orar y descansar en la voluntad de Dios. Después de haber orado unas tres veces la noche antes de ser entregado a las autoridades judías y de no recibir el apoyo moral y espiritual de sus discípulos, dijo: *"¡Levantaos, vamos! Ved, se acerca el que me entrega"* (Mateo 26:46). En ese momento la voluntad de Dios era que Su Hijo muriera en la cruz por nuestros pecados. Con valentía se enfrentó al traidor. En algunas ocasiones hay que *terminar* la oración. Dejar de llorar y hacer vanas repeticiones y levantarse con la convicción de que Dios está en control del futuro. En una ocasión Pablo oró por su condición de salud sólo tres veces, no recibió sanidad, pero la respuesta de Dios fue muy abarcadora pues la gracia divina era suficiente para sostenerle (2 Corintios 12:7-10).

El Cántico de Ana

Luego de que el niño Samuel fue *destetado* (1 Samuel 1:22, 23), a la edad de *tres años*, su madre subió a la casa de Jehová en Silo para entregarlo al servicio de Dios todos los días de su vida (v. 28). En medio de su alegría y cumpliendo con la promesa hecha a Dios previamente, Ana ofrece un cántico exaltando y agradeciendo al Creador por ese hermoso regalo y el hecho de que Dios le quitó esa congoja atada a la esterilidad (1 Samuel 2:1-10). Ese cántico u oración tiene mucha similitud con algunos salmos por su exaltación a Dios como el Creador de todas las cosas, el que humilla a los enemigos y exalta al humilde. Esta oración es muy parecida a la que hizo María después de habérsele sido anunciado que daría a luz al Hijo de Dios por acción del Espíritu Santo (Lucas 1:46-55).

Las palabras dichas por Ana no pudieron ser meras expresiones de alegría por haber sido bendecida con el nacimiento de un bebé. Ana fue inspirada por el Espíritu Santo para alabar y exaltar a Dios y declarar los planes futuros con la nación de Israel y todos los seres humanos a través de la venida del Mesías. Ella enaltece a Jehová por Su amor, bondad, sabiduría y misericordia (v. 1-3). Cuando nos encontramos en momentos de incertidumbre y desesperación, nuestra acción debe ser llevar nuestra causa a Dios y esperar mostrando fe pues el salmista dice: *"Estad quietos y reconoced que yo soy Jehová"* (Salmo 46:10a). Ana reconoce el poder y sabiduría de Dios en la creación y la humillación de los enemigos, pues a Él *toca pesar las acciones* (v. 4-9). La Escritura dice *"Mía es la venganza, yo pagaré, dice el Señor"* (Romanos 12:19b; cf. Deuteronomio 32:35a).

La oración de Ana finaliza con una aseveración mesiánica la cual quizás a ella misma asombró al recibirla por inspiración del Espíritu Santo. Y es que, como dijo el profeta Isaías, *"mandamiento tras mandamiento, mandato sobre mandato, renglón tras renglón, línea tras línea, un poquito aquí, un poquito allá"* (Isaías 28:10), destellos y referencias al Mesías o Cristo eran filtradas en las revelaciones de Dios a sus siervos en el Antiguo Testamento. En el último versículo Ana expresó unas palabras directamente relacionadas con Jesucristo: *"dará poder a su Rey y exaltará el poderío de su Ungido"* (v. 10). Hay que tener en consideración que el reinado como sistema de gobierno en Israel no había sido establecido cuando Ana pronunció esas palabras, por lo tanto, no existía un rey para ser declarado el *Ungido*.

Dar poder al Rey significa que tal personaje tendría poder para vencer a sus enemigos y, en la Biblia, tal otorgamiento está reservado para el Mesías. El mismo David cuyo reinado duró unos cuarenta años habló de Cristo como Señor (Ungido): *"Jehová dijo a mi Señor: «Siéntate a mi diestra, hasta que ponga a tus enemigos por estrado de tus pies.»"* (Salmo 110:1). El apóstol Pablo afirma tal declaración al disertar de la victoria de Cristo sobre sus enemigos (la muerte, el pecado y Satanás) y su resurrección de entre los muertos (1 Corintios 15:25; cf. Mateo 22:44).

Samuel y Cristo

Crecimiento espiritual. *"Mientras tanto, el joven Samuel iba creciendo y haciéndose grato delante de Dios y delante de los hombres"* (1 Samuel 2:26). Y Jesús, a los doce años, *"crecía en sabiduría, en estatura y en gracia para con Dios y los hombres"* (Lucas 2:42, 52).

Consabido es que una cantidad no muy pequeña de los premios Nobel, alrededor de un veintitrés por ciento han sido otorgados a judíos. Cantidad no muy pequeña tomando en consideración que su población no es tan numerosa ya que se estima en unos catorce millones. Se podría decir que por ser los judíos el pueblo escogido por Dios (Deuteronomio 4:37; 7:7-8; Oseas 11:1-3) y con quienes Dios hizo un pacto (Romanos 9:4), sería una explicación del por qué han dominado tan codiciados galardones. Yo personalmente le atribuyo tal éxito al hecho de que en la cultura judía la educación de los niños empieza a una muy temprana edad y concentrada en la Sagrada Escritura. El mandato bíblico dice que se eduque al *niño* en los caminos del Señor para que no se aparte de su camino en el futuro (Deuteronomio 4:9; Proverbios 22:6).

La educación de un niño judío empieza en el hogar no en el kínder. Cuando cumple los *tres* años es responsabilidad de los padres enseñarlo a decir *oraciones cortas de acciones de gracias* invocando el Nombre de Dios. A la edad de *cinco* los inician en el estudio de la Torah o el pentateuco (los primeros cinco libros de la Biblia). Al cumplir los *diez* años comienzan el estudio de la *Mishnah*, palabra que significa *estudiar por repetición*. La Mishnah es una obra que recoge instrucciones de cómo interpretar las leyes recibidas en el Monte Sinaí, también se le conoce como la *Torah Oral*. Por último, a la edad de *quince* años, los jóvenes inician el estudio del *Talmud*, una obra que comprende tratados sobre el estudio de la Torah Oral y las tradiciones de la vida judía. No cabe duda de que Samuel y Jesucristo comenzaron su educación mucho antes del kínder y bajo la dirección del Espíritu Santo crecieron en la gracia y conocimiento del Padre celestial. Ambos fueron estudiantes de *educación especial*, sí, especializada en la sabiduría de Dios para servirle y hacer Su voluntad.

Intercesión y Mediación. La actividad política y religiosa de Samuel tuvo su inicio en la misma Casa de Jehová (1 Samuel 2:11). Él fue el *último juez* de Israel y *profeta* durante la época de decadencia espiritual cuando cada israelita *hacía lo que bien le parecía* (Jueces 17:6) y cuando la *Palabra de Jehová escaseaba* al igual que las visiones (1 Samuel 3:1). Samuel tuvo el privilegio de ser el puente de transición entre el periodo de gobernación de los *jueces* y el establecimiento de la *monarquía* israelita. Como profeta y juez, Samuel intercedía ante Dios por un pueblo víctima de la corrupción de sus líderes, ¡principalmente la clase sacerdotal! (1 Samuel 2:12-17, 22-25). Durante su función como juez, los filisteos, que eran acérrimos enemigos de Israel nunca atacaron a los israelitas antes del establecimiento de la monarquía (1 Samuel 7:9-13).

Nuestro Señor Jesucristo también se presentó al pueblo de Israel durante una época de convulsión política y religiosa dominada por el poder del imperio romano y la división de los líderes religiosos judíos, mayormente los saduceos y los fariseos a los que enfrentó con el poder y sabiduría de la Palabra de Dios. Esa amalgama de poderes, los romanos con su poder militar y deseo de conquistar, los israelitas con su esperanza puesta en la llegada de un Mesías con sentido nacionalista y Satanás desatando sus huestes espirituales afligiendo y poseyendo a los seres humanos sin misericordia propició la venida de Cristo en un momento oportuno para demostrar el Poder y Amor de Dios. *"Cristo, cuando aún éramos débiles, a su tiempo murió por los impíos"* (Romanos 5:6).

Sacerdotes del Altísimo. El oficio de sacerdote por orden de Dios a Moisés fue encargado únicamente a Aarón y a su descendencia (Éxodo 28:1; 1 Crónicas 23:12-13; 2 Crónicas 13:10-11). La tribu de Leví tenía la responsabilidad de administrar todo lo relacionado con el mobiliario del Tabernáculo y más tarde todas las labores en el Templo construido por el rey Salomón. La tarea principal de los sacerdotes era el ofrecimiento de los sacrificios, quemar el incienso cada mañana y el *sacrificio continuo que* consistía en sacrificar dos corderos: uno en la mañana que ardía hasta la tarde y el otro a la atardecer que ardía toda la noche hasta la mañana del día siguiente (Éxodo 29:38-43).

El sumo Sacerdote, que al igual que todos los sacerdotes, sólo era nombrado de la descendencia de Aarón, era el único que podía entrar al Lugar Santísimo una sola vez al año. Cualquier israelita descendiente de otra tribu no podía administrar las cosas santas en el Tabernáculo o en el Templo. Dios castigó con pena de muerte a Uza, que no era levita, cuando David intentaba llevar el *Arca* a Jerusalén en un carro arrastrado por unos bueyes. Sucedió que los bueyes tropezaron, Uza extendió su brazo para sostenerla quedando muerto en el acto (2 Samuel 6:1-11). Esa acción de parte de David y Uza fue una clara violación a las instrucciones para mover el Arca de lugar, dadas por Moisés (Números 4:4-10), que estableció que solamente los hijos de Coat, descendientes de Leví, eran los únicos responsables de realizar tal tarea.

El profeta Samuel procedía de la tribu de Efraín (1 Samuel 1:1) y nuestro Señor Jesucristo era descendiente de la tribu de Judá. A ninguno de los dos les era permitido ministrar sacrificios a Dios ya que los únicos que podían hacerlo eran los descendientes de Aarón. Sin embargo en la historia de Samuel lo encontramos haciendo y bendiciendo los sacrificios a Dios (1 Samuel 7:9-10; 9:13). El autor de la carta a los Hebreos menciona que Jesucristo tiene un sacerdocio inmutable (Hebreos 7:24; 9:26) pero aclara: *"Porque sabido es que nuestro Señor vino de la tribu de Judá, de la cual nada habló Moisés tocante al sacerdocio"* (Hebreos 7:14). Aunque en la Biblia se menciona que David y Salomón, reyes de Israel, ofrecieron sacrificios a Dios se puede entender que ellos no los ofrecieron, sino que por estar en la posición de ser reyes con poderes absolutos dieron el mandato de hacerlos (2 Samuel 6:17; 1 Reyes 8:62-64; 1 Reyes 13:1).

Jehová en su eterna soberanía permitió que el profeta Samuel hiciera sacrificios a Su Nombre en un momento en la historia de Israel en que el sacerdocio levítico estaba totalmente corrompido por las acciones vergonzosas de los hijos del sacerdote Elí: *"Los hijos de Elí eran hombres impíos, que no tenían conocimiento de Jehová"* (1 Samuel 2:12). En su impiedad robaban parte de la carne de los animales sacrificados (v. 13-17) y dormían con las mujeres que velaban a la puerta del Tabernáculo de reunión (v. 22-25).

Samuel fue un tipo de Jesucristo pues prefiguraba el ministerio del Salvador del mundo. Ambos cumplieron con los planes de Dios para hacer posible la salvación de todos los seres humanos. El sacerdocio de ambos fue distinto pues ellos no procedían de la descendencia aarónica. El sacerdocio de Jesucristo es de origen celestial, del orden de Melquisedec, un personaje misterioso de quien se dice en la Escritura que nada se sabe de sus antepasados (Hebreos 7:1-3). ¡Oh sabiduría de Dios en misterio!

6

Un Día Triste en la Eternidad de Dios

"porque no te han desechado a ti, sino a mí me han desechado, para que no reine sobre ellos."
(1 Samuel 8:7)

Han sucedido muchos eventos históricos que han cambiado el curso de la historia universal y dejado marcas o huellas que todavía se conmemoran como días nacionales. Para los Estados Unidos de Norte América, la mañana del 7 de diciembre de 1941 cuando la Marina Imperial Japonesa atacó la base Naval en Pearl Harbor en Hawaii fue un día funesto. Ese día se le conoce como un día de infamia, *Infamous Day* para la nación estadounidense.

Para los judíos, Tisha B'Av o el nueve del mes Av (fecha que cae en el mes de agosto en nuestro calendario) es recordado como el día más triste en la historia israelita. De acuerdo a interpretaciones rabínicas, un 9 del mes Av fue el día que los exploradores regresaron y trajeron malas noticias rebelándose contra Dios y desanimaron al pueblo (Números 13:25-29; 14:20-23). En ese día en el año 586 a.C. el primer Templo construido por Salomón fue destruido y en el año 70 d.C. el segundo Templo fue demolido por los romanos. Han ocurrido otras desgracias al pueblo judío en ese mismo día (nueve de Av). En 1290 d.C. los judíos fueron expulsados de Inglaterra, en 1306 d.C. de Francia, en 1492 d.C. expulsados de España y en 1942 d.C. los nazis en Alemania finalizan los planes para la destrucción de los judíos durante la segunda guerra mundial.

La personalidad de Dios es lo que Él es, su esencia completa, nada ni nadie lo puede igualar. Dios es todopoderoso. Tiene sentimientos, amor, misericordia, bondad ya que Él no es indiferente a cualquier situación de los seres humanos. Se solidariza con el sufrimiento humano. Lo más sobresaliente de Dios es el *amor* que demostró enviando a su Unigénito a morir en una cruz siendo inocente. Sin embargo cargó en Él el pecado de todos nosotros (Juan 3:16; 1 Pedro 2:24). Cuando Dios escogió a los israelitas como su pueblo y *tesoro especial*, no lo hizo porque eran más inteligentes, poderosos o más pudientes que las demás naciones pues de ellos dijo, *"vosotros erais el más insignificante de todos los pueblos"* (Deuteronomio 7:7b). Esa elección fue hecha unilateralmente y con amor.

Nuestra relación con Dios no debe ser únicamente de admiración, respeto, miedo o simplemente seguidores o partidarios. Es entregarnos de todo corazón, alma y espíritu para ser no solo sus discípulos sino sus *hijo*s. Ser un hijo de Dios es tener fe en Él, lo cual significa que en todas las situaciones buenas o difíciles, dependamos y confiemos en el Poder de Dios: *"Estad quietos y conoced que yo soy Dios"* (Salmo 46:10a). Ser "hijo de" significa que somos y participamos de la naturaleza de un padre. Los judíos querían matar a Jesús por el simple hecho que Él decía que Dios era Su propio Padre (Juan 5:18). Lo que Jesucristo estaba diciéndoles era que Él no descendía de un padre terrenal, sino que Su Padre es Jehová y Su naturaleza es *divina*. La virgen María fue escogida por Dios como el vehículo para que la Divinidad se encarnase.

Dios amó a Israel con un *amor eterno* e incondicional cuando ellos le fueron rebeldes, pues aunque le desobedecieron y no guardaron su pacto Él permaneció fiel (Jeremías 31:3). Los liberó de la esclavitud en Egipto y por cuarenta años caminaron por el desierto siendo que ni su vestido ni su calzado se envejeció y los alimentó con *pan celestial*, del cual dijeron ellos que ya estaban hastiados de comerlo (Números 11:6).

Dios, como el Rey eterno, los escogió sobre los demás países para que le fueran un reino de *reyes y sacerdotes* y su *especial tesoro* (Éxodo 19:5-6). El propósito de Dios al elegir un pueblo especial era para dar a conocer sus virtudes (amor, bondad, misericordia, etc.) como testimonio a las demás naciones, siendo Dios mismo el Rey y gobernador de Israel. Jesucristo le recordó a su audiencia judía en el Sermón del Monte el propósito de Dios al escogerlos de entre todas las naciones: *"Vosotros sois la sal de la tierra"* (Mateo 5:13).

Samuel profetizó y juzgó a Israel en una época de decadencia espiritual. Tanto el pueblo como los líderes políticos y religiosos (la clase sacerdotal) descuidaron su devoción y servicio a Dios. Ya en los días del profeta Elías *los altares a Jehová estaban derribados* (1 Reyes 18:30; 19:10, 14), los profetas eran perseguidos y el pueblo israelita actuaba como si nunca hubiese conocido a Jehová. En la época de Samuel la nación israelita no podía diferenciar entre lo terrenal y lo celestial. Gente que habiendo conocido los poderosos hechos de Dios, fueron bendecidos y recibieron Su Palabra, buscaron sin embargo soluciones a sus problemas en lo visible y no confiaron en el *Invisible*.

De la misma manera en nuestros días el ser humano busca soluciones rápidas en la tecnología y en lo que es innovador y fácil, pensando equivocadamente que la tecnología terrenal está más adelantada que la celestial. ¡A Dios no se le da el *primer lugar* en el diario vivir! Tenemos de todo. Muchos sistemas o artefactos de comunicación: iphones, ipads, computadoras personales y redes sociales, etc. pero la comunicación más rápida y gratis, *la oración a Dios,* no la aprovechamos.

Así sucedió cuando los israelitas clamaron por un rey ante el desastre del liderazgo de los sacerdotes y el gobierno de los jueces: se volvieron egocéntricos. Fueron muy claros en su equivocada decisión reclamándole a Samuel: *"Tú has envejecido y tus hijos no andan en tus caminos; por tanto, danos ahora un rey que nos juzgue, como tienen todas las naciones"* (1 Samuel 8:5). *Un día muy triste en la eternidad de Dios.* Rechazaron al único Dios Todopoderoso que sustenta, da vida, protege, alimenta, mantiene una economía estable y ama a pesar de los errores humanos. Abandonaron la fuente inagotable de sabiduría, pan y poder.

Hay momentos en la vida en que tomamos decisiones a la ligera y luego como gente acelerada nos arrepentimos. Unos, porque han ingerido algunas copas; otros, por estar bajo tensión o stress y, los demás, simplemente porque se les *chispotea*.

A los israelitas se les hizo fácil resolver su caos político y espiritual *deseando ser como las demás naciones ignorando el poder y cuidado de Dios*. Se igualaron a su tío Esaú (hermano de Israel o Jacob), quien siendo el primogénito, por un plato de lentejas despreció y vendió su primogenitura a su hermano Jacob. Después la deseó con muchas lágrimas y gemidos rogándole a Jacob que se la devolviera (Génesis 25:27-34; Hebreos 12:16-17). Por su ligera actuación echó a perder el privilegio de ser el padre de la nación israelita. Quizás Jacob en su mente dijo: ¡*Cómo lo siento mi querido hermanito!*

Tal acción de rechazar la autoridad del Creador no podía quedar impune pues la Escritura dice que Dios al que ama lo disciplina con propósitos educacionales y con el fin de obtener un galardón muy especial, esto es, *para que participemos de su santidad* (Hebreos 12:5-10). Samuel reunió al pueblo y tuvo palabras no muy gratas para con ellos al clarificarle el gran mal que habían hecho: rechazar al que les amaba y el castigo que ese atrevimiento conllevaba. *"Esperad aún ahora y mirad esta gran cosa que Jehová hará ante vuestros ojos. ¿**No es ahora la siega del trigo?** Yo clamaré a Jehová, y él **dará truenos y lluvias**, para que conozcáis y veáis cuán grande es la maldad que habéis cometido ante los ojos de Jehová **pidiendo para vosotros un rey**,"* (1 Samuel 12:16-17 énfasis mío).

En Israel, durante el verano no cae lluvia y si llueve el agua destruye la cosecha más importante, esto es, el *trigo*. Como resultado de tal castigo, la lluvia produjo una hambruna ese mismo año (v. 19).

Gobiernos: Divino vs. Humano

Los israelitas no apreciaron el privilegio y ventaja de ser el único pueblo *gobernado* por la Divinidad. El salmista dijo: *"Bienaventurada la nación cuyo Dios es Jehová, el pueblo que él escogió como heredad para sí"* (Salmo 33:12). Ellos ignoraron que Dios es el Creador y controla la historia del ser humano como Rey Universal que es. La creación es un testimonio de Su poder e inteligencia. *"¡Jehová reina! ¡Se ha vestido de majestad! ¡Jehová se ha vestido, se ha ceñido de poder! Afirmó también el mundo y no será removido"* (Salmo 93:1). El profeta Isaías concuerda con David al expresar que Jehová es el *legislador*: *"Porque Jehová es nuestro juez, Jehová es nuestro legislador, Jehová es nuestro Rey. ¡Él mismo nos salvará!* (Isaías 33:22; cf. 44:6). Su Hijo Jesucristo es el que mantiene la cohesión de todas las cosas creadas para que funcionen a perfección y que el universo no se desintegre (Colosenses 1:17). Dios tiene poder para *cambiar los tiempos, edades, quitar reyes y ponerlos* sin que nadie diga: *¿Qué o por qué lo haces?* (Daniel 2:21; Job 9:12).

Las Promesas de un Gobierno. Es una desgracia que en casi todos los países democráticos cada cierto tiempo de elección los políticos descargan de su caudal de ideas ficticias e irracionales, promesas que nunca cumplen y que los hacen lucir como *falsos Santa Clauses.* Sus discursos adornados de frases que nos dan falsas expectativas recargan nuestros sueños que en pocos meses se nos esfuman para quedarnos con el mismo desespero que teníamos antes de elegirlos. Como dice el salmista, los pensamientos del hombre en un mismo día se desvanecen (Salmo 146:3-4). Bien lo dijo el profeta Jeremías: *"Así ha dicho Jehová: «¡Maldito aquel que confía en el hombre, que pone su confianza en la fuerza humana, mientras su corazón se aparta de Jehová!"* (Jeremías 17:5).

La Escritura nos enseña que todo lo que Dios ofrece y promete es un indudable "Sí", *"porque todas las promesas de Dios son en él «sí», y en él «Amén»"* (2 Corintios 1:20). Dios, contrario a un gobierno humano, no es hombre para que mienta ni tampoco para llenar nuestros oídos con falsas ofertas (Números 23:19; Hebreos 6:17-18). La esencia de la *fe* es confiar en todo lo que Él ha revelado en su Palabra.

Efectividad. Los políticos nos fallan porque son humanos y están limitados en el tiempo, espacio e inteligencia. Dios no tiene limitación alguna. Él no se tarda en responder y siempre está trabajando. No se toma ni un *break* o descanso (Juan 5:17). Cada llamada (peticiones de sus hijos) no pasa a una lista de espera ni son contestadas en orden de llegada. Nuestras oraciones, sean casos graves de enfermedad o un simple resfriado y aunque lleguen a la presencia de Dios diferentes peticiones al mismo tiempo son atendidas en instantes, no en días o semanas.

Aunque en ocasiones no nos guste alguna respuesta a nuestras oraciones de parte de Dios o nos parezca que nunca llega la contestación, en su infinita sabiduría Él determina qué es lo que nos conviene. Cuando nos encontremos agobiados y confusos el Espíritu Santo preparará y confeccionará nuestros ruegos antes que lleguen a la presencia Dios. Él es el mejor guionista. *"De igual manera, el Espíritu nos ayuda en nuestra debilidad, pues qué hemos de pedir como conviene, no lo sabemos, pero el Espíritu mismo intercede por nosotros con gemidos indecibles"* (Romanos 8:26).

Un gobierno para siempre: Dios de las alturas y de las llanuras. La participación en elecciones generales para elegir a un presidente de una nación con sus representantes del pueblo ha disminuido considerablemente en los últimos años especialmente en los Estados Unidos de Norteamérica. Tal indiferencia en el electorado demuestra que ya la ineficiencia de los políticos ha llegado a su máximo. Los gobernantes generacionales o las dictaduras que no admiten opositores en la mayoría de los casos también son ineficientes tronchando la esperanza a pueblos que anhelan saborear la libertad.

El pueblo de Israel tuvo la oportunidad de no angustiarse ante la expectativa e incertidumbre del sucesor al trono. Dios es eterno y está en control de todas las cosas (Éxodo 15:18; Jueces 8:23) y lo más que lo distingue es que no cambia su programa o agenda de gobierno como lo hacen los políticos.

Los antiguos adoraban a diversos dioses porque existía la creencia que cada dios era especializado con cierto poder y no eran todopoderosos como Jehová. Un dios tenía poder sobre el fuego. Otro, sobre la lluvia. Otros sobre la fertilidad, el sol y la luna. El apóstol Pablo llegó a la ciudad de Atenas y su espíritu se enardecía viendo la adoración a tantos dioses (Hechos 17:16-25). Aun pensaban sus habitantes que pudiera haber la existencia de algún otro dios que no *era conocido* y así lo llamaban y se dirigían a tal divinidad, *al dios no conocido* (v. 23).

Nuestro Dios, Jehová de los ejércitos, es Todopoderoso y no carece de especialidad alguna. Cuando el ejército de Israel en los días del rey Acab derrotó a los sirios por el poder de Dios en la batalla contra Samaria, ciudad que se construyó en un *monte*, el ejército sirio pensó que los israelitas los derrotaron debido a que Dios era dios de los montes. Por el consejo de sus siervos el rey sirio, Ben-adad, cambió de estrategia la cual consistió en levantar batalla contra Israel en la *llanura y no en un monte* (1 Reyes 20:23-25).

Un año más tarde se reanudó la batalla en el valle (v. 26) y Siria fue derrotada. *«Así ha hablado Jehová: "Por cuanto los sirios han dicho: 'Jehová es Dios de los montes, y no Dios de los valles', yo entregaré toda esta gran multitud en tus manos, para que sepáis que yo soy Jehová."»* (1 Reyes 20:28b). La Escritura nos enseña y educa de la grandeza de Dios. Su poder creativo e inmensa sabiduría no pueden ser igualados por ningún dios de inventiva humana. Nada hay que le sea desconocido, mucho menos que no pueda enfrentar y vencer. Después que Dios habló con Job y le aclaró todas sus dudas él sólo respondió: *"Yo reconozco que todo lo puedes y que no hay pensamiento que te sea oculto"* (Job 42:2). Para Dios todo es posible y tenemos la gracia que podemos contar con sus bendiciones en todo momento. Pablo dijo: *"Todo lo puedo en Cristo que me fortalece"* (Filipenses 4:13). En llanuras o montes (pequeños o grandes problemas), Jehová es el vencedor y proveedor.

Transferencia de Autoridad

La demanda de Israel a Samuel de *un rey* no se puede entender como una petición o ruego para que se les cumpliera su deseo de asemejarse a sus vecinos. Fue un acto de *rebeldía y desprecio* a la autoridad de Dios. En lugar de adorar a Dios y aceptar su voluntad y soberanía decidieron que un rey humano y limitado controlara su destino. Lo que en realidad hicieron con su actitud muy secularizada fue cambiar la *sede* de la casa presidencial *del cielo a la tierra*.

Asaf, autor del salmo 78, hace una reseña explicando la razón por la cual Jehová estuvo enojado con Israel por mucho tiempo. El versículo 22 dice: *"por cuanto no le habían creído ni habían confiado en su salvación."* La fe, esa confianza en el poder de Dios, es la moneda utilizada en el reino de Dios.

Moisés ya les había advertido sobre la insensatez de exigir un rey y sus consecuencias al rechazar el gobierno de Jehová (Deuteronomio 17:14-20; cf. 2 Reyes 15:20). También Samuel, por orden de Dios, les señaló lo que haría el rey con ellos. Entre otras cosas el rey por su autoridad, impondría una carga contributiva a todo el pueblo, formaría un ejército, tomaría a sus hijos como siervos a su servicio y las hijas como trabajadoras domésticas (1 Samuel 8:10-22). El solo hecho de que Israel teniendo a Dios como su Rey no necesitaba un ejército, representaba una ventaja y ahorro para fortalecer la economía nacional.

Salomón hijo de David fue el tercer rey de Israel sucediendo a su padre. ¡Quién mejor que Salomón para disertar sobre los poderes absolutos de un rey! Él mismo dijo que la palabra del rey es soberana y nadie le puede decir: "¿Qué haces?" (Eclesiastés 8:2-4).

Tan obstinados estaban por tener un rey que habiendo Samuel terminado su exhortación al respecto y explicado sus consecuencias, ellos emitieron su voto y por mayoría abrumadora reafirmaron su posición de *ser como las demás naciones* (v. 19, 22b). *Hubo un traspaso de poderes* sin efectuarse una ceremonia de toma de posesión (1 Samuel 10:17-19).

Unos cuantos años más tarde durante el cautiverio de la nación israelita Jehová dijo por medio del profeta Jeremías: *"Porque dos males ha hecho mi pueblo: me dejaron a mí, fuente de agua viva, y cavaron para sí cisternas, cisternas rotas que no retienen el agua"* (Jeremías 2:13).

En una ocasión, un hermano y líder de la iglesia en unas conferencias bíblicas dio un testimonio desgarrador ante la audiencia presente. Lo que él dijo fue para que cualquier persona derramara lágrimas aunque tratara de contenerse. Lleno de tristeza y muy acongojado, escuetamente expresó en palabras de angustia que su compañera y esposa de toda su vida, simplemente lo había abandonado después de haber disfrutado tantos inolvidables momentos y haber criado a sus hijos juntos. Ella simplemente abandonó el hogar quedando él entre las cuatro paredes. Y en una situación así, tan lamentable, ¿Qué consejero, pastor, psicólogo o siquiatra puede aconsejar con todo éxito?

Pensamos en la oración como remedio a cualquier adversidad. Estoy seguro que ese hermano ya habría elevado cuantiosas oraciones y derramado muchas lágrimas ante el trono de Dios buscando una explicación. El patriarca Job también indagaba en oración una respuesta al ver que su familia y sus bienes desaparecieron en un corto tiempo. En su desesperación no pudo elevar una oración muy inspirada, mas sus palabras fueron de frustración: *"¡Perezca el día en que yo nací y la noche en que se dijo: "Un varón ha sido concebido!"* (Job 3:3). El Señor Jesucristo antes de morir oraba a Su Padre buscando una respuesta que nunca llegó y, en ese momento, su sudor era como *gotas de sangre*.

Dios también tuvo un día de tristeza para enseñarnos que en ocasiones y, en especial, cuando surgen problemas familiares debemos de tomar una actitud positiva y de fe, aceptando las circunstancias adversas. Dios pudo haber rechazado el pedido de los israelitas y continuado como su rey aun en contra de la voluntad de ellos. Pero el amor no es obligado, tampoco exigido. Aunque tengamos un nudo en la garganta es mejor tomarnos un rico café, aceptar el rechazo y seguir caminando pues la vida continúa. Dios pudo haber abandonado a Israel pero su amor es eterno y dijo a Samuel *"oye su voz y dales un rey"* (1 Samuel 8:22).

Dios tiene toda autoridad. Su Nombre es poder (Salmo 54:1). Juzga a las naciones con justicia (Salmo 9:7-8) y sus actos son evidenciados por Su Palabra (Isaías 44:24-28). Dios no actúa como un líder autoritario, sediento de poder que no delega sus funciones, pero en Su infinita voluntad busca a quien usar y encomienda su autoridad para que se cumplan sus planes con la humanidad. Por ejemplo delegó en Moisés todo el plan de liberación de los israelitas en Egipto a tal punto que lo constituyó un *dios* para el faraón egipcio (Éxodo 7:1-2). Al morir Moisés escogió a Josué como sucesor para conquistar la tierra Prometida y que el pueblo israelita se estableciera como una nación libre y soberana con la *distinción* de tener un gobierno *celestial* (Deuteronomio 31:1-23), de donde vino el Mesías para rescatar al ser humano de la miseria del pecado.

Ese rechazo al reinado de Dios prefiguró el desprecio a Cristo, Hijo de Dios como el Salvador del mundo el cual no solamente fue rechazado por los judíos y sus mismos hermanos antes de morir en la cruz, sino también por toda la humanidad, que no acepta su sangre preciosa que nos perdona todos los pecados.

El plan de *gobierno divino* sobre los seres humanos, que fue interrumpido por los israelitas al rechazar a Dios como su Rey, exigiendo a un rey terrenal con *poderes limitados* se cumplió en Jesucristo después de haber sido resucitado por Dios quien le dio toda autoridad: *"Jesús se acercó y les habló diciendo: «Toda potestad me es dada en el cielo y en la tierra"* (Mateo 28:18). Jesucristo tiene a su cargo todo el funcionamiento del universo (Colosenses 1:15-17), en Él habita toda la plenitud de la Deidad (Colosenses 2:9-10), es heredero de todo y por quien Dios nos ha hablado y *hecho sentar en lugares celestiales* (Efesios 2:6; Hebreos 1:1-3). Con los avances tecnológicos las distancias se han acortado. Con la resurrección de Jesucristo la distancia entre la tierra y el Trono de Dios se han eliminado. ¡Oh sabiduría de Dios en misterio!

7

Saúl: el Candidato del Pueblo

"Entre los hijos de Israel no había otro más hermoso que él; de
hombros arriba sobrepasaba a cualquiera del pueblo."
(1 Samuel 9:2b).

Cuando ocurren desastres naturales tales como huracanes, terremotos, tornados, tsunamis y otros, algunas personas y aun los medios de comunicación cuestionan a Dios como si Él hubiese sido indiferente ante lo ocurrido. Por lo contrario, cuando hay abundancia de bendiciones, por ejemplo, la economía crece produciendo muchos y buenos empleos, abundantes cosechas, aumenta la bolsa de valores, bajan los precios del petróleo, la venta de casas es muy positiva o la nación vive en paz no se le envía al Creador de todas las cosas un *thank you card* o tarjeta de agradecimiento. ¿Por qué no culpar al millón de dioses que los seres humanos han creado a su antojo y gusto? Las estatuas, pinturas, esculturas de piedra y madera que se veneran como dioses deberían responder primero ya que están recibiendo adoración continuamente a diferencia de Jehová que constantemente es rechazado por esta sociedad materialista. Dios siempre está disponible y su teléfono nunca suena ocupado. El profeta Isaías insistentemente anunciaba al pueblo de Israel: *"¡Buscad a Jehová mientras puede ser hallado, llamadle en tanto que está cercano!"* (Isaías 55:6). El Señor Jesucristo dijo que el que acude a Él, no le echa fuera. *"Venid a mí todos los que estáis trabajados y cargados, y yo os haré descansar"* (Mateo 11:28; Juan 6:37).

Los que entran a la vida política de un país y logran ser elegidos para algún alto puesto, tarde o temprano llegan a conocer una realidad muy fría y cruel: cuando surge alguna situación difícil o crisis nacional, el pueblo los acusará y los desechará aunque no sean culpables.

Samuel fue un buen líder y muy espiritual pero para los israelitas ya estaba viejo y le sacaron en cara que sus hijos no andaban en buen camino (1 Samuel 8:5). Los israelitas en su desespero y ambición de ser semejantes a las naciones vecinas pidieron un rey no tomando en cuenta que Jehová era su Líder máximo que los protegía como a la niña del ojo. No se acordaron que ya anteriormente, en la época de los Jueces, Israel trató de elegir su propio rey y el resultado fue todo un fracaso y un caos (Jueces 8:22-23; 9:1-57).

Dios pudo haber abandonado a Israel cuando le rechazaron como su Rey, ese pueblo al que Él escogió para que anunciara sus virtudes (Isaías 43:21; 1 Pedro 2:9). Jehová es Amor y Todopoderoso y con tales cualidades eternas pudo refrenarse de destruir a quienes lo descartaron como su protector. ¡Su amor es inmenso! Él no interrumpió sus planes con la nación de Israel de continuar la descendencia del Mesías con el fin de bendecir a toda la humanidad por su sacrificio en la cruz. A pesar de tal rechazo y siendo que Dios es dueño de todo (Salmo 24:1), continuó amándoles ya que Dios les había jurado Su amor incondicional: *"Pues Jehová no desamparará a su pueblo, por su gran nombre; porque Jehová ha querido haceros pueblo suyo"* (1 Samuel 12:22; cf. Deuteronomio 26:17-19; Salmo 94:14). Con tristeza procedió con el reclamo del pueblo y dijo a su siervo Samuel *"Oye su voz y dales un rey"* (1 Samuel 8:21b). El amor de Dios es para siempre, *nunca deja de ser* (1 Corintios 13:8).

Saúl: Primer Rey de Israel

Hoy en día se da el fenómeno, cuando se presentan los candidatos a puestos electivos en los países democráticos, que el candidato que tenga una buena imagen y sea atractivo ante los medios de comunicación, aunque no tenga el mejor potencial político y experiencia, va a salir bien en las encuestas preliminares previo a la elección general. Quizás esto se deba a la multiplicidad de medios noticiosos y a las redes sociales. Una impresión llamativa y espectacular al principio de su lanzamiento como candidato se propaga como un virus.

El deseo de Israel de tener un rey no fue para que la economía, la educación, o más importante aún, que su espiritualidad y su relación con Dios mejorara. Fue una ambición desesperada fundada en la vista y no en la fe, confiando en un ser humano antes que en el Creador. Y obtuvieron un rey populista con el cual se llenaron de esperanza y confianza pensando que su futuro sería mucho mejor. Ignoraron que Dios los había forjado y alimentado desde que fueron liberados de la esclavitud en Egipto para ser una nación libre y soberana, distinta y *no igual* a las demás (1 Samuel 10:23-24).

Principio del Reinado de Saúl. Hay un dicho que dice: lo más importante no es cómo empezamos, sino cómo terminamos. En su comienzo, aunque fugaz, el rey Saúl demostró una cualidad muy poco vista entre los reyes que tuvo Israel durante su gobierno monárquico y que hoy en día parece haberse esfumado de los políticos y los que están en cualquier puesto de poder: *humildad.*

Cuando Saúl fue ungido como el primer rey de los israelitas, a su ceremonia de instalación asistieron solamente tres: Dios, Samuel y el propio Saúl. Mantuvo en secreto su nombramiento y sirvió a los suyos como un simple ciudadano sin pomposidad alguna (1 Samuel 10:1, 15-16; cf. 9:21). En la ceremonia de presentación ante el pueblo exhibió algo de temor o miedo y cuando indagaron por su presencia, Dios mismo respondió. *"Preguntaron, pues, otra vez a Jehová si aún no había concurrido allí aquel hombre. Y respondió Jehová: «Está ahí, escondido entre el bagaje.»"* (1 Samuel 10:22). Ante la crítica y la burla en los primeros días de su incumbencia mantuvo la calma: *"Pero algunos perversos dijeron: «¿Cómo nos ha de salvar éste?» Lo despreciaron y no le llevaron presentes; pero él disimuló"* (v. 27, énfasis mío).

De la Humildad a la Desobediencia. Durante el cargo de un jefe de estado surgen situaciones que son como crisoles para demostrar su habilidad de si puede o no guiar a su nación hasta el éxito: un país seguro y una economía progresiva. El rey Saúl <u>no</u> fue elegido con el propósito de establecer una línea genealógica para enviar al Mesías a la tierra. Su nombre no se encuentra en el árbol genealógico de Jesucristo. Simplemente fue un rey transitorio, *del pueblo* y *para el pueblo,* cuya razón principal al ser elegido como príncipe de Israel fue *para salvarlos de los ataques constantes de los filisteos* (1 Samuel 9:16).

Saúl tuvo dos oportunidades para demostrar de una vez y por todas que estaba capacitado para ser un buen líder en Israel. Como dice el dicho, *siempre hay una primera vez.* Samuel ejercía como el líder espiritual y profeta en el pueblo y por lo tanto, era el indicado para adiestrar a Saúl como rey de Israel.

La primera asignación fue una orden no muy complicada: *"Luego bajarás delante de mí a Gilgal; entonces descenderé yo junto a ti para ofrecer holocaustos y sacrificar ofrendas de paz. Espera siete días, hasta que yo vaya a tu encuentro y te enseñe lo que has de hacer"* (1 Samuel 10:8). Fue una instrucción encajada en la cultura de una empresa: lograr el éxito en poco tiempo y producir ganancias, cuentas claras, procedimientos inteligibles y órdenes que no confundan al empleado. Las instrucciones a Saúl fueron sencillas, sólo él tenía que *añadir fe*: ir a la ciudad de Gilgal, esperar allí por Samuel y después de siete días en esa ciudad recibiría las instrucciones relacionadas a su desempeño como rey.

Durante el plazo señalado de siete días surgió un conflicto bélico entre los filisteos y los israelitas (1 Samuel 13:1-14). Cuando los de Israel se vieron en aprietos, Saúl cuya posición se podría catalogar como una terrenal y limitada, imploró el favor de Jehová llevando a cabo una acción que no le estaba permitida, esto es, *hacer sacrificios*, responsabilidad que solo pertenecía a los sacerdotes levíticos, descendientes de Aarón (Éxodo 28:1). Como una prueba de paciencia para Saúl, Samuel se tardó y llegó después de los siete días a Gilgal, el lugar acordado para reencontrarse (v. 8). El apóstol Pablo escribió que *"por nada estemos afanosos, sino dar a conocer a Dios, nuestras peticiones y preocupaciones"* (Filipenses 4:6).

En su desespero el rey Saúl procedió locamente a hacer el sacrificio u holocausto buscando la ayuda de Dios y sin la autorización del profeta Samuel. En el instante en que termina el sacrificio, como sucede en la vida real cuando no tenemos la paciencia para esperar un minuto más, Samuel llegó a Gilgal para encontrarse con Saúl y darle instrucciones protocolarias en cuanto a las funciones gubernamentales. Ante tal atrevimiento de Saúl, Samuel se enoja y al confrontarlo, la respuesta del rey Saúl, después de una larga explicación, fue muy defensiva: *"Así que me vi forzado a ofrecer el holocausto"* (v. 12b; cf. 15:14-15). Esa respuesta es muy parecida a la que Aarón dio después que Moisés estuvo con Dios en el Monte Sinaí recibiendo la Ley por unos cuarenta días. Por esa ausencia el pueblo se impacientó y pidieron a Aarón que les hiciera un becerro de oro al cual adoraron. Confrontado por Moisés, Aarón respondió que el pueblo le pidió que les hiciera *dioses que vayan delante de nosotros* (Éxodo 32:23). Su respuesta fue muy espontanea: *"Y yo les respondí: "El que tenga oro, que lo aparte." Me lo dieron, lo eché en el fuego y **salió este becerro**,"* (v. 24 énfasis mío).

Muy molesto Samuel le dice a Saúl que si hubiese guardado la orden tal y como se le había informado en el acuerdo Jehová lo habría confirmado como *rey de Israel para siempre.* Nuestro Señor Jesucristo hablando de los acontecimientos futuros dijo que con *vuestra paciencia ganaréis vuestras almas* (Lucas 21:19). Como se dice en el argot del béisbol: *el primer lanzamiento fue un strike por el mismo medio del plato.*

Saúl, como les sucede a algunos políticos en su primer mandato, que no aprenden de sus errores al principio, falló también en su segunda prueba. Hay otro dicho muy popular que dice: todo el mundo tiene derecho a una segunda oportunidad y, ¡el rey Saúl la tuvo! En este caso la misión encomendada fue distinta. *En la primera*, Saúl falló en demostrar que era un hombre de *paciencia* y *fe* como debe ser cualquier líder nacional. Ahora tenía que ser probado en lo más difícil para cualquier rey de aquella época: *exterminar a sus enemigos*. Para Saúl era vencer a una nación que persistía en destruir a los israelitas. A Amalec. Un empedernido enemigo de Israel. *"Un día Samuel dijo a Saúl: —Jehová me envió a que te ungiera rey sobre su pueblo Israel; ahora, pues, escucha las palabras de Jehová. Así ha dicho Jehová de los ejércitos: "Yo castigaré lo que Amalec hizo a Israel, cortándole el camino cuando subía de Egipto"* (1 Samuel 15:1-2). La orden era contundente (v. 3), llevaba el propósito de castigar y exterminar a los amalecitas y a su rey, pues él no tuvo compasión alguna hacia los israelitas cuando viajaban desde Egipto hacia la tierra Prometida. Este despiadado gobernante atacó la retaguardia de Israel cuando, en palabras de Moisés, *"Israel estaba cansado y sin fuerzas"* y por lo tanto, se dio la *orden futura de castigarlo y exterminarlo* (Deuteronomio 25:17-19; cf. Éxodo 17:8-16).

Dios en su eterna sabiduría puede determinar matar a aquellos que actúan sin misericordia. Como dijo el apóstol Pablo, Dios *"tiene misericordia de quien quiere y al que quiere endurecer, endurece"* (Romanos 9:18). No hay injusticia en Dios, Él da la vida y Él es el único que la puede quitar (Job 1:21).

Los ceneos eran una tribu nómada que habitaban en medio de los amalecitas. En ese ataque de Saúl a Amalec, Dios perdonó a los ceneos que se encontraban entre los amalecitas por la razón de que ellos mostraron misericordia hacia Israel cuando subía de Egipto (1 Samuel 15:5-6). Dios no castiga al justo juntamente con el injusto (Génesis 18:16-32). Saúl en parte cumplió con el mandato pero dejó vivo al rey de Amalec, Agag y no le dio muerte a lo mejor de las ovejas del ganado mayor y los animales engordados según se le indicó (1 Samuel 15:7-9, 13-14).

El Pecado de Rebelión. El apóstol Juan dijo que amamos a Dios cuando le obedecemos porque sus *mandamientos no son una carga,* no son gravosos (1 Juan 5:3). Una diferencia que se observa en países desarrollados en comparación a pueblos subdesarrollados es el respeto y el orden que se vive debido a que las leyes se siguen y las autoridades son muy efectivas en hacerlas cumplir. Por el orden y calidad que se vive y se disfruta el ciudadano desarrolla una cultura de obediencia aun en situaciones sencillas como por ejemplo, no tirar papeles al piso o manejar en las carreteras observando los límites de velocidad.

Al ser confrontado una segunda vez por Samuel, Saúl respondió positivamente diciéndole que efectivamente había cumplido con la misión que se le encomendó, pero que el pueblo tomó la decisión de dejar al rey Amalec vivo y de escoger lo mejor del ganado y del botín para ofrecerlo a Jehová en holocausto o sacrificio (1 Samuel 15:20-21). Una falta muy significativa. Él era el rey. ¿Por qué dejó que el pueblo tomara tal decisión contrario a lo ordenado por Dios?

Hay un dicho popular de origen latino que dice así: *el fin justifica los medios* y otro que: *todos los caminos conducen a Roma.* El primero se usa cuando se quiere lograr algo bueno por cualquier método o acciones y el segundo cuando queremos conseguir algo o alcanzar una meta no importando la manera en que actuemos.

El proceder de Saúl fue de acuerdo a su propia inteligencia, no considerando las órdenes dadas por el profeta de Dios. Samuel conocía a Dios y le servía día a día. Saúl estaba siendo adiestrado en el conocimiento y servicio de Dios en el campo de la administración de una nación. Samuel conocía bien a su Jefe, Dios y sabía que a Él le gusta que le obedezcan al pie de la letra (Salmo 1:2). Como dice otro dicho al *jefe hay que entregarle las cosas como a él le gustan.* ¡Cualquier parecido de algunos de nuestros políticos con Saúl no es mera coincidencia! Es que, como Saúl, nos gobiernan a su antojo y con nuestro propio dinero. ¡Qué caramba!

En cualquier empresa comercial o institución terrenal, un jefe espera que se le obedezca y se le respete. Dios también quiere que su pueblo le honre guardando sus mandamientos. Cuando en los trabajos tenemos discrepancias con los supervisores lo correcto es negociar con ellos desde una perspectiva de obediencia entendiendo que ellos son los que al fin tomarán las decisiones pertinentes y necesarias.

La Palabra de Dios nos instruye a aceptar siempre la voluntad de Dios. El mismo Jesucristo la noche antes de morir en la cruz oraba intensamente y el sudor era como gotas de sangre. Rogaba a Su Padre que pasara la copa amarga de sufrimiento en el madero y concluyó diciéndole a Dios *"hágase tu voluntad"* (Mateo 26:36-42).

Samuel le hizo saber a Saúl que obedecer a Dios es lo más importante. De la misma manera, cuando trabajamos en una organización, para lograr el éxito debemos acatar todo lo que se nos exija de acuerdo a las reglas y procedimientos establecidos. *"Entonces Samuel dijo: ¿Acaso se complace Jehová tanto en los holocaustos y sacrificios como en la obediencia a las palabras de Jehová?* **Mejor es obedecer que sacrificar**; *prestar atención mejor es que la grasa de los carneros.* **Como pecado de adivinación es la rebelión**, *como ídolos e idolatría la obstinación. Por cuanto rechazaste la palabra de Jehová, también él te ha rechazado para que no seas rey."* (1 Samuel 15: 22-23 énfasis mío)

Saúl: un Rey Opuesto a Dios

El rey Saúl no es un tipo de Jesús ni tampoco representa algún aspecto que se refiera al cumplimiento de la promesa de Dios. Es decir, de enviar a su Unigénito para morir por el pecado del mundo.

Saúl no se encuentra en la genealogía de Cristo. Su descendencia es de la tribu de Benjamín y no de Judá. No aparece en la lista de los *héroes de la fe* en el capítulo once de la Carta a los Hebreos. Saúl demostró que no tenía una relación espiritual con Dios, ni se dirigía a Él como su Dios dejando muy claro su *frialdad* espiritual. Después de que Samuel le anuncia a Saúl que ya Dios lo había rechazado como rey de Israel mostró un arrepentimiento muy tibio y quiso adorar a Jehová como el Dios de Samuel. *"Yo he pecado, pero te ruego que me honres delante de los ancianos de mi pueblo y delante de Israel, y que vuelvas conmigo para que adore a Jehová, tu Dios dijo Saúl,"* (1 Samuel 15:30 énfasis mío). Recuerdo cuando en las aplicaciones de empleo había un encasillado para seleccionar la creencia o religión del solicitante. Quizás Saúl en una solicitud de empleo, hubiese indicado, N/A (no aplica) o ninguna.

Saúl nunca reconoció a David como el ungido y rey de Israel y desató una persecución desmedida contra él dejando la imagen de un dictador que no respeta la vida humana ni los derechos del pueblo. Saúl tampoco *fue un hombre de oración* como lo fueron los patriarcas y profetas que le antecedieron. En todo lo relatado de su vida y su reinado no se encuentra una oración que haya dirigido a Dios o bendecido Su Nombre como lo hacía David en todo momento.

En una ocasión que se dirigió a Dios con el propósito de conocer quién había quebrantado el mandamiento de no comer alimento alguno mientras peleaban contra los filisteos, echaron suertes en el pueblo para que Dios les declarara quien fue el incumplidor de la orden. La manera como Saúl se dirigió a Dios fue muy irreverente con escasez de palabras: *"Entonces dijo Saúl a Jehová, Dios de Israel: Da a conocer la verdad."* (1 Samuel 14:41 énfasis mío). Con esa actitud de parte de Saúl hacia Dios parecía como si hubiese estado dando órdenes a un criado suyo o a un soldado. Saúl fue un rey humanista y secular que no incluyó a Dios en sus planes ni tenía una relación espiritual con Él. Toda su confianza estaba puesta en el poder militar. No encuentro un pasaje bíblico donde Saúl se haya dirigido a Jehová llamándole "mi Dios," como acostumbraba David.

David se dirigía a Jehová con mucho respeto y devoción. Lo llamaba *Dios viviente, Jehová delos ejércitos, Jehová Dios de Israel, Señor Jehová, Jehová es mi roca, Jehová, Dios mío* y otros (1 Samuel 17:26, 45; 23:11; 2 Samuel 7:18; 22:2; Salmo 7:1). David se arrepentía cuando cometía una falta. Entre las faltas más sobresalientes se relata el intento de llevar el Arca de Dios a la ciudad de Jerusalén sin el debido proceso y permiso de Dios (2 Samuel 6:1-11). En otra ocasión pecó cometiendo adulterio con Betsabé y como una estrategia para esconder su pecado, asesinó al esposo, Urías el heteo, que era uno de sus soldados, un hombre muy humilde (2 Samuel 11:1-27). Dios se enojó con él en gran manera cuando hizo un censo del ejército de Israel (2 Samuel 24:10). De tal magnitud y seriedad fue su arrepentimiento ante Dios que escribió cinco de los siete Salmos, los cuales se conocen como *salmos de arrepentimiento:* Salmo 6, 32, 38, 51, 102, 130, 143.

Tomé la corona que llevaba sobre su cabeza

Ante una enfermedad o cualquier situación crítica es necesario actuar con prontitud en su comienzo y no postergarlo, de lo contrario, nos esperan serias consecuencias que pueden llegar a ser desastrosas.

El pecado es una enfermedad. Un cáncer. El no tratarlo en su comienzo es fatal. Saúl no controló ni su rebelión contra Dios, ni su envidia hacia David. El único remedio para vencer al pecado es humillarse ante Dios y aceptar su gracia salvadora que ya ha sido manifestada en el sacrificio de Su Hijo. Dios advirtió a Caín después que mató a su hermano Abel que controlara su enojo por la razón de que *"el pecado está a la puerta"* (Génesis 4:7). Moisés también hizo tal advertencia a Israel de no caer en el engaño del pecado puesto que tarde o temprano el pecado los alcanzaría (Números 32:23).

La Biblia dice que *Noé caminó con Dios* y fue *pregonero de justicia* (Génesis 6:9; 2 Pedro 2:5). Al morir Abraham quedó escrito de él, *murió en buena vejez, anciano y lleno de años* (Génesis 25:8). Jacob al terminar su recorrido terrenal y como volviéndose un bebé, simplemente, encogió los pies en la cama y expiró (Génesis 49:33). El gran profeta y libertador, Moisés, murió a los ciento veinte años y, *"sus ojos nunca se obscurecieron, ni perdió su vigor"* (Deuteronomio 34:7b). *"Israel sirvió a Jehová durante toda la vida de Josué,"* fueron las palabras que resumieron su exitosa carrera como conquistador de la tierra Prometida (Josué 24:31).

El fin de la vida de Saúl fue muy trágico según una reseña muy triste hecha por un mensajero de su campamento. El mismo mensajero declara que removió la corona de la cabeza del rey. *"Yo entonces me acerqué y lo maté, porque sabía que no podía vivir después de su caída. **Tomé la corona que llevaba sobre su cabeza** y el brazalete que tenía en su brazo, y se los he traído aquí a mi señor."* (2 Samuel 1:10 énfasis mío).

A quién representa Saúl

El reinado de Saúl no tiene enlace con el de David en cuanto a la descendencia del Mesías. No solo por el hecho de que Saúl descendía de la tribu de Benjamín sino por su diferencia de carácter y naturaleza espiritual que lo hizo ver como un simple gobernante terrenal y no un designado de Dios en sus planes proféticos. Su comportamiento después de ser rechazado como rey de Israel fue de tragedia y opuesto a la naturaleza de Dios. En la genealogía de Jesucristo, hay de todo. No es una lista de antecesores de renombre y buena fama. Hay rameras, descendientes producto de relaciones incestuosas, adúlteros y asesinos: es un retrato de la sociedad en que vivimos. Pero todos ellos, a pesar de su descrédito, alcanzaron madurez espiritual y llegaron a amar y adorar a Dios de todo corazón.

Los celos de Saúl lo atacaron hasta tal punto que persiguió a David para matarlo, por la única razón de que él había vencido al gigante Goliat y el pueblo alabó a David como un héroe nacional (1 Samuel 18:6-9). Si alguna cosa les da terror y envidia a los cobardes y celosos es al *amor.*

Dos razones fueron el motivo de Saúl para perseguir y querer matar a David. Primero, que llegó a entender que David amaba a Dios, y segundo que su hija, Mical, amaba a David y por eso *"llegó a ser enemigo de*

David todos los de su vida" (1 Samuel 18:28-29). ¡Qué viva el amor, aunque el suegro se enoje!

La casa de Saúl fue prácticamente exterminada (2 Samuel 9:3) y por su orgullo y un corazón no arrepentido, terminó consultando a los adivinos en medio de la desesperación (1 Samuel 28:3-25). El final de su vida fue trágico, pues le pide a su criado que lo mate con su propia espada (1 Samuel 31:1-6). Como ya se ha mencionado, él fue seleccionado para demostrarle a Israel que el modelo de gobierno que tenían las demás naciones y que los israelitas tanto anhelaban, no era el mejor. Fue *un candidato del pueblo y para el pueblo.*

Ningún gobierno u organización humana que rechaza y no respeta la soberanía de Dios puede sobrevivir y lograr una calidad de vida que sobrepase la fragilidad de la vida humana. Una imperfección de la filosofía comunista es que no puede ofrecer o prometer al ser humano esperanza de una mejor vida más allá de la muerte. Para el verdadero seguidor de tal doctrina, todo termina en la muerte.

El apóstol Pablo escribió sobre la bendición de permanecer en el ejercicio de la piedad o del evangelio diciendo que *tiene fruto para esta vida y la venidera* (1 Timoteo 4:7-8). Un ejemplo de cómo esto afecta a una nación cuando rechaza a Dios es lo que sucedió en los Estados Unidos de Norteamérica en el año 1963 cuando la corte Suprema prohibió las oraciones en las escuelas públicas. Desde esa prohibición hasta nuestros días la violencia en las escuelas ha ido incrementando a pasos agigantados. ¡Qué ironía! Prohíben orar en cualquier tipo de actividad en las escuelas públicas, pero sí permiten que se ore y se predique en las cárceles. ¡Qué desperdicio de sabiduría cuando rechazan a Dios!

Yo creo que Saúl es un prototipo o ejemplo de *desobediencia* y del *pecado.* El gobierno y la relación de Dios con su pueblo Israel antes de que ellos le pidieran un rey fue primeramente, a cargo de los profetas iniciado con el liderazgo de Moisés y seguido por su sucesor Josué como el conquistador de la tierra Prometida. Después siguió el nombramiento de jueces, el de Saúl y el reinado de David y sus descendientes que ocuparon el trono hasta la deportación de Judá a Babilonia. Se puede concebir a Saúl como una incompatibilidad en la línea de gobierno de Dios con su pueblo, de la misma manera que el pecado hace división entre el ser humano y Dios: *"pero vuestras iniquidades han hecho división entre vosotros y vuestro Dios y vuestros pecados han hecho que oculte de vosotros su rostro para no oíros"* (Isaías 59:2).

Saúl fue un puente entre el fin de los jueces y el comienzo de la dinastía de David de la cual descendió el Mesías, en quien se cumplió la promesa hecha a Abraham de que en *su nombre serían benditas todas las naciones o familias de la tierra* (Génesis 12:3).

¿Qué fue lo que llevó a nuestro Señor Jesucristo a la cruz? La contestación es el *pecado y la desobediencia.* Cristo triunfó sobre la muerte, el pecado y Satanás para darnos paz y vida en abundancia. *"Al que no conoció pecado, por nosotros lo hizo pecado, para que nosotros seamos justicia de Dios en él"* (2 Corintios 5:21; cf. Romanos 8:3; Hebreos 2:14, 4:15, 1 Juan 3:5). *"Para esto apareció el Hijo de Dios, para deshacer las obras del diablo"* (1 Juan 3:8b).

8

La Búsqueda de un Nuevo Rey

"Envió, pues, por él, y lo hizo entrar. Era rubio, de hermosos ojos y de buen parecer. Entonces Jehová dijo: «Levántate y úngelo, porque éste es.»"
(1 Samuel 16:12).

Cualquier lector de la Biblia puede preguntarse, ante el fracaso de Saúl, sino hubiese sido mejor haber escogido a David como el primer rey de Israel para dar inicio a la monarquía israelita. Por la misma línea de pensamiento podríamos opinar que la primera venida de Jesús a la tierra hubiese sucedido en otro tiempo, digamos que debió haber sido enviado durante la época de los reyes de Israel. Durante esa época los imperios asirio y babilónico cercaron a la nación, destruyeron el Templo y llevaron cautivo a gran parte de la población. La nación de Israel prácticamente fue, despedazada quedando los menos afortunados al cuidado de la tierra y sin defensa.

Esteban muere apedreado al principio del establecimiento de la iglesia. Un predicador elocuente y poderoso en la Palabra. Su lapidación nos deja con ciertos interrogantes (Hechos 6:8-8:1). ¿Por qué Dios permitió esa muerte?, preguntaría cualquier escéptico. ¿No era precisamente lo que la iglesia necesitaba en su comienzo? ¡Predicadores del calibre del primer mártir de la iglesia!

Dios tiene un calendario que no termina el 31 de diciembre pues Él es eterno. Dios hace y planifica de acuerdo a Su voluntad y no necesita consejo de ningún analista futurista de la historia. Dice la Escritura: *"Cristo, cuando aún éramos débiles, a su tiempo murió por los impíos"* (Romanos 5:6). ¡Y qué tiempo! La era del imperio romano, ¡el más poderoso de todos los imperios en la historia!

Cristo no se presentó en tiempos de paz y tranquilidad para formar una organización como las Naciones Unidas con el fin de tratar y resolver los problemas y conflictos de las naciones. Él se presentó en un momento histórico propicio para demostrar que el Poder de Dios es muy superior a todo poder incluyendo al político y al de Satanás. Época de dos imperios en conflicto dentro de sus mismas esferas, el imperio romano y el de Satanás amenazados por la llegada del Rey de reyes. Roma era dueño y señor del mundo habitable y Satanás tenía control del imperio de la muerte (Hebreos 2:14).

Los romanos arremetieron contra la ciudad de Jerusalén dejándola en ruinas y destruyendo el Templo, símbolos máximos de la presencia y adoración a Dios. El diablo aumentó su actividad de infelicidad y miseria e invadió el cuerpo de muchos haciendo estragos y afligiendo con diversas enfermedades. Hoy quedan las ruinas del imperio romano pero Jesús está sentado a la derecha de Su Padre esperando su segunda llamada para regresar por sus redimidos. ¡Vengo pronto!, dijo Jesucristo (Apocalipsis 22:12-13). Dios obra de maneras misteriosas. Como dijo Job: *"Hace grandes cosas, que nosotros no entendemos."* (Job 37:5b).

Como ya he establecido, pienso que la razón por la que Dios inició con Saúl, en lugar de David, fue para demostrarle al pueblo que su pensamiento de que iban a estar mejor con un rey como las demás naciones era muy equivocado y ofensivo para con Él (1 Samuel 12:12). El rechazo a Dios como rey de los israelitas no fue un mero anuncio político que se filtró a la luz pública por equivocación a través de los medios noticiosos. Fue un total desprecio a su Autoridad. Si Dios hubiese hecho un debate con el pueblo, como se hace en las campañas políticas previo a una elección democrática para discutir los *pros* y los *contras* de las promesas de los candidatos, para analizar el cambio de un gobierno divino por uno de naturaleza humana, la respuesta y conclusión de ellos hubiese sido la misma: ¡No! *¡Queremos un rey y seremos como las demás naciones!* (1 Samuel 8:19-20). Fue una decisión política y partidista, sí, del PRPNTFD o *partido revolucionario del pueblo que no tiene fe en Dios.*

Uno de mis viajes vacacionales favoritos es visitar las bibliotecas de los ex-presidentes aquí en los Estados Unidos por la cantidad de información educativa que se saborea en cuestión de unas cuantas horas. Mi favorita es la biblioteca del decimosexto presidente, *Abraham Lincoln*, en Springfield, Illinois. Durante el recorrido por las diferentes salas, la que más me impresionó fue la que está dedicada a los recortes y titulares de los periódicos que ridiculizaban al presidente Lincoln durante su presidencia. Se observan caricaturas que lo presentan con apariencia femenil y hasta con rostro de animal. En otros informes periodísticos se mofan de él como una persona que tiene poca educación, que no es un buen líder y que su oratoria es muy deficiente. La prensa de su época no le fue muy favorable y lo trataron como cualquier persona común y con escasa dignidad.

Abraham Lincoln tuvo que luchar contra viento y marea para llegar a ser presidente y su vida estuvo llena de obstáculos y tragedias. Contrajo nupcias con Mary Todd y procrearon cuatro hijos de los cuales sólo uno alcanzó una edad madura. Nunca obtuvo una educación formal y toda su vida fue un autodidacta, llegando a ser un agrimensor y abogado. Ese hombre despreciado y percibido como incompetente para ser presidente escribió el discurso más admirado y citado de toda la historia de los Estados Unidos, el *discurso de Gettysburg.*

En la tarde del día jueves, 19 de noviembre del 1863 en solo tres minutos, 272 palabras y diez oraciones habló de los derechos y libertades inalienables de cada ciudadano. Un mensaje que ha sido elogiado y practicado en las democracias. A Lincoln se le considera como uno de los mejores presidentes de Estados Unidos por haber presidido y mantenido la unidad de una nación que sufría los horrendos hechos sanguinarios de la guerra civil. Algo muy distintivo en Lincoln fue que en sus discursos y en su vida privada reconoció el poder de Dios y así lo demostró por el contenido de referencias de Dios y la Biblia en sus mensajes.

En la Escritura nos encontramos con la realidad de que los líderes escogidos por Dios no son los más educados o los más fuertes. Como dijo Pablo, Dios escoge lo *necio* del mundo para avergonzar a los sabios del mundo y, lo *débil* del mundo para avergonzar a los fuertes de este mundo (1 Corintios 1:26-29) y también *el poder de Dios se manifiesta en la debilidad* (2 Corintios 12:9). El único que tuvo una gran inteligencia y habilidad para gobernar, rico, con mucha fama y poderoso fue Salomón, pero su final fue muy desastroso. Su nombre no se encuentra en la lista de los que fueron exaltados al *Salón de la Fama de los héroes de fe* (Hebreos 11). Por su culpa, pues al final de su reinado terminó adorando a ídolos ignorando la gracia y poder de Jehová, Israel fue dividido en dos reinos: el reino del *norte* y el del *sur*. Los sucesores de Salomón nunca pudieron recuperar la edad de oro de la época de David (1 Reyes 11:1-13, 29-36).

"Muchacho, ¿de quién eres hijo?"(1 Samuel 17:58)

Dios trabaja y organiza sus planes tomando en cuenta lo débil, insignificante, menospreciado y lo que el mundo tiene por desechado. Del Hijo de Dios, el profeta Isaías dice que cuando estaba en la tierra no había en Él ni *hermosura ni esplendor para que lo apreciemos* (Isaías 53:2). Dios no está pendiente o concentrado únicamente en los que están disponibles, como *agentes libres* en los diferentes deportes o en las futuras y prometedoras estrellas del cine.

Él busca al sediento, trabajado, desahuciado y al contrito de corazón. ¿Quién era y de dónde vino el sustituto del primer rey de Israel? David era un humilde pastor el cual fue llamado a ser rey por la gracia de

Dios sacándolo *de detrás de las ovejas* para servir y dirigir a Israel (2 Samuel 7:8). Procedía de una familia numerosa. Su padre Isaí procreó *ocho* hijos de los cuales David era el *menor* (1 Samuel 16:10, 17:12, 14). En aquella época el hijo importante, quien era el segundo en señorío y que sustituía al padre de la familia en caso de que éste falleciera era el *primogénito* (Deuteronomio 21:17). El *menor* ocupaba una posición de poca importancia y era al que todos querían mandar. Pero Dios eleva lo que es menos y despreciable a un nivel de excelencia (1 Samuel 17:28-29).

La ciudad natal de David tuvo mucha relevancia como el lugar, la misión y los planes de Dios al enviar al Mesías a la tierra. El rey David y Jesucristo nacieron en la ciudad de Belén, la cual se conocía como Efrata y también Belén de Judá (Génesis 35:19; Jueces 17:7; 1 Samuel 16:1). El nombre de Belén en hebreo, es *bethlehem*, que significa *casa de pan* y Efrata viene de una raíz hebrea primaria que significa *capacidad para producir o aumentar.* Jesucristo es el pan de vida y a Él le han sido otorgadas todas las riquezas, las cuales ha compartido con todos los que hemos puesto nuestra fe en su Nombre (Juan 6:35; Romanos 8:17; Apocalipsis 5:12). *"Pero tú, Belén Efrata, tan pequeña entre las familias de Judá, de ti ha de salir el que será Señor en Israel; sus orígenes se remontan al inicio de los tiempos, **a los días de la eternidad.**"* (Miqueas 5:2 énfasis mío). Un pequeño poblado pero con un origen divino. ¡Qué ciudad tan emblemática para darle la bienvenida al Hijo de Dios! ¡Sabiduría de Dios en Misterio!

Sucedieron algunos acontecimientos relacionados al desarrollo de la nación israelita y ministerio de Jesucristo en esa ciudad, Efrata o Belén. Allí murió y fue sepultada *Raquel* esposa de Jacob, cuando dio a luz a Benjamín segundo hijo de Raquel y el doceavo de Jacob, que finalmente formaron la nación de Israel (Génesis 35:19). Raquel era estéril pero Dios le concedió tener dos hijos antes de morir. Ese hijo llamado Benjamín, menor al igual que David, tuvo la distinción de ser el único hijo de Jacob que le nació en Canaán o la tierra Prometida. Los otros once nacieron en Padan-aram, una región situada en la parte alta de

Mesopotamia. La Tribu de Benjamín fue parte del reino del Sur, cuando sucedió la división de Israel, formada por doce tribus, en dos reinos: Norte y Sur.

El reino del *Norte* quedó integrado por diez tribus y el del *Sur* por solamente dos: Judá y Benjamín. La tribu de Benjamín por ser muy pequeña quedó fusionada con la de Judá y ya para la época, antes del exilio hacia Babilonia, dicho territorio se conoció simplemente con el nombre de *reino de Judá*, y sus descendientes son los judíos (2 Reyes 16:6; 25:25; Ester 2:5; Mateo 2:2).

Muchos años después del exilio del reino del Norte al imperio de Asiria y, del reino del Sur a Babilonia, regresó a Jerusalén un remanente como cumplimiento de la profecía de Dios hecha a Abraham sobre el futuro de Israel (Génesis 15:14). Con ese remanente se preservó la genealogía del Señor Jesucristo o el Mesías para hacer posible el cumplimiento de la promesa hecha al patriarca Abraham de bendecir, por la simiente o descendencia de Cristo, a todas las naciones (Hebreos 7:13-14; Génesis 12:3; Gálatas 3:16, 29.

El rechazo de Saúl como rey por parte de Dios afectó grandemente a Samuel a tal grado que estuvo llorando por unos cuantos días. Jehová dijo a Samuel: *¿Hasta cuándo llorarás a Saúl?* (1 Samuel 16:1a).

Hasta cierto punto el profeta no entendió el plan de Dios en lo concerniente al establecimiento de la monarquía israelita. Dios ya había aceptado, aunque con mucha tristeza, el deseo del pueblo de tener un rey como las demás naciones. Ya era el momento de buscar y ungir el sucesor de Saúl. No había que esperar unos cuatro años para convencer al pueblo de que votaran por el candidato de su predilección.

El Proceso de la selección de David

Hay una diferencia marcada en el ungimiento del primer rey de Israel y el segundo. Cuando Saúl es seleccionado, Dios dijo a Samuel, que lo ungiera como *príncipe sobre mi pueblo Israel* (1 Samuel 9:16). En el caso de David Dios le instruye al profeta y le dice que de entre los hijos de Isaí *me he elegido un rey* (1 Samuel 16:1). Saúl el candidato *del pueblo* y David, ungido y escogido *de Dios.*

Por instrucciones directas de Dios, Samuel se mueve a la ciudad de Belén para ungir a David, el hijo más pequeño de Isaí (1 Samuel 16:1-13). Después de haber santificado a Isaí y a sus hijos, excepto a David, el profeta procede a considerarlos como posibles candidatos a ser rey del pueblo. Cuando Samuel ve al Eliab, el primogénito le impresionó tanto su apariencia, en especial su estatura, que exclamó diciendo: *"De cierto delante de Jehová está su ungido"* (v. 6b). La respuesta de Dios no se hizo esperar: *"No mires a su parecer, ni a lo grande de su estatura, porque yo lo desecho; porque Jehová no mira lo que mira el hombre, pues el hombre mira lo que está delante de sus ojos, pero Jehová mira el corazón"* (v. 7). Desfilaron los primeros siete hijos pero entre ellos no se encontraba el *ungido de Jehová.* Los ojos de Jehová velan por la ciencia, por las buenas decisiones, dijo el sabio Salomón (Proverbios 22:12).

Los humanos tenemos el problema de olvidar los errores del pasado y cuando estamos en la situación de tomar decisiones no hacemos un examen considerando las fallas cometidas. Quizás porque nos creemos lo suficiente maduros y no nos gusta preguntar para no demostrar nuestra ignorancia o porque carecemos de eso que se llama *paciencia.*

En una entrevista televisiva a unos millonarios sobre las razones que los condujo al éxito se les preguntó qué cosas lamentaban del pasado antes de llegar a ser personas ricas. Uno de ellos comentó: *no haber cometido más errores.* Él se fundamentó en el hecho de que había aprendido de todos sus errores antes de llegar a ser rico. ¡Y esa es la regla a seguir para llegar al éxito, la cual Saúl no siguió! La selección de Saúl como primer rey de Israel por parte del profeta estuvo basada en la apariencia física como un atractivo principal con el fin de que fuera aceptado por el pueblo porque ellos simplemente se antojaron de tener un rey como las demás naciones.

Dios no toma decisiones como lo hacemos los humanos. Él conoce y recuerda muy bien el pasado, el presente y el futuro pues como dice el apóstol Santiago, en Dios *"no hay mudanza ni sombra de variación"* (Santiago 1:17b). Cuando David, el único que faltaba de los hijos de Isaí, se presenta ante Samuel para ser considerado como rey de Israel, Dios sin reservas declara al profeta que David es su escogido y que *proceda a ungirlo.*

Era David de buen parecer y rubio, no tenía una gran estatura y su cuerpo, quizás algo delgado (1 Samuel 17:38-39). Todo lo contrario a Saúl, hombre fuerte y grande de estatura que impresionó al pueblo y, hasta cierto punto, tuvo gran aceptación. Dios no necesita el poder o sabiduría humana para hacer cumplir sus planes proféticos. No le hacen falta porque su Espíritu ha de guiar a sus siervos. Lo que Él quiere y sí valora de nosotros, es la fe y la confianza en Él (Hebreos 11:6). *"Estad quietos y conoced que yo soy Dios"* (Salmo 46:10a). ¡Tranquilos, Dios es el que invita y también paga, *con tarjeta de crédito sin límite* bendice!

Cristo y David

Los dos oficios que distinguen al Mesías sobre todos los seres humanos o celestiales al servicio de Dios son: Rey y sumo Sacerdote. En el Antiguo Testamento encontramos a Melquisedec, sumo Sacerdote del Dios Altísimo, que entra en escena como un personaje misterioso el cual representa o es un tipo de Jesucristo y de quien se dice que no tuvo ni *padre* ni *madre;* nada se sabe de sus *antepasados* (Hebreos 7:1-3, cf. Génesis 15:17-20).

Un *sacerdote* es un mediador entre Dios y los hombres que ofrece sacrificios e intercede a favor de los hijos de Dios. Un *rey* es un gobernante que tiene poderes absolutos sobre sus súbditos y que ejerce toda autoridad sin ser cuestionado por autoridades terrenales. Su labor principal es triunfar sobre sus enemigos poniéndolos por *estrado de sus pies* (Salmo 110:1; 1 Corintios 15: 24-27). Dios escogió al rey David como el símbolo o tipo de Su Hijo a quien envió al mundo para morir en una cruz y resucitar al *tercer día*. El número tres representa a Dios, la Divinidad o lo indestructible. Jesucristo vino para destruir a sus enemigos, estos es, a *Satanás*, la *muerte* y el *pecado* que son también enemigos de su creación y de todos los seres humanos (Romanos 8:18-23).

Estos dos oficios, sacerdote y rey, eran ejercidos independientemente uno del otro, siendo el sumo Sacerdote el líder espiritual de la nación e intercesor ante Dios. Tal intercesión se hacía mediante los sacrificios ofrecidos en el altar y a través del Urim y Tumin, objetos que se usaban para consultar a Dios en asuntos muy dificultosos o decisiones de más envergadura como por ejemplo: la decisión de ir o no a una guerra (Éxodo 28:30; Levítico 8:8; 16:11, 24, 34). Ya para la época de la monarquía los reyes eran los que nombraban y escogían al sumo Sacerdote quien prácticamente recibía órdenes del rey (2 Samuel 8:17). En los días del ministerio de Cristo en la tierra la posición del sumo Sacerdote se había convertido en una institución político-religiosa perteneciente a la clase o partido de los saduceos los cuales sostenían que no había resurrección.

El nombre Melquisedec significa *rey de justicia* y él era *rey* de Salem (Jerusalén) y *sacerdote* de Dios (Génesis 14:18). La ciudad de Salem fue conquistada por el rey David y más tarde llegó a ser la capital del reino de Israel (Salmo 76:2). Jesucristo triunfó sobre sus enemigos y después de haber resucitado, Dios le dio toda autoridad y poder llegando a ser *Rey de reyes y Señor de señores* (Apocalipsis 19:16). La responsabilidad principal del sumo Sacerdote en el Antiguo Testamento era interceder por el pueblo ante Dios y perdonar los pecados de ignorancia. Para esto tenía primero que hacer un sacrificio por sí mismo y por su casa y luego por el pueblo para obtener dicho perdón (Levítico 16:24).

Al Señor Jesucristo no le fue necesario ofrecer un sacrificio por sus pecados pues Él fue sin pecado y no hubo engaño en su boca (1 Pedro 2:22). Por su sacrificio fue declarado sumo Sacerdote perdonando todos nuestros pecados y venciendo a Satanás se coronó como Rey (Mateo 12:27-29). En Jesucristo se reúnen los títulos y funciones de *sumo Sacerdote y Rey*. *"Pero Cristo, habiendo ofrecido una vez para siempre un solo sacrificio por los pecados, se ha sentado a la diestra de Dios. Allí estará esperando hasta que sus enemigos sean puestos por estrado de sus pies. Y así, con una sola ofrenda hizo perfectos para siempre a los santificados"* (Hebreos 10:12-14). ¡Oh sabiduría de Dios en misterio!

9

David y Goliat

"Tú vienes contra mí con espada, lanza y jabalina; pero yo voy contra ti en el nombre de Jehová de los ejércitos, el Dios de los escuadrones de Israel, a quien tú has provocado."
(1 Samuel 17:45)

Las producciones cinematográficas nos han acostumbrado a lo inesperado y misterioso. Cuando una película avanza sin sorpresas y casi adivinamos lo que va a suceder en la próxima escena y se convierte en un largometraje muy predecible nos enojamos y decimos que nos robaron el dinero aunque sea en el cine de a dólar. Y es que ya nos acostumbramos a las tramas con muchas sorpresas y acontecimientos inesperados y queremos que nos hagan divagar sin acierto alguno hasta el final de la película. Al salir de la sala de cine oímos a los *cuasi* periodistas analizando la película dando versiones positivas o negativas. A los que no les gustó, enojados, dan su análisis sobre el final advirtiendo que no verán la siguiente parte, si es que surge una segunda producción en el futuro. Por lo general, la trama de una película trata de vencer al malo o la maldad y exagerar en aquello que ante nuestros ojos es totalmente imposible. Ya estamos programados a esperar que el protagonista sobresalga y que todo lo que realice sea "de película".

Desde nuestra infancia hemos conocido este encuentro entre un pequeño muchacho y un gigante filisteo. La historia de David y Goliat siempre nos fascina y para algunos quizás es una realización cinematográfica más entre las muchas que se han producido con personajes y escenas cargadas de imaginación con el fin de que sea aceptada por el espectador que busca entretenimiento y no su historicidad.

Muchos encuentran en las historias bíblicas el sentido de imposibilidad. No pueden creer que tales relatos sean posibles, reales y que daten desde la antigüedad. Los escépticos los catalogan de historias inventadas. Un ejemplo de esto es la historia de Jonás, en la cual se relata que fue tragado por un pez grande. ¿Es esta historia verídica o sus detalles fueron inventos del escritor? El Señor Jesucristo hizo referencia a Jonás para predecir su sepultura y resurrección al tercer día. Él dijo: *"Como estuvo Jonás en el vientre del gran pez tres días y tres noches, así estará el Hijo del hombre en el corazón de la tierra tres días y tres noches"* (Mateo 12:40). Jesús, que también es un personaje histórico, por lo cual no podemos negar su existencia, citó al libro de Jonás como verídico y no como una leyenda transmitida de generación a generación.

En ese pasaje simplemente Jesús está igualando su resurrección al hecho de que Jonás fue tragado por un gran pez y permaneció en su estómago tres días y luego fue vomitado. ¿Nos parece que sea algo imposible que haya sucedido tal como se relata en el libro de Jonás?

Sin la intervención de Dios tal suceso no hubiera sido posible. Si Jesús dijo que iba a permanecer tres días enterrado y luego resucitar y así sucedió fue por la intervención y poder de Dios y aunque a la mente humana le parezca una imposibilidad, para Dios no lo es. Resucitar no es un proceso natural como lo es la muerte. *Se resucita por la intervención de Dios.* Es verdad que para un ser humano permanecer sin respirar aire por unos cuantos minutos puede afectar el funcionamiento del cerebro y hasta llegar a morir. Sin embargo, Jonás estuvo tres días en el vientre del pez. Su cerebro no fue afectado ni murió porque Jonás estaba en los planes de Dios y lo sostuvo como si hubiese tenido un tanque de oxígeno conectado a su nariz durante tres días. ¡Para Dios nada es imposible! Y el que lo dude: ¡Que se apriete el cinturón cuando el avión empieza a descender sin control!

La historia de Sara, esposa de Abraham, procreando un hijo, Isaac, a los noventa años podría verse más improbable que lo que le sucedió a Jonás por tres días en el vientre de un gran pez. Un acontecimiento que fue totalmente en contra de las leyes de la biología. Concerniente al alumbramiento de Sara casi al final de su vida la Escritura dice: *"¿Acaso hay alguna cosa difícil para Dios? Al tiempo señalado volveré a ti, y para entonces Sara tendrá un hijo"* (Génesis 18:14). ¡Sabiduría de Dios en misterio!

Aunque la victoria de David, *apenas un muchacho*, contra el gigante Goliat pareciera exagerada no nos es difícil creer que sucedió literalmente tal como está narrada en la Escritura. En esta historia el *insignificante y pequeño*, como un muchacho, no es David sino Goliat. David se presentó a la batalla como un *gigante espiritual* y con mucha fe en el nombre de Jehová (1 Samuel 17:45). Esta no es la historia del rey David versus Goliat. Fue un encuentro entre *Jehová* y el *pequeño Goliat* porque Dios pelea por los suyos y vence a sus enemigos. Porque de Jehová son las batallas (1 Samuel 17:47) y nuestros enemigos son también *enemigos de Él* (Josué 21:44; Salmo 18:3).

Los Personajes

Hermanos de David. Jesús dijo que los enemigos del hombre serían los de su casa (Mateo 10:36). La reacción de los hermanos de David cuando llegó al campo de batalla fue algo semejante a la que tuvieron los hermanos de Jesús en su ministerio terrenal cuando no creyeron en las obras milagrosas del Hijo de Dios (Juan 7:5). Cuando Isaí envía a David para saber la condición de sus tres hermanos (Eliab, Aminadad y Sema) en la batalla que ocurrió en el valle de Ela, estos reaccionaron enojados y lo regañaron como a un niño que por su curiosidad, según ellos, había ido para ver la batalla (1 Samuel 17:2, 28). Si David, el menor, hubiese respetado y hecho caso a su hermano Eliab, el primogénito, lo cual era la costumbre y regla a seguir pues el primer hijo era el que tenía la autoridad después del padre; Israel hubiese perdido la guerra contra los filisteos y su territorio ocupado indefinidamente. Pero tanto *David* al igual que *Jesucristo* en su batalla contra Satanás, actuó confiando en el poder de Dios haciendo Su voluntad.

El evangelista Lucas nos narra lo sucedido a Jesús en el mar de Galilea y a sus discípulos en medio de una gran tempestad (Lucas 8:22-25). En medio de tal tormenta, Jesús como si hubiese tenido el siguiente día libre, se echó a dormir sin preocupación alguna. Los discípulos cargados de miedo imploraron al Maestro que interviniera y los salvara. La respuesta simple de Jesús fue: ¿Dónde está vuestra fe? (v. 25). No les dijo: ¿Dónde está su cinturón? ¡La fe mueve montañas y calma los vientos!

¿Por qué Jesús durmió en medio de una emergencia? Él sabía y confiaba que Su Padre estaba en control aun de los vientos tempestuosos. Cuando confiamos en Dios podemos dormir muy tranquilos aunque nos digan *dormilones,* como le dijeron al profeta Jonás, cuando también en medio de la tormenta se echó a dormir, con la gran diferencia de que lo hizo desobedeciendo a Dios (Jonás 1:5-6).

El escudero de Goliat. Era costumbre en la antigüedad que el personal militar de alto rango y también los reyes tuvieran un acompañante cuya función principal era cargarle sus armas de guerra y en ocasiones también su escudo, asistiéndolo en cualquier necesidad. Estos asistentes eran conocidos como *pajes* o *escuderos.* David **después de haber sido ungido como rey de Israel** fue paje de armas del rey Saúl (1 Samuel 16:21; 20:35). ¡Qué ejemplo de humildad!

Si en este encuentro se hubiese enfrentado David con el escudero de Goliat hubiese sido una *pelea pareja,* al mismo nivel. Como se dice en lenguaje boxístico, en la misma división. Y así es la vida de todo cristiano. No tenemos luchas pequeñas como un catarrito, un simple dolor de cabeza, pérdida de empleo o un mal funcionamiento del auto. Estas son cosas que las podemos resolver con nuestras energías o recursos.

En ocasiones nuestras batallas son contra gigantes como un cáncer, engaños de quienes confiábamos, enfermedades incurables o cirugías cuyo costo está fuera del alcance del bolsillo y nos dan una depresión. Ante tales situaciones gigantescas que enfrentamos no debemos temer pues ya Cristo ha vencido al maligno (Hebreos 2:14) y como dijo el apóstol Pablo: *"Todo lo puedo en Cristo que me fortalece"* (Filipenses 4:13) y *"si Dios es por nosotros, ¿quién contra nosotros?"* (Romanos 8:31). A lo cual el apóstol Juan añade: *"Hijitos, vosotros sois de Dios y los habéis vencido, porque* **mayor** *es el que está en vosotros que el que está en el mundo."* (1 Juan 4:4 énfasis mío).

Los filisteos: Eternos rivales de Israel. El origen de los filisteos se encuentra en el libro del Génesis (10:13-14), descendientes de Casluhim. El profeta Amós los identifica como habitantes de Caftor o Creta (9:7). Mucho tiempo antes de haberse formado la nación de Israel, Abraham e Isaac tuvieron dificultades con los reyes filisteos (Génesis 21:25-34; 26:1-17). Ellos eran muy diestros en la guerra y por tal razón durante la travesía desde Egipto hasta la tierra Prometida Dios no permitió que Israel cruzara por su territorio (Éxodo 13:17). Durante la época de Josué el territorio de los filisteos estaba dividido en cinco ciudades grandes: Gaza, Gat, Ascalón, Asdod y Ecrón, las cuales eran parte del plan de conquista en la tierra Prometida (Josué 13:1-7). En la época de los Jueces hubo conflictos con ellos y Sangar, tercer juez, fue quien salvó a Israel del atropello filisteo (Jueces 3:31).

El rey Saúl de principio a fin tuvo que enfrentarse a estos aguerridos habitantes y en su última batalla contra los filisteos perdió su vida junto a sus hijos (1 Samuel 31:1-8). El rey David, a diferencia de Saúl, tuvo mucho éxito enfrentándose a ellos a tal punto que les propinó una derrota substancial desde Geba hasta Geser (2 Samuel 5:25). En los días del reinado de Salomón, hijo de David, los filisteos eran un pueblo de poco poder e influencia, a tal punto que le traían obsequios y servían a Israel (1 Reyes 4:21). En ese tiempo: *"Judá e Israel vivieron seguros, cada uno debajo de su parra y debajo de su higuera, desde Dan hasta Beerseba, todos los días de Salomón"* (1 Reyes 4:25). Después de la división del reino de Israel, a causa del pecado de idolatría y adulterio de Salomón (1 Reyes 11:1-13), los filisteos resurgieron con nuevos bríos de nación fuerte y volvieron a hostigar nuevamente a los israelitas. *El pecado hace que el enemigo se levante.*

El destino final y desaparición de los filisteos fue profetizado por el profeta Jeremías (47:4). La Escritura dice que las batallas sean cuales sean son de Jehová (1 Samuel 17:47) y que todas las tentaciones son de origen humano pero Dios es justo y cuando se presenta cualquier tentación dará también la salida (1 Corintios 10:13). Nuestra esperanza será siempre Jesucristo que no descansará hasta poner a los enemigos del pueblo de Dios por estrado de sus pies (1 Corintios 15:25). Aun Satanás ya fue derrotado por el poder de Dios en la resurrección de su Hijo pues dice la Escritura: *"Someteos, pues, a Dios; resistid al diablo, y huirá de vosotros"* (Santiago 4:7).

Saúl, un ejemplo de incredulidad. En cualquier organización, ya sea una empresa, institución gubernamental o eclesiástica hay personas que por su falta de visión o fe detienen o destruyen proyectos o planes buenos. La incredulidad, falta de fe y el pesimismo son sinónimos de destrucción en cualquier institución. Saúl tenía buena estatura y era tan fuerte que impresionó a Samuel y al pueblo cuando fue ungido como rey pero no tenía confianza en Dios para vencer los imposibles de la vida. Cuando vio venir a Goliat y oyó su voz tuvo miedo y tanto el pueblo como él se turbaron en lugar de clamar a Dios (Samuel 17:11, 24). No solamente a Saúl le faltaba una buena dosis de fe, también le faltaba ser agradecido y dar buen trato a los que le servían. Después de que David vence al gigante lo único que le preguntó fue: *"Muchacho, ¿de quién eres hijo?"*. Al contestarle David su reacción fue ninguna, no consideró ni apreció que David fue el que le salvó de una gran derrota (v. 58).

El pueblo de Israel. Un buen líder es aquel que en momentos de dificultad en una organización sabe cómo tomar las decisiones que convengan y puede mantener el orden y evitar la desesperación y el caos. Cuando ocurre una amenaza nacional el presidente de la nación es el llamado a mantener la calma. Como sucede en un accidente de un barco, el último que abandona la nave es su capitán.

Ante las amenazas de Goliat el rey Saúl se turbó creando un estado de pánico en todo el pueblo (1 Samuel 17:11). El miedo es como un viento destructor que se lleva todo lo que está a su paso. Metas, sueños, buenos deseos, ilusiones, proyectos, inversiones y hasta un buen empleo quedan tronchados por esa *palabra* de solamente cinco letras.

No se podía esperar que los israelitas estuvieran listos a defender su patria si su líder estaba temblando como un perrito cuando lo bañan. En su temor lo único que hacían era reverenciar al gigante (v. 24, 25). Los que se presentaron a la guerra formaron un ejército israelita con poco conocimiento y una fe frágil en el poder de Dios. David les dio una gran lección de confianza en Jehová. *"Y toda esta congregación sabrá que Jehová no salva con espada ni con lanza, porque de Jehová es la batalla y él os entregará en nuestras manos"* (v. 47). ¡David, varón conforme al corazón de Dios!

Goliat o el filisteo. Por lo general cuando estudiamos o vemos alguna producción cinematográfica de esta historia vemos a Goliat como el personaje más impresionante. No fue un personaje imaginado o inventado. A la vista de cualquier ser humano su estatura de aproximadamente nueve pies o casi tres metros (v. 4) lo hacía un ser invencible. Pero tal hecho no era una buena razón para que Saúl temblara como si no hubiese conocido el poder de Jehová en la guerra. En nuestro caminar diario nos encontramos o hacemos gigantes que nos hacen temblar como lo que ocurre los días lunes en el trabajo, metas que se vuelven inalcanzables o situaciones que nos parecen monstruosas. En tales momentos digamos como Pablo, *Todo lo puedo en Cristo que me fortalece.*

No hay duda de que David se enfrentó a un gigante pero por su fe en Dios su oponente Goliat se encontró con una pared que llegaba hasta el cielo: ¡A *Jehová de los ejércitos*! En un sentido simbólico y profético se podría decir que así como David enfrentó con una onda y una piedrita a un poder invencible para el pueblo de Israel, Cristo se enfrentó y venció en su muerte a un poder imposible de dominar por habilidades humanas, esto es, a Satanás. *"Puestos los ojos en Jesús, el autor y consumador de la fe, el cual **por el gozo puesto delante de él** sufrió la cruz, menospreciando el oprobio, y se sentó a la diestra del trono de Dios"* (Hebreos 12:2; cf. 2:14, énfasis mío). El *gozo* fue el factor determinante en el triunfo de Cristo en la cruz y que lo sostuvo y motivó hasta su último soplo de vida.

David, el triunfo de la fe sobre el poder humano. Dios trabaja misteriosamente en lo que es débil y despreciable al ojo humano y ha depositado un tesoro, el evangelio en vasos de barro (2 Corintios 4:7; 12:9). Pablo, hablando de sus sufrimientos como apóstol manifiesta que ha llegado a ser como la *escoria* del mundo y un desecho de todos (1 Corintios 4:13).

En esta historia David es lo insignificante. Él era el menor de entre sus hermanos y despreciado por ellos. Su oficio muy humilde, un *pastor de ovejas.* Atraía a las mujeres con su apariencia física pero con su estatura no impresionaba a un general de un ejército ya que ni tan siquiera podía vestirse con la armadura para la guerra (1 Samuel 16:12; 17:14, 38-39).

El hecho sobresaliente en David ante el desafío del gigante filisteo fue que no aceptó el insulto y amenaza que hizo Goliat al pueblo israelita provocando así a Jehová, el Dios de los escuadrones de Israel (1 Samuel 17:45). Saúl y el ejército israelita se dejaron intimidar por la apariencia del poder de un humano a quien lo hicieron aún más gigantesco al llenarse de temor y miedo demostrando la poca fe que tenían en Jehová. David no actuó como el muchacho atrevido de la vecindad que quería impresionar o demostrar su valentía. Cuando Saúl le puso la armadura para ir y enfrentar al filisteo David se la quitó diciendo que no había practicado tal acción (v. 39b) y en lugar se vistió de la armadura de Dios y el escudo de fe. Entonces dijo David al filisteo: *"Tú vienes contra mí con espada, lanza y jabalina; pero yo voy contra ti en el nombre de Jehová de los ejércitos, el Dios de los escuadrones de Israel, a quien tú has provocado"* (v. 45).

Ser un rey significa que nadie está por encima o tiene más autoridad del que ocupa tal posición. Un rey tiene poderes absolutos exceptuando el poder de Dios. Una realidad que tiene que ocurrir para que un rey consolide su poder político es vencer a sus enemigos cualesquiera que sean, pequeños o grandes (Salmo 110:1). De la misma manera que sucede en el boxeo, quien desee alcanzar el cetro de campeón en una división o categoría de peso tiene que vencer al campeón. De lo contrario es uno más del montón que tendrá que sudar la gota gorda para ganar su pan de cada día por el resto de su vida. Puede tener el mejor estilo y que impresione a los críticos del boxeo pero hasta que no pelee con el campeón y lo derrote no se podrá decir que es el mejor. La pelea de David con Goliat no podía ser una donde no estaba en juego el campeonato mundial. A David, como figura del Mesías o Cristo, le tocaba enfrentar a un poder más allá de lo ordinario y de fuerzas humanas.

Saúl vio como una imposibilidad la amenaza del gigante filisteo pero para David dando pasos de fe hacia el frente en nombre de Jehová de los ejércitos fue como se dice en el lenguaje del béisbol, *un bombito al cátcher.* ¡Algo muy fácil!

Jesucristo no sólo se enfrentó al poderoso imperio romano que dominaba a Israel sino a los partidos legalistas y extremistas de los fariseos y saduceos o a sus acusadores y a quienes lo juzgaron. Él se enfrentó y derrotó al enemigo de toda la humanidad. *"Así que, por cuanto los hijos participaron de carne y sangre, él también participó de lo mismo para destruir por medio de la muerte al que tenía el imperio de la muerte, esto es, al diablo"* (Hebreos 2:14). Jesucristo pudo haber hecho muchísimos más milagros, resucitar miles de muertos, predicar cientos de sermones como el que predicó en el monte o haber escrito cantidades inmensas de libros pero si no hubiese vencido a Satanás, solamente se recordaría como el más grande de todos los hombres y mujeres que hayan pisado la tierra, pero no como el Mesías y Salvador, el enviado de Dios.

David sin Espada, Pedro con Espada

Minutos después de que David mata a Goliat utilizando una simple honda y una piedrita el Espíritu Santo hace una reseña no muy pequeña y que tiene relevancia con la victoria de Cristo en la cruz. La Escritura dice que David hirió y mató al gigante *sin tener una espada en sus manos* (1 Samuel 17:5). David escribió cuatro salmos que se pueden llamar *salmos de confianza* porque en ellos expresa su fe en Dios en momentos de peligro y asechanzas de sus enemigos (Salmos 3, 4, 27, 56). Su filosofía de vida se puede resumir en el siguiente versículo del salmo 56: *"En Dios, cuya palabra alabo, en Dios he confiado. No temeré. ¿Qué puede hacerme el hombre?"* (v. 4). El hecho de que el Espíritu Santo resaltó que David terminó el combate victoriosamente y sin una espada en la mano es indicio de que David iba dando pasos de fe cuando caminó hacia el gigante. Él estaba consciente que era una miniatura ante Goliat pero desde que dio su primer paso dejó en claro en nombre de quien lo hacía: ¡Lo hizo *en nombre de Jehová de los ejércitos*! No es ni con espada ni con nuestras fuerzas que podemos ganar las batallas en la vida o llegar a ser exitosos. Es con la ayuda del Espíritu de Dios (Zacarías 4:4).

Cuando Jesucristo fue entregado y apresado por una compañía de soldados y guardias de los principales sacerdotes y de los fariseos Pedro, el *impulsivo*, salió a defenderlo y haciendo uso de una espada hirió al siervo del sumo Sacerdote y le cortó la oreja derecha. ¡El poder humano en acción! Agarró el toro por los cuernos. Jesús en seguida le dijo: *"Mete tu espada en la vaina. La copa que el Padre me ha dado, ¿no la he de beber?"* (Juan 18:11). La misión y ministerio de Jesús no era vencer a un Goliat terrenal, al imperio romano o a filosofías humanas. Fue una batalla espiritual contra huestes espirituales capitaneadas por su gran jefe Satanás. Contra tal guerra espiritual no valían espadas o garrotes. El Hijo de Dios venció aceptando la voluntad y planes de Su Padre tomando la copa que Dios mismo le daba. ¡David, símbolo real de Jesús, sin espada, Pedro con espada!

10

Un Varón Conforme al Corazón de Dios

"Jehová se ha buscado un hombre conforme a su corazón."
(1 Samuel 13:14)

Un pasaje en la Biblia que me daba mucho trabajo para entenderlo era cuando Jesús dice que seamos *perfectos* como Dios (Mateo 5:48). Este pasaje es citado en sermones sin mucho esclarecimiento. Quizás lo que se da a entender es que en el futuro alcanzaremos por el estudio de la Palabra de Dios una perfección relativa a la divina. En mis primeros años de estudio bíblico lo tomaba como una información que simplemente se almacenaba en mi cerebro procesada y guardada como en un archivo en la computadora. Como pecador que soy, Pablo decía que él era el número uno (1 Timoteo 1:15; cf. 1 Corintios 15:9), entonces yo digo que estoy entre el cero y uno, no puedo entender y me doy por vencido que en esta vida pueda llegar a obtener ni tan siquiera una *yoctonésima* (10^{-24}) parte de la perfección divina.

Cuando leo el pasaje que dice que David es un varón conforme al *corazón de Dios* tengo más dificultad de entenderlo que lo dicho por Jesucristo en el versículo arriba mencionado. Se ha interpretado que David tenía un corazón conforme al de Dios antes de cometer pecado de adulterio con Betsabé y homicidio contra Urías el heteo el esposo de ella (2 Samuel 11). Eso es un tanto improbable ya que no se puede comprobar que él, antes de cometer tal falta, fuera sin pecado o perfecto. Es importante notar que la frase *conforme al corazón de Dios* es citada por Lucas en el Nuevo Testamento para afirmar que David es un tipo de Cristo como el Rey de reyes (Hechos 13:22-25). No debe haber duda que David fue pecador desde que conoció lo que era pecado hasta que murió pues en oración a Dios dijo: *"Bienaventurado el hombre a quien Jehová no culpa de iniquidad"* (Salmo 32:2a). Él mismo fue el autor de cinco de los siete salmos que se conocen como *salmos de arrepentimiento* (Salmo 6, 32, 38, 51, 102, 130. 143). Las experiencias de la vida lo ayudaron a entender lo que es el arrepentimiento y recibir el perdón y la gracia de Jehová.

La Condición Humana ante Dios

Por el estado pecaminoso de cada ser humano existe una distancia y pared que no se puede atravesar para tener acceso y comunión con el Creador. El profeta Isaías lo llama una división entre el pueblo de Israel y Dios: *"pero vuestras iniquidades han hecho división entre vosotros y vuestro Dios y vuestros pecados han hecho que oculte de vosotros su rostro para no oíros"* (Isaías 59:2). El mismo profeta se hacía la pregunta, ¿podremos acaso ser salvos? a lo cual contestaba que nuestra justicia ante Dios era como *trapos* de inmundicia (64:5-6). Dios es santo, perfecto, amor, omnisciente y omnipotente. Tales cualidades nos son imposibles de alcanzar debido a nuestra limitada naturaleza humana que se inclina a lo carnal y pecaminoso (Romanos 7:14). Nuestras obras e intentos de agradar a Dios siempre se quedarán cortas y nunca lograrán satisfacer la justicia de Dios.

Pablo, hablando de la justicia que es por la ley dice que *no hay justo, ni aun uno* (Romanos 3:9-11). Nuestros pecados los podemos comparar a deudas que de nuestros propios bolsillos nunca podremos pagar convirtiéndonos en prisioneros de las mismas. En cualquier negocio para erradicar una deuda que ha sido incumplida hay tres alternativas a seguir: *primero*, que el dueño o institución financiera las declare nulas o pagadas. En el sistema bancario, cuando un banco no puede cobrar el importe de un préstamo por negligencia o incumplimiento del deudor la institución financiera lo cancela (write-off) y se incluye en los libros como un gasto que se deduce en los impuestos. *Segundo,* que se obligue al deudor a que cumpla con el saldo advirtiéndole de las consecuencias por incumplimiento y *tercero,* que alguien de su propia voluntad se haga responsable de liquidar dichas deudas.

¿Cómo Podemos ser Aceptos ante Dios?

A pesar del estado pecaminoso del ser humano en la Biblia encontramos situaciones o ejemplos que nos enseñan que Dios recibe al pecador como si fuera justo. Abraham fue llamado *amigo de Dios* por el simple hecho de que creyó a las promesas de Dios aunque él en un principio dudó de Su Palabra (Santiago 2:23). Moisés no era hombre perfecto sin embargo se acercó y habló cara a cara con Jehová (Éxodo 33:11; Números 12:7-8). Jesús es el único que viviendo en un cuerpo carnal fue sin pecado y por lo tanto puede igualarse a Su Padre. En una ocasión los judíos intentaron apedrear a Jesús porque se sintieron ofendidos al escuchar que Él se hacía igual a Dios. Jesucristo los enfrentó argumentándole que en la Escritura, Dios llamó a los israelitas *dioses*, por lo tanto, no debería ser muy difícil para ellos comprender que Él se igualara a Dios (Juan 10:31-36).

El profeta Miqueas preguntaba: *"¿Con qué me presentaré ante Jehová y adoraré al Dios Altísimo?"* (Miqueas 6:6). De la manera que un banco procede cuando tiene un préstamo que ya el subscriptor no lo puede pagar (lo cancela y lo toma como gasto), así Dios nos ha cancelado toda nuestra deuda pecaminosa y la cargó a Jesucristo quien la pagó en su totalidad muriendo en la cruz (2 Corintios 5:19-21; 1 Pedro 2:24, cf. Salmo 103:3). Él fue la ofrenda perfecta y agradable para hacernos aceptables ante Dios (Efesios 5:2) y lo hizo con mucho amor y de su propia voluntad al ofrecerse a sí mismo (Hebreos 10:10). Y no solamente Dios ha borrado todos nuestros pecados, sino que también nos ha hecho sentar en *lugares celestiales juntamente con Su Hijo* ante su presencia (Efesios 2:6) y, como si fuera poco, nos hizo *coherederos* con Jesucristo quien a diferencia de los humanos comparte su herencia con extraños (Romanos 8:17).

El Estado Pecaminoso de David

David al igual que el pueblo de Israel no fue escogido por sus buenos méritos. En cuanto a Israel, Dios manifestó que no eran ellos un pueblo poderoso sino insignificante y que por lo tanto fueron seleccionados por amor, gracia y por las promesas hechas a Abraham (Deuteronomio 7:7-11). Un examen de la vida del rey David nos deja con muchas incógnitas. ¿Era en verdad un buen personaje para simbolizar al Mesías como *Rey* de reyes?

Tratándose de las faltas de los demás somos muy prontos a ignorar lo bueno en otras personas en especial si se trata de los enemigos. En algunos medios de comunicación hay tendencia de proteger la buena imagen de ciertas celebridades que les son fuente de ganancia ya sean políticas, deportivas o del mundo del entretenimiento. Los tratan como iconos sagrados. La Biblia, a diferencia, no oculta el lado negativo de David.

Esposas de David. Dios dio instrucciones relacionadas a la elección y cómo debía gobernar un rey en Israel. Uno de los mandamientos sobre su comportamiento fue que no tuviera muchas mujeres con el propósito de que su corazón no se extraviara (Deuteronomio 17:14-20). A juzgar por el número de esposas que tuvo David, unas siete, él no tomó en consideración tal amonestación. El rey como tal, tenía la orden divina de guardar y leer una copia de la Ley dada por Moisés para que juzgara justamente: *"Lo tendrá consigo y lo leerá todos los días de su vida, para que aprenda a temer a Jehová, su Dios, guardando todas las palabras de esta Ley y estos estatutos, y poniéndolos por obra. Así no se elevará su corazón sobre sus hermanos, ni se apartará de estos mandamientos a la derecha ni a la izquierda, a fin de que él y sus hijos prolonguen los días de su reino en medio de Israel."* (v. 19-20).

Su primera esposa fue Mical. Hija del primer rey, Saúl, la cual le fue dada como recompensa a cambio de que David peleara en la batalla contra los filisteos (1 Samuel 18:17-27; 25:43). De ese matrimonio no tuvo hijos (2 Samuel 6:23). Abigail fue una mujer muy sabia y hermosa esposa de Nabal. Un hombre malo que tenía una hacienda muy próspera y que se negó a dar de comer a David y sus siervos cuando regresaban del destierro a causa de la persecución a David por parte de Saúl. Este Nabal no sólo rehusó darles alimentos sino que los trató con todo desprecio (1 Samuel 25). Por tal despiadada acción Dios quitó la vida de Nabal y más tarde David tomó a Abigail por esposa. Las otras mujeres de David nombradas fueron Ahinoam la jezreelita, Maaca, Haguit, Abital, Betsabé madre del rey Salomón y Egla (2 Samuel 3:2-5; 11:26-27; 12:24; 1 Crónicas 3:5). En adición, la Biblia dice que *"David tomó más concubinas y mujeres de Jerusalén"* (2 Samuel 5:13-16).

Su rol de padre. El apóstol Pablo escribió a los efesios sobre la educación y disciplina en la familia y nos manda que como padres no debemos *provocar a ira* a nuestros hijos (Efesios 6:4). Por el hecho de que David tuvo varias esposas le fue imposible tener una familia unida. Creo que una consejería matrimonial no le hubiese funcionado.

En un acto insolente y desgraciado cuando Joab, general del ejército israelita, logra que regrese Absalón, tercer hijo de David, quien había huido de la presencia de su padre y estuvo ausente por unos tres años debido a que dio muerte a su hermano Ammón en un acto vengativo, la actitud que tomó David fue de indiferencia y con muy poca sabiduría (2 Samuel 13:23-39).

Una vez que *Absalón* llega a Jerusalén Joab le comunica al rey que su hijo quiere verlo pero no lo recibe. David dejando demostrado lo ocupado que estaba con las tareas del reino y todos sus negocios y sin tiempo para su familia reaccionó con una actitud muy fríamente y llena de arrogancia: *"Se levantó luego Joab, fue a Gesur, y trajo a Absalón a Jerusalén. Pero el rey dijo: «Que se vaya a su casa y no vea mi rostro.» Absalón volvió a su casa y no se presentó ante el rey"* (2 Samuel 14:23-24). En adelante Absalón se subleva contra su padre mostrando así aspiraciones a la realeza y su vida termina trágicamente al quedar su cuello suspendido en unas ramas cuando huía en un mulo de la batalla que había emprendido contra David su padre (2 Samuel 18:11). Un final triste que dejó al descubierto el abandono que tenía David en sus relaciones familiares.

Otro ejemplo que dejó al descubierto la falta de disciplina que tenía David para con sus hijos fue el comportamiento de Adonías, hijo que procreó con Haguit. Cuando ya eran los últimos días de David, como sucede en las dinastías, hay mucha expectación de quién será el próximo rey. David hasta ese momento no había declarado quién iba a ser su sucesor. Como él tuvo varias mujeres y muchos hijos era lógico que algunos de ellos tuvieran la mirada en el trono. Adonías sin consultar con el rey y como un niño engreído que no tiene corrección de su padre simplemente se declaró Rey diciendo: *"Yo reinaré"* (1 Reyes 1:5). Este atrevimiento y rebeldía en un hijo es resultado del descuido por parte del padre cuando no dedica suficiente tiempo a la educación de sus hijos. La Escritura no esconde esta desidia de David y hablando de la escaza educación de Adonías recibida en el hogar dice: *"En todos sus días su padre nunca lo había reprendido diciéndole: «¿Por qué haces esto?» Además, era de muy hermoso parecer, y había nacido después de Absalón"* (v. 6). ¡El niño bonito de la casa!

En la parábola del hijo pródigo, el hijo menor después de pedir su herencia y abandonar a su familia y desperdiciando viciosamente todos sus bienes recibidos regresa a su padre pidiéndole que por lo menos lo tratara como a uno de sus siervos. Él se sentía indigno de regresar a su casa como hijo. El padre, que representa a Dios y su amor por el pecador, lo recibe con todos los honores: abrazándolo, besándolo y lo viste con ropas de gala. Demostrándole que ya no le importaba lo que había sucedido en el pasado sino que se alegraba porque ya estaba de vuelta en casa (Lucas 15:11-31).

Hace unos cuantos años una mujer anciana me dijo unas palabras de mucha sabiduría: "Los hijos podrán ser lo peor en la sociedad y hasta pueden estar en una cárcel por sus errores, pero siempre se aman y se sufre por ellos y hay que abrazarlos no importando las circunstancias." A David en su labor como padre se le fue la *sabiduría* a los pies como dice un dicho popular.

El traslado del Arca del Testimonio. Cuando se lleva a cabo alguna actividad o celebración, especialmente en eventos oficiales o de carácter nacional, es de mucha importancia prestar atención a los detalles aunque estos sean pequeños.

Las instrucciones para el manejo del Tabernáculo y de su traslado con su mobiliario y el Arca de Jehová se encuentran en el libro de los Números. *"Cuando el Tabernáculo haya de trasladarse, los levitas lo desarmarán, y cuando el Tabernáculo haya de detenerse, los levitas lo armarán. **Y el extraño que se acerque, morirá.**"* (Números 1:51 énfasis mío). ¡Más claro no canta un gallo!

La descendencia de la tribu de Leví y su trabajo en el Tabernáculo y más tarde en el Templo la podemos resumir como sigue:

✓ Hijos de Leví -------- Gersón, <u>Coat</u> y Merari (Éxodo 6:16).
✓ Hijos de <u>Coat</u> -------- <u>Amram</u>, Izhar, Hebrón y Uziel (Éxodo 6:18).
✓ Hijos de <u>Amram</u> ------- <u>Aarón</u> y Moisés (Éxodo 16:20).

Las funciones y responsabilidades de cada descendiente escogido eran:

✓ <u>Aarón</u> y su descendencia: el sacerdocio (Números 3:10; cf. Éxodo 28:1; 2 Crónicas 26:18).
✓ Los de Coat (coatitas): custodiar el Santuario incluyendo el *Arca de Dios* (Números 3:28-31; 4:4-20).
✓ Gersonitas: la tienda y cubierta incluyendo el atrio (Números 3:25-26).
✓ Meraritas: tablas, barras, basas, columnas y todos sus enseres (Números 3:36-37).

El trasladar el Arca del Testimonio de un lugar a otro puede parecer a simple vista algo fácil y rutinario. A David se le hizo muy conveniente improvisar y reunió a unos treinta mil hombres como si se hubiese tratado de ir a una guerra. Luego, muy rústicamente la subió en un carro y que unos bueyes la halaran hasta el lugar ya designado (2 Samuel 6:1-11). Aquello fue un despliegue militar y un fiestón con música y baile como si hubiesen ganado la copa mundial de fútbol (v. 5). En el momento en que lo bueyes tropezaron, Uza, *que no era levita,* reaccionó al extender su mano para evitar que se cayera. Esto hizo encender la ira de Dios, quedando herido de muerte al instante (v. 6, 7). David no se percató de seguir las instrucciones relacionadas al manejo y transporte del Arca que Dios ya había delegado exclusivamente a los *coatitas.* ¡Hay que sacar tiempo para escudriñar las Sagradas Escrituras!

La muerte de Uza fue muy triste a tal punto que David quedó muy confundido. Lo cierto es que no se trataba de trasladar un mueble cualquiera de una casa (2 Samuel 6:9). En el Arca de Dios residía la *presencia y Gloria* de Dios y simbolizaba la unión de Jehová con su pueblo (Éxodo 25:22). Cuando finalmente trasladaron el Arca a Jerusalén David reconoció que había procedido sin tomar en consideración el procedimiento oficial para tal actividad. Él dijo a sus ayudantes: -*«Vosotros, que sois los principales padres de las familias de los levitas, santificaos, vosotros y vuestros hermanos, y llevad el Arca de Jehová, Dios de Israel, al lugar que le he preparado; pues por no haberlo hecho así vosotros la primera vez, Jehová, nuestro Dios, nos quebrantó, por cuanto no le buscamos según su ordenanza.»* (1 Crónicas 15:12-13). Parece que David tenía en su sangre algo de *latinoamericano*, pues cuando compramos un equipo electro-doméstico, lo primero que hacemos es tirar las instrucciones al cesto de la basura. Escrudiñad las Escrituras dijo el Maestro.

Mucho derramamiento de sangre. David tuvo en su corazón la intención de construir una casa, el Templo, a Jehová. Su razón principal fue que David mismo habitaba en una casa de cedro mientras el Arca de Dios permanecía *entre cortinas* (2 Samuel 7:2). David por su celo hacia Dios y nacionalismo fue un gran guerrero que nunca perdió tiempo en perseguir y derrotar a sus enemigos. Él era hombre diestro en las artes de la guerra que organizaba y ponía a su ejército en marcha en poco tiempo, fuera un pequeño o gran conflicto. Por ejemplo, cuando Nabal se negó a proveerle comida para él y sus siervos, aunque la petición era muy justa, la reacción de David no se hizo esperar. David se organizó un grupo de cuatrocientos hombres para dar la batalla y unos doscientos para manejar el bagaje o equipaje con el fin de enfrentar al temible Nabal quien le había respondido sarcásticamente (1 Samuel 25:13).

Sus buenas habilidades como guerrero lo llevaron al extremo y quizás Dios no estuvo muy de acuerdo con tales incursiones bélicas. Prueba de ello es que cuando él expresó su deseo de construir la Casa de Dios o Templo la respuesta fue negativa: *"Pero recibí palabra de Jehová, que decía: "Tú has derramado mucha sangre y has hecho grandes guerras; no edificarás Casa a mi nombre, porque has **derramado mucha sangre** en la tierra delante de mí"* (1 Crónicas 22:8 énfasis mío). La sangre que derramó el rey David fue *sangre ajena*, a diferencia de Jesucristo que derramó su propia sangre para edificar la Casa de Dios, la iglesia (Hebreos 3:5-7; 9:12).

Adulterio y asesinato. Su gran pecado que lo marcó como un asesino y adúltero fue quitarle la mujer a un buen y humilde soldado que le fue fiel hasta que encontró la muerte por mandato de David.

Según la historia (2 Samuel capítulo 11) el rey permaneció en su casa en Jerusalén cuando debió haber estado en el campo de batalla (v. 1). Un día en la tarde se levantó de su lecho y mientras se paseaba en la azotea, vio a una mujer (Betsabé) que se estaba bañando, muy hermosa y atractiva, esposa del soldado *Urías el heteo* (v. 2). En un gesto atrevido y de pasión, abusando de su poder como rey, envió a sus siervos a preguntar por aquella mujer. La respuesta que le trajeron fue que era *mujer de Urías*, el heteo. Ante esa respuesta David debió haber pisado el pedal de los frenos y refrenarse de cualquier intento o deseo hacia esa mujer casada.

La Biblia enseña que el pecado es un proceso que se origina en el deseo carnal de la mente y el corazón. Santiago lo explica de la siguiente manera (Santiago 1:13-15):

✓ No podemos culpar a Dios por las *tentaciones* (v. 13).
✓ Cada uno es tentado y seducido de su *propia* pasión (v. 14).
✓ Una vez la pasión ha concebido, da a luz *pecado* (v. 15).
✓ El pecado, una vez consumado, da a luz *muerte* (v. 15).

En una acción unilateral y ciega, como sucede cuando pecamos, David envió a los mensajeros para traer a su casa a Betsabé con la cual tuvo una relación sexual. Ella concibió y así lo hizo saber al rey quien mandó a llamar a su esposo Urías del campo de batalla con el objetivo que durmiera con su esposa y su criatura al nacer se entendiera como engendro de Urías y no de David.

Urías, un hombre íntegro, regresó de la batalla por orden de David, quien al verlo le insiste que se vaya a dormir con su esposa lo cual Urías rehúsa hacer. El rey viendo que su truco no le funcionó, envía un mensaje, a través del mismo Urías, en el cual da órdenes por escrito a Joab su general del ejército indicándole que ponga a Urías al frente de la batalla para que muera (v. 14). De regreso a la batalla y llevando en su mano la orden escrita al general del ejército Urías muere como *mercancía rebajada*, sin valor y dignidad. Al final de la historia se resalta el disgusto de Dios por tan cobarde y despiadado acontecimiento: *"Pero esto que David había hecho fue desagradable ante los ojos de Jehová"* (v. 27b).

El Lado Positivo de David

Es muy real que como seres humanos nos batimos en una lucha entre el bien y el mal. Ante ese mar de inseguridad Pablo se sentía sin dirección en cuanto a agradar a Dios: *"Lo que hago, no lo entiendo, pues no hago lo que quiero, sino lo que detesto, eso hago"* (Romanos 7:15). David siendo siervo de Dios no fue un hombre único al que podamos señalar como ejemplo paradójico. David fue un buen representante de todos nosotros que ante las pasiones y dificultades, como dijo Pablo, hacemos lo que no queremos y aunque lo detestamos al principio, luego de caer en pecado lo resentimos. A David no le podemos cargar la mano, también demostró que tenía cualidades buenas.

Hizo la voluntad de Dios. Jesús dijo de sí mismo que Él había venido para hacer la voluntad de su Padre (Juan 4:34). Una buena característica de un empleado es seguir las directrices de sus superiores sin cuestionamientos, como dijo Pablo, no sirviendo al ojo (Efesios 6:6). Al escoger a David como el sucesor de Saúl, Dios dijo de David: *"quien hará todo lo yo quiero"* (Hechos 13:22b).

Un hombre que amó a Dios de corazón. David llegó a ser el *estándar* en cuanto a medir el servicio y devoción a Dios. Después que Salomón apostató sirviendo a otros dioses y poco antes de morir, Jehová dijo de él: *"no ha andado en mis caminos para hacer lo recto delante de mis ojos, ni mis estatutos ni mis decretos, como* **hizo David, su padre.***"* (1 Reyes 11:33b énfasis mío).

La calificación de un rey de Israel, después que murió David, en cuanto a su ejecución al final de su reinado era: a) *muy buena,* hizo lo recto como David (1 Reyes 14:11; 2 Crónicas 34:2); b) *negativa,* su corazón no fue recto para con Jehová como el corazón de David (1 Reyes 14:3).

El éxito de David no fue debido a su inteligencia, fama o poder físico, pues él era el menor de sus hermanos. Su oficio era pastor de ovejas, pequeño de estatura y su familia, muy humilde. En el ámbito espiritual fue un gigante y así lo demostró en los salmos que escribió exaltando a Dios. El Salmo 23 lo comenzó diciendo, *Jehová es mi pastor,* lo suficiente para dar a entender que su fe descansaba únicamente en Dios pues cuando él escribió ese salmo estaba siendo perseguido por Saúl, quien lo quería acorralar y matar.

Un hombre de arrepentimiento. Hoy en día nos encontramos con situaciones discordantes especialmente entre personas cuya vida es pública como los políticos y celebridades, que al cometer un error nos han acostumbrado a las explicaciones débiles, muy ridículas y que como dice el dicho, ¡*ni ellos mismos se la creen!* Y nos bombardean con aquella famosa frase que profieren en el momento de dar cuenta, *mis palabras las sacaron fuera de contexto* o *no fue lo que quise decir.*

En lugares de trabajo muchas veces cuando una herramienta o equipo se daña o se pierde y se le pregunta al personal si saben algo acerca de esa situación nadie responde, como si los marcianos fueron los autores de tal hecho.

David fue muy distinto. Él nos da cátedra de cómo escribir o decir una disculpa cuando hemos faltado a nuestros deberes y responsabilidades. Cuando cometió adulterio y homicidio y fue confrontado por Dios a través del profeta Natán su respuesta fue *he pecado contra Jehová* (2 Samuel 12:13). Y no fue simplemente una confesión de sus atrocidades, un *I'm sorry* o lo siento mucho, sino que su arrepentimiento lo expresó en humillación en una oración contenida en el Salmo 51, implorando a Dios perdón y misericordia: *"Purifícame con hisopo y seré limpio; lávame y seré más blanco que la nieve."* (v. 7).

Dios se enojó con David y lo castigó cuando ordenó hacer un censo, acción que le daba a David un sentido de confianza en el poder de tener un ejército poderoso y no en Jehová de los ejércitos. Cuando vio el castigo sobre el pueblo intervino ante Dios haciéndose responsable por tal acción: *"Yo pequé, yo hice lo malo; ¿qué hicieron estas ovejas? Te ruego que tu mano se vuelva contra mí y contra la casa de mi padre."* (2 Samuel 24:17b).

Un hombre perdonador. Es fácil perdonar a una persona que amamos. Jesucristo dijo que si perdonamos a los que amamos no tendremos recompensa alguna (Mateo 5:46). David perdonó a su enemigo principal, Saúl, en dos ocasiones cuando lo buscaba ferozmente para quitarle la vida (1 Samuel 24; 26). David, como rey ya ungido por Dios, pudo haber dado la orden de matar a Saúl y quitarse tal preocupación. Él no tenía que compartir su reinado con nadie pues un rey tiene poderes absolutos. Esto demuestra que David fue misericordioso como dice la escritura: *"la misericordia triunfa sobre el juicio"* (Santiago 2:13b).

¿Quién es el Hombre Conforme al Corazón de Dios?

Si Dios hubiese escogido a otra persona en lugar de David para establecer la descendencia real de Jesucristo la diferencia no hubiese sido mucha puesto que la vida espiritual de cualquier ser humano comparada a la de David sería muy parecida pues todos somos pecadores. La Biblia dice que no hay ni tan siquiera un justo (Romanos 3:10). Creo que David es un buen ejemplo, por tener un contraste marcado entre la naturaleza espiritual y carnal, para representar la obra de Cristo en la cruz donde esas dos naturalezas lucharon contra el mal para obtener la salvación eterna.

El *Verbo divino* fue hecho carne y habitó entre nosotros (Juan 1:14). Y es que como dice el apóstol Pablo, Dios pone los tesoros celestiales en *vasos de barro,* no de oro, para mostrar que la excelencia del poder del evangelio es de Dios y no del hombre (2 Corintios 4:7). A pesar de todas las dificultades y pecados que David experimentó, Dios, por su maravillosa gracia, lo consideró un *hombre excelente* (1 Crónicas 17:17). David buscaba a Jehová en las buenas y en las malas. En cambio Saúl era todo lo contrario. La Escritura no menciona que oró a Dios o le llamó "mi Dios." Un distintivo en David es que se refugiaba en Dios **cuando pecaba.** Como un niño en momentos de miedo que se abraza a su padre. Dios nunca rechaza al pecador cuando este le busca con arrepentimiento.

¿A quién se refirió Dios cuando dijo que había encontrado un *varón conforme a su corazón?* No hay duda que entre todos los reyes de Israel y Judá, David fue el mejor. Demostró un amor sincero hacia Dios y toda su vida le fue fiel y de quien Jehová dijo: *"He hallado a David, hijo de Isaí, varón conforme a mi corazón,* **quien hará todo lo que yo quiero.***"* (Hechos 13:22 énfasis mío). En otra parte se dice de él: *"por cuanto David había* *hecho lo recto ante los ojos de Jehová, y de ninguna cosa que le habían mandado se había apartado en todos los días de su vida, salvo en lo tocante a* **Urías**, *el heteo."* (1 Reyes 15:5 énfasis mío).

El profeta Isaías anunció al pueblo israelita que Jehová iba a hacer un *pacto eterno* y añade que tal pacto son *"las misericordias firmes de David"* (Isaías 55:3b). En el Nuevo Testamento se usa tal frase en el contexto de la muerte y resurrección de Jesucristo o el evangelio (Hechos 13:32-39). También la expresión *Hijo de David* en la Biblia es un título exclusivamente para designar al Mesías o Cristo (Mateo 1:1; 15:22; 22:42; 20:30-31). Lo interesante de ese título, hijo de David, es que el mismo Jesucristo lo *rechaza*, cuestionando que Él sea el hijo de David (Lucas 20:41-44). Por lo tanto lo que dijo y prometió Dios a David no se cumplió en David, sino en Jesucristo. David fue el tipo o sombra para la perfección de Jesucristo. Así que, el varón *conforme al corazón de Dios* es Su Hijo, el *Cristo*, en quien se cumplió toda la voluntad de Dios y tenemos la perfección: *"Y así, con una sola ofrenda hizo perfectos para siempre a los santificados"* (Hebreos 10:14). ¡Oh sabiduría de Dios en misterio!

11

Sinaí y Sión

"No temas, hija de Sión; tu Rey viene, montado sobre un pollino de asna."
(Juan 12:15)

Las montañas adornan los paisajes. Sirven de protección contra los vientos huracanados y algunos escritores y pintores se inspiran en ellas para escribir o crear obras en su imaginación. En los tiempos antiguos los montes eran lugares donde se adoraban deidades pues la creencia era que desde un lugar alto se acercaban a sus dioses. Las ciudades eran construidas sobre montes por la razón de que al acercarse los enemigos en un ataque bélico, la altitud daba la ventaja al ejército de la ciudad montañosa. La fuerza de gravedad estaba a su favor y también, desde lo alto podían tener mejor vigilancia. Los *sirios* creían que existían dioses de los montes y de valles (1 Reyes 20:10-28).

En la Escritura los montes representan la eternidad (Deuteronomio 33:15; Habacuc 3:6), fidelidad de Dios hacia su pueblo (Isaías 54:10) y firmeza (Salmo 125:1). En sentido negativo simbolizan situaciones difíciles (Jeremías 13:16) o cosas que vemos como imposibles de resolver (Marcos 11:22). La Biblia nos menciona varios montes que sobresalen por su historia como el Monte Sinaí donde Moisés se encontró con Jehová y recibió los diez Mandamientos escritos en dos tablas de piedra.

Montes en la Escritura

Moriah. En este monte Abraham construyó un altar cuando Dios le ordenó sacrificar a su único hijo Isaac (Génesis 22:2-13) y es donde el ángel al ver su obediencia, lo detuvo y en vez de sacrificar a su hijo le presentó un carnero para ofrecerlo como sacrificio (v. 13). Originalmente era una colina que pertenecía a Ornán el jebuseo la cual David compró para hacer un altar a Jehová y más tarde fue el lugar donde el rey Salomón construyó el Templo (1 Crónicas 21:18-22:1; 2 Crónicas 3:1).

Monte Carmelo. Zona montañosa localizada en Haifa al norte de Israel. Elías profetizó en Israel o reino del norte durante una época de mucha decadencia espiritual. El lugar de adoración a Dios reflejaba tal condición. Él dijo que *el altar de Jehová estaba arruinado* (1 Reyes 18:12; cf. 19:10). Israel se encontraba en un hoyo espiritual por la adoración que ofrecían al dios Baal. Elías se dirigió a todo el pueblo en el *Monte Carmelo*, desafiándolo a que tomaran una decisión sobre a quién adorarían, si a Jehová o a Baal: *"¿Hasta cuándo vacilaréis vosotros entre dos pensamientos? Si Jehová es Dios, seguidle; si Baal, id en pos de él"* (1 Reyes 18:21). Allí también reunió a los profetas de Baal, los apresó y los degolló (v. 25-40).

Los Montes Gerizim y Ebal. Estos montes estaban situados al norte del territorio de la tribu de Efraím. El uno frente al otro de norte a sur. Jehová a través de Moisés dio órdenes para que cuando los israelitas conquistaran la tierra Prometida pusieran la *bendición* en el monte Gerizim y la *maldición* en Ebal (Deuteronomio 11:29-30; 27:11-13). Josué cumplió con tal orden una vez que el pueblo conquistó la tierra Prometida (Josué 8:30-35).

Los lugares altos. La adoración a dioses paganos, por lo general, se llevaba a cabo en sitios elevados con el objetivo de buscar la cercanía a las divinidades. A los israelitas se les prohibió celebrar cultos en esos lugares, no por la altitud, sino para evitar que mezclaran la adoración a Dios con la de dioses paganos. Moisés explícitamente mandó a Israel que una vez ocuparan la tierra Prometida tenían que destruir todos los lugares altos de adoración pagana (Números 33:51-52; Deuteronomio 12:2-3). Sin embargo, antes de la construcción del Templo hubo en el territorio de Israel lugares altos que fueron permisibles para adorar a Jehová. En las ciudades Ramá y Gilgal, el profeta Samuel hizo sacrificios y adoraba a Dios (1 Samuel 9:-14, 19; 10:8; 11:14; 13:7-14; 15:12, 21-23). También la ciudad de Gabaón, ciudad localizada al noroeste de Jerusalén, fue escenario de adoración a Dios en lugares altos. Allí se encontraba el Tabernáculo de Jehová en los tiempos del rey David y de su hijo Salomón (1 Reyes 3:4; 1 Crónicas 16:39; 21:29; 2 Crónicas 1:3, 13).

Moisés instruyó al pueblo a adorar en un lugar señalado por Dios. Un *santuario único* y no en cualquier sitio fuera del indicado (Deuteronomio 12:4-14). Una vez que el Templo es construido por Salomón la adoración en *lugares altos* queda prohibida (1 Reyes 12:25-33; 13:2, 33). Entre los pecados cometidos por el mismo Salomón fue que sacrificó a dioses paganos en *lugares altos* por la influencia de las mujeres paganas quienes conquistaron su corazón (1 Reyes 11:4-13). Es muy triste que el pueblo israelita, teniendo un Templo como testimonio de la grandeza y sabiduría del Creador persistió en adorar en lugares prohibidos por Dios (1 Reyes 15:14; 2 Crónicas 21:11).

El Monte de los Olivos. Es el monte, también llamado *del olivar,* que más se relaciona con Jesucristo durante su ministerio terrenal. Allí acostumbraba pasar la noche después de enseñar en el Templo donde también con frecuencia oraba (Lucas 21:37; 22:39; Juan 8:1). Está localizado al este de Jerusalén a unos 900 metros (0.56 millas), equivalente aproximadamente a la distancia que estaba permitido caminar en el día sábado, designada como *camino de un sábado* (Hechos 1:12, cf. Zacarías 14:4). Cuando David huía de su hijo Absalón, quien había usurpado el trono brevemente, subió llorando al monte de los olivos para adorar a Dios (2 Samuel 15:29-32).

Este lugar está ligado a la ascensión y regreso de Cristo a la ciudad de Jerusalén (Zacarías 14:4-5; Hechos 1:11-12). Jesús, antes de su muerte, fue a orar en un lugar llamado *Getsemaní* que significa *prensa de aceite* el cual se halla al pie del Monte de los olivos (Mateo 26:36; Lucas 22:39). Cuando Jesús hizo su peregrinación a Jerusalén antes de morir, fue el lugar donde la multitud le glorificó diciéndole: *"¡Bendito el Rey que viene en el nombre del Señor! ¡Paz en el cielo y gloria en las alturas!"* (Lucas 19:38). Desde este monte Jesús profetizó la destrucción del Templo (Mateo 24:3) y también después de haber celebrado la última Cena y cantado el himno salió con sus discípulos a descansar a ese mismo lugar (Mateo 26:30).

El Monte Sinaí

El Monte Sinaí se conoce también como *Horeb o monte de Dios* (Éxodo 3:1). Los hechos históricos ocurridos en esa montaña son suficientes para concluir que desde que Moisés pisó ese sitio por primera vez, Dios empezó a cumplir sus promesas ya hechas a Abraham acerca de la futura nación israelita. Es el lugar donde Dios seleccionó a Moisés como el líder para liberar a Israel de la esclavitud en Egipto.

Un día cuando Moisés pastoreaba las ovejas de su suegro vio una zarza ardiendo y le llamó la atención que la zarza no se consumía. Se acercó y al mirar el fuego Dios le habló dándole una promesa que lo convertiría en el hombre más importante en la historia de Israel: *"Yo estaré contigo; y esto te será por señal de que yo te he enviado: cuando hayas sacado de Egipto al pueblo, serviréis a Dios sobre este monte"* (Éxodo 3:12, cf. v. 1-3).

Otra promesa que forjaría a Israel como un pueblo distinto a los demás, también ocurrió en este monte: *"Os tomaré como mi pueblo y seré vuestro Dios. Así sabréis que yo soy Jehová, vuestro Dios, que os sacó de debajo de las pesadas tareas de Egipto"* (Éxodo 6:7). Allí también Moisés recibió las dos tablas con los diez Mandamientos o Ley de Dios (19:1-3; 20:1). En el Monte de Sinaí los israelitas permanecieron por espacio de casi un año (Números 10:11-12). Interesante por demás es que toda la legislación de ordenanzas y mandamientos de Dios dada a Moisés para enseñarlas al pueblo, contenidas desde el libro del Éxodo (20:1) hasta Números (10:10), fueron otorgadas en ese monte (cf. Éxodo 24:12; 31:18; 34:1-2; Levítico 1:1; 16:1; 25:1; 26:46; 27:34; Números 1:1; 9:1; 10:11).

El profeta Elías fue amenazado de muerte por la despiadada esposa del rey Acab y tuvo que refugiarse en la montaña de Dios, *Horeb*, caminando por espacio de cuarenta días y cuarenta noches (1 Reyes 19:8). Como un símbolo mesiánico también Jesucristo tuvo a un Acab muy poderoso, es decir, Satanás, quien lo instigó por cuarenta días y cuarenta noches, tentándolo sin piedad (Lucas 4:1-2).

El Monte de Sión

El Monte Sión o *Hermón* aparece por primera vez en la Escritura cuando Moisés hizo un resumen de la ley antes de su muerte (Deuteronomio 4:48). En los días de David se le llamó la *fortaleza de Sión* y *ciudad de David*, porque él la conquistó cuando los jebuseos, habitantes de la ciudad, lo insultaron diciéndole: *"«Tú no entrarás aquí, pues aun los ciegos y los cojos te echarán»* (2 Samuel 5:6; cf. 1 Reyes 8:1; 1 Crónicas 11:4-9).

En la época de la conquista y de los Jueces el territorio de la futura Jerusalén se encontraba ocupado por los antiguos jebuseos que no eran parte del pueblo israelita. Tal ocupación territorial continuó hasta que David fue ungido como rey, quien después de conquistarla la hizo la capital de su reino. El rey Salomón, hijo de David, fue ungido como sucesor al trono en Gihón, un manantial de agua localizado cerca a la *fortaleza de Sión* (1 Reyes 1:32-35). La palabra *Sión* como tal se encuentra unas 38 veces en el libro de los Salmos y 46 en la profecía de Isaías, los dos libros en el Antiguo Testamento donde más se menciona al Mesías y en los cuales Sión y Jerusalén son sinónimos como *lugar de encuentro de Dios con su pueblo.*

Sión en los Salmos. Es el monte santo de Dios para ubicar al rey o su Ungido (Salmo 2:6). Se le da un toque espiritual en el sentido de fuente de salvación y poder de Dios para liberar a los cautivos de su pueblo en Babilonia. En el libro de los Salmos es el lugar a donde los judíos añoraban regresar estando cautivos en Babilonia (Salmo 14:7; 137:1-3), donde Dios resplandece (50:2) y recibe alabanza (65:1; 147:2, 12). Es un símbolo para designar al pueblo de Dios (74:2; 78:67-68) y donde se encuentra su habitación (76:2; 132:11-14). A los que confían en Él se les compara al *monte de Sión* (125:1).

Sión en la profecía de Isaías. De acuerdo al profeta Isaías la nueva ley o el evangelio sale de Sión y de Jerusalén (Isaías 2:3) y este es un lugar donde habita Dios (8:18). Es el sitio donde Dios puso la *piedra angular* como fundamento, la cual es una referencia directa a Jesucristo (Isaías 28:18): *"He aquí, pongo en Sión la principal piedra del ángulo, escogida, preciosa; el que crea en él, no será avergonzado"* (1 Pedro 2:6). También es un espacio muy especial que pone de manifiesto la gracia, amor y bendiciones que brotan del evangelio, obra exclusiva de Jesucristo. *"¡Cuán hermosos son sobre los montes los pies del que trae alegres nuevas, del que anuncia la paz, del que trae nuevas del bien, del que publica salvación, del que dice a Sión: «¡Tu Dios reina!»!"* (Isaías 52:7). Dios, refriéndose a Su Hijo, anuncia que el Redentor, visitará a Sión o Jerusalén (Isaías 59:20; 62:11).

En el Nuevo Testamento. Sión es sinónimo de la ciudad de Jerusalén a quien el Rey (Jesús) manso, viene a visitar de una manera muy humilde sentado en un pollino o asno joven (Mateo 21:5; Juan 12:15). También de Sión saldrá el Libertador para quitar el pecado de incredulidad de los israelitas (Romanos 11:26). Por último, es el lugar de encuentro del *Cordero* con su pueblo o iglesia triunfadora (Apocalipsis (14:1).

Sión vs. Sinaí

Estos montes representan los dos pactos unilateralmente diseñados por Dios para la redención de todos los seres humanos. En la carta a los Hebreos se habla del *Monte Sinaí* como el lugar que se podía tocar, era visible y asombroso. *"No os habéis acercado al monte que se podía palpar y que ardía en fuego, a la oscuridad, a las tinieblas y a la tempestad"* (Hebreos 12:18). En cambio el *Monte Sión* es la Jerusalén celestial, ciudad del Dios vivo con sus promesas de redención y esperanza. *"Vosotros, en cambio, os habéis acercado al Monte Sión, a la ciudad del Dios vivo, Jerusalén la celestial, a la compañía de muchos millares de ángeles, a la congregación de los primogénitos que están inscritos en los cielos. Os habéis acercado a Dios, Juez de todos, a los espíritus de los justos hechos perfectos, a Jesús, Mediador del nuevo pacto, y a la sangre rociada que habla mejor que la de Abel"* (v. 22-24).

El apóstol Pablo usa la misma analogía al hablar de la *ley* y el *evangelio* usando de ilustración a los dos hijos que Abraham procreó. Uno por embarazo natural con Agar, la sierva de su mujer Sara, quien dio a luz a *Ismael* y que Pablo llama el *hijo de la esclava* (Génesis 16:1-5, 15 -16). El otro, *Isaac*, identificado por el apóstol como el *hijo de la libre*. Fue concebido por voluntad y poder divino ya que Sara esposa de Abraham tenía noventa años de edad cuando le fue anunciada la promesa de tener un hijo (Génesis 18:10; 21:5, cf. Gálatas 4:21-28).

El Monte Sinaí es sombra de lo porvenir, esto es, de Sión. *Sinaí* representa las leyes, los mandamientos y las ordenanzas para un pueblo que, para alcanzar una buena posición aceptable ante Dios, debía cumplir todo lo ordenado al pie de la letra. Moisés les advirtió que no se apartaran de los mandamientos, ni a la derecha ni a la izquierda (Deuteronomio 5:32). *Sión* representa lo real, lo celestial que permanece para siempre. El salmista dijo: *"Los que confían en Jehová son como el monte Sión, que no se mueve, sino que permanece para siempre"* (Salmo 125:1). *Del Monte de Sión* nos vino el evangelio, la salvación, un corazón nuevo y el conocimiento de la vida eterna a través de Jesucristo, el autor del nuevo Pacto y de nuestra fe (Jeremías 31:31-34; Hebreos 12:2).

Jerusalén y Sión

Tradicionalmente el origen de la ciudad de Jerusalén se ha aceptado como Salem, ciudad de donde procedía el sumo Sacerdote Melquisedec (Génesis 14:18; Salmo 76:3). Sión, una colina al noroeste de Jerusalén alcanzó renombre espiritual porque fue el lugar donde por muchos años reposó el Arca del Testimonio (2 Samuel 5:7; 6:12). Más tarde después que Salomón construye el Templo el Arca es trasladada de Sión a Jerusalén (1 Reyes 8:1). De allí en adelante Sión viene a ser designado como el Monte Santo de Dios (Salmo 2:6; cf. Salmo 48:1-3; 87; 133:3).

Isaías profetizó que de Jerusalén saldría la Palabra de Dios refiriéndose al evangelio de Jesucristo (Isaías 2:3). En el Nuevo Testamento es la ciudad terrenal que no recibe a Jesús aunque Él hizo todo el esfuerzo para unir a la ciudad, como la gallina junta sus pollitos bajo sus alas. Juntarlos para su seguridad habitando bajo el poder de Dios fue infructuoso. Jerusalén persistió en no darle la bienvenida al Hijo del Altísimo (Mateo 23:37-39).

El Monte de Sión y Jerusalén son sinónimos del pueblo de Dios redimido por la sangre de Cristo, la iglesia de los primogénitos (Hebreos 12:22-23). En el libro de Revelaciones, Jerusalén es transformada en una ciudad celestial designada, ya no como ciudad de David sino como de Dios, la nueva Jerusalén (Apocalipsis 3:12) la cual, en visión, el apóstol Juan ve descender del cielo (21:2, 10).

AC (Jerusalén Terrenal) vs. DC (Jerusalén Celestial)

La energía eléctrica y química la conocemos en dos formas: corriente alterna, en inglés *alternate current* (AC) y corriente directa o *direct current* (DC). La primera (AC) fluye alternadamente en forma de onda. La electricidad después que ha sido transformada de un voltaje muy alto a unos 120 voltios para los hogares o a 220 voltios para algunas aplicaciones comerciales, es transmitida para su uso en casas, edificios comerciales e industriales y otros. Como me decía un profesor, "con la *corriente alterna* no se puede jugar porque te puede matar." La segunda (DC) es producida químicamente y fluye constante y directamente. Esta corriente se podría decir que no es tan amenazante a la vida humana como la alterna. Esta es la electricidad que contienen las baterías o pilas de toda clase. La corriente *alterna* es convertida en *directa* por medio de un suplidor de energía o *power supply* que utiliza un rectificador para tal conversión.

Las abreviaturas a.C. y d.C., escritas con la primera letra en minúscula en el idioma español designan la división de la historia universal: antes de Cristo y después de Cristo. En inglés, para los acontecimientos o años después del nacimiento de Jesucristo, se usa AD o A.D., del latín *Anno Domini* o año del Señor y para referirse antes de Cristo se utiliza BC o B.C., *before Christ*. Para el mundo secular y para evitar matices religiosos se usan las abreviaciones BCE o B.C.E. (before common era), refiriéndose eventos antes de la era común o de Cristo y CE o C.E. (Common era) para referirse a la época actual comenzando después del nacimiento de Jesucristo.

El Señor Jesucristo es el único personaje histórico que con su muerte ha dividido la historia en dos periodos: antes y después de Él. Y se puede decir y lo acepto que a.C. y d. C. signifique *antes* y *después* de la *cruz* de Cristo.

Antes de la Cruz. De acuerdo a la Escritura antes de morir Jesús en la cruz el ser humano estaba sin esperanza ajeno a los pactos, sin Dios y su Hijo (Efesios 2:13). Cuando David cometió pecado de adulterio y homicidio trató de esconder su falta, lloró, se vistió de cilicio, ayunó y hasta escribió un salmo (51) implorando el perdón de Dios. David no recibió el gran beneficio de la sangre derramada en la cruz, esto es, de tener por la gracia de Dios una conciencia limpia de pecado (Hebreos 9:14). Y todos los patriarcas en el Antiguo Testamento cuando pecaron tuvieron que actuar como abogados para sí mismos rogando a Dios por su pecado para ser perdonados. Todos ellos en su transitoriedad en la tierra no recibieron "lo prometido" por la razón de vivir antes de la cruz (Hebreos 11:39).

Después de la Cruz. Como la corriente *alterna,* que es muy peligrosa, antes de la cruz había mucho peligro. El pecado era como un cáncer incurable que sólo anuncia la muerte. Pero después de la muerte de Jesús en la cruz todo cambió. Se produjo la adopción y Cristo puso su herencia a disposición de todo aquel que confía en Él (Romanos 8:14-17). El pecado, la muerte y Satanás fueron derrotados (Hebreos 2:14).

Al igual que la corriente *directa* tenemos una relación directa y continua con el Trono de Dios a través del Espíritu Santo donde están sentados el Padre y el Hijo: *"porque por medio de él los unos y los otros tenemos entrada por un mismo Espíritu al Padre"* (Efesios 2:18).

También tenemos el privilegio que no tuvieron los antiguos patriarcas de tener un abogado de por vida y que no exige sus honorarios. Jesucristo se encuentra intercediendo ante Su Padre en cualquier momento a favor nuestro (1 Juan 2:1). *"Y así, con una sola ofrenda hizo perfectos para siempre a los santificados"* (Hebreos 10:14). ¡Gracias Dios por enviar a tu Hijo para redimirnos!

12

Pacto de Dios con David

"pues Jehová hará de cierto una casa perdurable a mi señor"
(1 Samuel 25:28)

Hay personas que cuando se trata de comunicar una idea o un plan de trabajo a un jefe u organización, como decimos en el béisbol, *nos lanzamos de pecho*. El apóstol Pablo nos instruye a que nuestras palabras sean sazonadas con *sal* y con *gracia* para que sean recibidas con atención por quienes nos escuchan (Colosenses 4:6). Santiago también exhorta a que nos cuidemos de no ofender cuando hablamos y afirma que si alguno no ofende en palabra es una *persona perfecta*, que puede refrenar todo su cuerpo. De la lengua dice: *"Así también la lengua es un miembro pequeño, pero se jacta de grandes cosas. He aquí, ¡cuán grande bosque enciende un pequeño fuego!"* (Santiago 3:5). El proverbista Salomón dijo que el que *ahorra las palabras tiene sabiduría* (Proverbios 17:27a). Entre los doce apóstoles de Jesucristo cada uno tenía su propia personalidad, sobresaliendo Pedro, a quien se le puede apodar el *impulsivo* porque siempre era el primero que se lanzaba contestando las preguntas que el Maestro les hacía.

El amor y devoción del rey David hacia Dios queda evidenciado en la Biblia por las numerosas ocasiones que consultaba y adoraba a Jehová. Cuando se presentaba una guerra imploraba el favor de Dios y en momentos de persecución le encomendaba su causa a Él. David no escondía su rostro delante de Dios cuando pecaba y por la cantidad de Salmos que escribió, semejantes a oraciones a Jehová introducidas con alabanzas, reconocía sus faltas e imploraba el perdón divino.

A David en el momento en que gozaba de cierta estabilidad política en su reino y la economía estaba en ascendencia se le ocurrió una idea que en la mente de cualquier ser humano es excelente. Y, ¿qué mejor que construir y dedicar una casa terrenal a Dios para su gloria y honra? El pensamiento de David era muy lógico, *yo habito en casa de cedro, mientras que el Arca de Dios está entre cortinas* (2 Samuel 7:2). También los dioses paganos tenían sus templos impresionantes donde se usaba la madera de cedro.

El deseo de David de construir un lugar para que habitara la presencia de Dios, el Arca, fue muy repentino, sin tener en consideración la naturaleza del Creador. Pablo les dijo a los atenienses, los cuales adoraban a muchos dioses incluyendo uno que llamaban el *dios desconocido*, que Dios *no habita* en templos hechos por manos humanas. Pensamiento que recogió del profeta Isaías. *"Jehová ha dicho: «El cielo es mi trono y la tierra el estrado de mis pies. ¿Dónde está la casa que me habéis de edificar? ¿Dónde el lugar de mi reposo? Mi mano hizo todas estas cosas, así todas ellas llegaron a ser»"* (Isaías 66:1-2a).

David comunicó su plan de construir una habitación a Dios a través del profeta Natán quien también era su cronista (2 Samuel 7:1-2; 1 Crónicas 29:29). Anteriormente, cuando él consultaba a Dios lo hacía por medio de los sacerdotes usando el *Urim* y *Tumim* pero, tratándose de tan importante idea lo hizo en una manera personal, a través de un profeta (Éxodo 28:6, 30; Levítico 8:8; 1 Samuel 23:1, 4, 9-12; 30:7-8). La respuesta a este plan no se hizo esperar por parte de Dios quien lo rechazó de inmediato y a través del profeta Natán dejó claro la incapacidad de David de llevar a cabo tal propósito (2 Samuel 7:4-17). En dicho comunicado Dios le hace saber lo siguiente al rey David:

✓ Nunca Dios ha exigido a persona alguna que le construya una casa (v. 6-7).

✓ Él sacó a David de *detrás de las ovejas* y lo hizo príncipe de Israel, derrotó a todos sus enemigos y lo engrandeció sobre todos los reyes de la tierra y le dijo, *"te he dado nombre grande"* (v. 8-9).

✓ Dios está en control de la seguridad de su pueblo, Israel y es el que construirá una casa o dinastía a David (v. 10-11).

✓ Después que David muera, Dios levantará a uno de su descendencia, Salomón, con el cual afirmará el trono davídico para siempre (v. 12).

✓ Una vez Salomón sea ungido rey de Israel será quien edificará la casa o Templo de Dios (v. 13-16).

David, sorprendido de la respuesta de parte de Dios, responde como el que está consciente de que no fue lo suficientemente cuidadoso al expresar su idea o propósito y necesita ofrecer una disculpa inmediatamente.

Esa acción de David es una lección para nuestros políticos modernos cuando cometen un error que les afecta su puesto administrativo. En tales situaciones embarazosas y para controlar cualquier daño político, sus asesores en comunicación deben de inmediato aconsejarles que den una explicación públicamente aclarando con *la verdad* lo sucedido y no escudándose, diciendo que todo fue un malentendido y que sus palabras fueron interpretadas fuera de contexto. Pero como dice el dicho, ¡con una mano no se puede tapar el sol!

La respuesta de David, además de ser defensiva muestra la confianza y seguridad en Dios pues no expresó un sentido de buscar el perdón con temor sino que expresa gratitud reconociendo la bondad de Dios hacia su persona al incluirlo en los planes mesiánicos. David se sintió elevado hasta el cielo y concluyó: *"Ten ahora a bien bendecir la casa de tu siervo, para que permanezca perpetuamente delante de ti, porque tú, Jehová Dios, lo has dicho, y con tu bendición será bendita la casa de tu siervo para siempre"* (2 Samuel 7:29).

La Casa de David

En la respuesta a David Dios le promete que le va a edificar una casa eterna (v. 11b). Tal *casa* se refiere a la *dinastía* de David cuyo propósito exclusivamente fue continuar con la genealogía del Mesías. Esta promesa de crear una dinastía con propósitos mesiánicos fue para afirmar el reino davídico eternamente y tuvo su cumplimiento al nacer el Hijo de Dios (v. 16, 19, 25-27). Dios entregó a David el reino de Israel eternamente "bajo pacto de sal" o un pacto perpetuo (2 Crónicas 13:5; cf. Números 18:19).

La *dinastía o casa* de David peligró un poco antes de su muerte cuando Adonías, su hijo, se lanzó como sucesor al trono en el momento en que David yacía en cama y sin el conocimiento de Salomón a quien Dios había designado como el siguiente rey de Israel. En un acto desafiante se hizo de carros y reunió a unos cincuenta hombres que lo siguieran delante de él y con el apoyo también del Sacerdote Abiatar y Joab, general del ejército de Israel, se declaró rey del pueblo en lugar de su padre David (1 Reyes 1:1-7).

El profeta Natán intervino informando a Betsabé, madre de Salomón, de la astucia de Adonías. Ella enseguida acudió al rey David implorando que se nombrara a su hijo, Salomón, como su sucesor. Así sucedió y el rey desde su lecho y ante la presencia del sacerdote Sadoc, el profeta Natán y Benaía dio instrucciones para que ungieran a Salomón como el próximo rey de Israel (1 Reyes 1:11-48). El acto oficial tuvo lugar en Gihón, un manantial cerca de la fortaleza de Sión. Desde Salomón continuó la línea genealógica real hasta Jeconías, último rey de Judá, cuando los judíos fueron deportados a Babilonia (2 Reyes 24:8-16; Mateo 1:7-11). Después de la deportación a Babilonia permaneció la descendencia de David hasta José, marido de María de quien procede Jesucristo, el Mesías, según la carne (Mateo 1:12-16).

En el Nuevo Testamento la expresión *Hijo de David* aparece unas doce veces relacionada al Mesías. Mateo utiliza ese título al comienzo de la genealogía de Jesús en su evangelio razón por lo cual se entiende que su evangelio está dirigido a los judíos (Mateo 1:1; cf. Hechos 13:23; Romanos 1:4-5). ¿Cómo se cumplió la promesa hecha a David que su casa (dinastía) había de ser para siempre, que nunca faltaría un descendiente suyo sentado en el trono? (1 Samuel 25:28; 2 Samuel 7:26; 1 Reyes 2:4; 8:25; 9:5; 11:36; 2 Crónicas 21:7; 23:3; Salmo 132:11). La respuesta es en *Cristo*, el Hijo de David (Lucas 1:30-33). *"Concebirás en tu vientre y darás a luz un hijo, y llamarás su nombre Jesús. Éste será grande, y será llamado Hijo del Altísimo. El Señor Dios le dará el trono de David, su padre"* (v. 31-32). ¡Oh sabiduría de Dios en misterio!

El Templo o la Casa de Jehová

La segunda promesa que Dios hizo a David en pacto fue que su hijo, refiriéndose a Salomón, edificaría una casa, esto es, el Templo (2 Samuel 7:11-13; cf. 1 Crónicas 22:9-10). Originalmente fue David quien deseó construir una casa a Jehová (2 Samuel 7:2-5) pero Dios le respondió: *"Tú has derramado mucha sangre y has hecho grandes guerras; no edificarás Casa a mi nombre, porque has derramado mucha sangre en la tierra delante de mí"* (1 Crónicas 22:8). Como consecuencia de las muchas guerras en que el rey David estuvo envuelto y añádase el hecho de que ordenó a su general del ejército matar a un hombre inocente, Urías el heteo, no vio su sueño cumplirse (1 Reyes 5:3). Una demostración de que Dios es amor y justicia. Él no manda a matar por matar como cualquier dictador que a su gusto determina a quien eliminar. Cuando Dios daba la orden de ir a la guerra era por razones justas, no por antojos, como los escépticos piensan.

Moisés construyó el Tabernáculo que incluía el lugar Santísimo y donde habitaba el Arca de Dios la cual él llamó *Arca del Testimonio* refiriéndose a las tablas del Pacto o los Diez Mandamientos (Éxodo 25:16; 1 Reyes 8:21). En dicho mueble, sólo había *"un incensario de oro y el Arca del pacto cubierta de oro por todas partes, en la que había una urna de oro que contenía el maná, la vara de Aarón que reverdeció y las tablas del pacto"* (Hebreos 9:4).

El *Arca* representaba la presencia de Jehová en medio del pueblo de Israel. Dios fue muy claro con David cuando este se ofreció a construirle una casa y le explicó que tal acción no era tan necesaria para que Él habitara entre ellos pues en el Arca estaba la presencia de Dios mismo. Jehová le dijo: *"Ciertamente no he habitado en casas desde el día en que saqué a los hijos de Israel de Egipto hasta hoy, sino que he peregrinado en una tienda que me servía de santuario. En todo cuanto he andado con todos los hijos de Israel, nunca he dicho a ninguna de las tribus de Israel, a quien haya mandado apacentar a mi pueblo de Israel: '¿Por qué no me habéis edificado una casa de cedro?'"* (2 Samuel 7:6-7).

El rey Salomón como hijo de David y su sucesor en el trono edificó el Templo y lo dedicó a Jehová. La edificación comenzó en el cuarto año del reinado de Salomón, en el mes Zif correspondiente a abril-mayo de nuestro calendario y cuatrocientos ochenta años después de que los hijos de Israel fueron liberados de la esclavitud en Egipto. Tal edificación fue terminada en unos siete años (1 Reyes 6:1, 38). Cuando ya Salomón logra una estabilidad política y económica acompañada por la paz nacional y que todos sus enemigos estaban bajo sus pies, fue entonces el momento apropiado para la construcción del Templo (1 Reyes 5:1-4).

La edificación fue impresionante, con una logística de alcance que puede igualar a cualquier obra arquitectónica de hoy en día. La madera de cedro y ciprés se importaron del Líbano al igual que piedras grandes y costosas. Hiram, rey de Tiro, por la amistad y amor que tenía hacia David (v. 1b) no escatimó en ayudar a Salomón en todos los aspectos de dicha construcción. Fue una ayuda completa al proveerle personal para el corte y labranza de madera, oro para recubrir la casa por dentro y por fuera, transportación de los materiales al igual que albañiles para labrar las piedras (1 Reyes 5:7-18).

Los metales demostraban una gradación o nivel de santidad dependiendo del lugar en que fueron usados. El *oro*, material que simboliza a Dios, fue utilizado para recubrir la Casa por *dentro* y por fuera, a diferencia del bronce que fue utilizado en la construcción de los alrededores, en las puertas del frente y en la fabricación de los utensilios (1 Reyes 6: 16-22, 29-30; 7:27-50). En el lugar donde habitaba el *Arca* que simbolizaba la presencia de Dios se usó el oro también. La *madera de olivo*, árbol que representa la *paz*, fue utilizada en la construcción de los querubines en el Lugar Santísimo y en las puertas (v. 23, 31-33). Todas las piedras que se usaron llegaron al lugar del Templo ya labradas, de manera que no se oyó ruido alguno de martillo o herramienta de hierro (1 Reyes 6:7). Esta perfección en todo detalle de la edificación de tan magna estructura, bien puede referirse al cuerpo de Jesucristo que no sufrió corrupción (Hechos 2:27, 31; 13:34-35; cf. Salmo 16:10; 49:9; Hechos 13:35).

El Verdadero Templo de Dios

El Templo fue majestuoso y su inauguración y dedicación muy esplendorosa, resaltando el amor de Dios hacia la casa de David y la ciudad de Jerusalén (1 Reyes 8:1-66). La dedicación comenzó con el traslado del Arca al Templo en el mes séptimo o Etanim (septiembre-octubre), en el primer día de la fiesta de los Tabernáculos, ofreciendo a Dios cuantiosos sacrificios que *no se podían contar ni calcular* (v. 1-6). Después de haber puesto el Arca en el Lugar Santísimo, los sacerdotes salieron y la gloria de Dios, como una nube, llenó la Casa o Santuario (v. 10-11). El discurso presentado por Salomón para la ocasión fue de profunda espiritualidad y elegancia, demostrando que de verdad era un gran sabio y que tenía puesta toda su confianza en el Creador. En su disertación dejó claro que la Casa es un lugar de oración y para recibir perdón de Dios (v. 28-30, 33-39, 46-51), de justicia (v. 31-32) y aun para que los extranjeros tuvieran la oportunidad de buscar también el perdón de Jehová (v. 41-43).

El Templo con toda su grandeza y majestuosidad fue destruido por causa de la desviación de Salomón y sus sucesores. Su desobediencia a Dios fue muy desafiante: adoró a ídolos y tuvo muchas mujeres como esposas, pues ya Dios lo había exhortado de antemano a no hacer tales abominaciones (1 Reyes 9:3-9). El Templo fue destruido por los babilonios en el año 586 a.C. cuando se produjo la invasión a Jerusalén, que fue dejada en ruinas y su población judía llevada a Babilonia (2 Reyes 25:1-29). Más tarde fue reconstruido y dedicado en el año 516 a.C. por los judíos que regresaron del cautiverio. Esa casa física (Templo) donde habitaba la Gloria de Dios fue un símbolo que representa, primeramente, el cuerpo de Jesucristo quien fue clavado en la cruz y resucitado al tercer día para darnos el evangelio de salvación (Juan 2:17-22; 1 Corintios 15:1-4). También simboliza a Jesucristo unido a su iglesia que es su cuerpo (Efesios 5:23). *"Y Moisés a la verdad fue fiel en toda la casa de Dios, como siervo, para testimonio de lo que se iba a decir; pero Cristo, como hijo, sobre su casa. Y esa casa somos nosotros, con tal que retengamos firme hasta el fin la confianza y el gloriarnos en la esperanza"* (Hebreos 3:5-6).

13

Un Censo que Desató la Ira de Dios

"Después que David censó al pueblo, le pesó en su corazón."
(1 Reyes 1:1)

La marihuana es un narcótico que se sigue usando de manera ilegal pese a que su uso desenfrenado perjudica la salud de cualquier usuario. Su continuo uso puede desencadenar una conducta peligrosa y criminal. En algunos países ya se usa legalmente y con propósitos medicinales. Aun así no deja de ser una substancia peligrosa para el cuerpo humano. Dios ha creado fuerzas en la naturaleza que si nos descuidamos pueden afectarnos peligrosamente y hasta acabar con la vida. Un buen ejemplo que nos ayuda a comprender la gran sabiduría de Dios en la creación son los relámpagos que son peligrosos hasta el punto que si no los respetamos, en un descuido, nos pueden causar la muerte. Cuando relampaguea la electricidad que produce el rayo hace que las moléculas de nitrógeno (N_2), un gas atmosférico muy estable, necesario para el desarrollo de las plantas, se rompan y se conviertan en forma iónica. Como consecuencia de la energía generada, el nitrógeno y el agua (H_2O) reaccionan formando amoniaco (NH_3) y nitratos (NO_3). Con la caída de la lluvia estas dos substancias químicas son absorbidas y utilizadas por las plantas. ¡Oh sabiduría de Dios en la creación!

El profeta Isaías dice que Dios forma la *luz* y las *tinieblas*, también hace la *paz* y crea la *adversidad* (45:7). Dios es Todopoderoso y está en control de todas las cosas y nadie tiene que interrogarlo diciéndole ¿qué haces y por qué lo haces? En el capítulo 45:1-8, Isaías está refiriéndose al rey Ciro a quien Dios usó para la liberación de los judíos y el regreso a Jerusalén de quienes estaban exiliados en el imperio medo-persa. Ciro no era un rey israelita que adoraba a Dios, sin embargo, Jehová lo utilizó como herramienta para la salvación de los judíos.

Dios como soberano que es puede usar cualquier situación, buena o mala, para traer salvación y prosperidad a la humanidad o disciplinarnos. Lo que Él no hace por su naturaleza de amor es *actuar injustamente* (Salmo 92:15). La Biblia tiene muchos críticos especialmente cuando se leen historias donde Dios castiga fuertemente ordenando matar a los enemigos o desata las fuerzas de la naturaleza. Como dijo Pablo, "¿por qué inculpa?" Mi contestación a ese tipo de pregunta es que primeramente Dios es soberano y segundo, Él obra por amor y justicia.

Como padres, el amor nos lleva a que cuando nuestros hijos cometen errores actuemos diferente. En algunas faltas los disciplinamos y les imponemos cierto castigo después que han sido amonestados varias veces pero también sucede con algunas faltas o fracasos de ellos, que simplemente no emitimos palabra alguna, los abrazamos y sigue el silencio. Cuando el hijo pródigo, después de haber malgastado toda la herencia con sus amigotes y abandonado a su familia, regresó a casa de su padre y recibió un abrazo y una fiesta. No era momento para interrogar. Las historias donde Dios actúa con amor y misericordia abundan en la Escritura.

El Censo

Como consecuencia de que Israel hizo enojar a Dios, la Biblia dice que Dios incitó a David a hacer un censo de Israel y Judá (2 Samuel 24:1). Que Dios incitara a David a que lo hiciera no debe entenderse en el sentido de que lo estaba obligando. Quizás lo estaba probando como fue el caso de Abraham cuando Dios le instruye a que sacrificara a su hijo Isaac y que luego el Ángel de Dios interviene para que no lo hiciera, debido a que Abraham actuó con fe y obediencia (Génesis 22:1-18). Dios escogió a Judas para entregar a Su Hijo a los romanos para ser crucificado pero no lo estaba forzando. Judas tenía la libertad de rechazar tal acción.

Los censos se hacían con propósitos militares para demostrar el poder en la guerra y como una forma para cualquier nación de sentir un grado de independencia e intimidar a sus enemigos. En la época de Moisés se hicieron varios censos con el propósito de registrar a todos los varones mayores de veinte años, hábiles para salir a la guerra (Éxodo 38:26; Números 1:2; 26:2).

Cuando hablamos de tener fe en Dios significa depender y confiar en Él en cualquier situación y no en nuestros recursos o habilidades. El error del rico insensato fue que pensaba que con sus riquezas tenía su futuro asegurado y proclamaba con mucho orgullo: *"Alma, muchos bienes tienes guardados para muchos años; descansa, come, bebe y regocíjate"* (Lucas 12:19).

La Biblia enfatiza que las batallas son de Jehová (1 Samuel 17:47) y cuando Israel se enfrentaba a sus enemigos, estaba establecido, consultar primero a Jehová antes de salir a un conflicto bélico (1 Samuel 23:2; Jueces 20:23). Cuando Israel ganaba una batalla o una guerra no era debido a que tenía un gran ejército o a sus estrategias militares sino porque el Ángel de Jehová marchaba al frente de ellos. En las ocasiones en que la respuesta fue negativa y los israelitas marcharon hacia la guerra sin el consentimiento de Dios, los resultados fueron desastrosos (1 Samuel 13; 1 Crónicas 10:14).

Después que se terminó de hacer el censo, a David le pesó en su corazón y se arrepintió ante Jehová: *"He pecado gravemente por haber hecho esto; pero ahora, oh Jehová, te ruego que quites el pecado de tu siervo, porque he actuado muy neciamente"* (2 Samuel 24:10). Al día siguiente de su arrepentimiento, la Palabra de Dios vino a David por medio del profeta Gad quien detalló el castigo por haber hecho el censo. David tenía tres opciones para seleccionar: siete años de hambre sobre la tierra, huir por unos tres meses delante de sus enemigos o tres días de peste en la tierra (v. 12-13). El rey acepta la disciplina de Dios antes que caer en las manos de sus enemigos diciendo que *las misericordias de Jehová son muchas* (v. 14). Cuando la peste vino sobre la tierra por el tiempo señalado y empezó la mortandad, el Ángel de Jehová extendió su mano para destruir a la ciudad de Jerusalén y Dios le dijo al Ángel: *"Basta ya, detén tu mano"* (v. 16). *Las misericordias de Jehová se multiplicaron.*

El lugar donde se detuvo el Ángel fue en la era de Arauna (también llamado Ornán en 1 Crónicas 21: 18), el jebuseo, en donde David tomó toda responsabilidad por el castigo que estaba sufriendo el pueblo y le dijo a Dios: *"Yo pequé, yo hice lo malo; ¿qué hicieron estas ovejas? Te ruego que tu mano se vuelva contra mí y contra la casa de mi padre"* (2 Samuel 24:17). ¿Qué importancia tiene el hecho de que el Ángel de Jehová se posó sobre la era de Arauna el jebuseo? En esa *era,* un lugar plano, se separaba el grano de su cascara y es donde más tarde el rey Salomón edificó el Templo a Jehová y el altar de los sacrificios (1 Crónicas 21:8-22; 2 Crónicas 3:1). ¡Sabiduría de Dios en misterio!

Dios por medio del vidente Gad dijo a David que subiera a la era de Arauna y le construyera allí un altar. Él procede con una negociación con Arauna sobre el precio de dicho lugar (2 Samuel 24:18-25). El propósito de construir un altar y hacer sacrificios fue para que cesara la mortandad (1 Crónicas 21:22). Arauna por admiración hacia el rey se la ofrece gratuitamente. David no acepta tal proposición ya que para él, tratándose de que va a hacer un lugar para dedicárselo a Dios debe costarle el justo precio: *"No; la compraré por su precio; porque no ofreceré a Jehová, mi Dios, holocaustos que no me cuesten nada"* (2 Samuel 24:24). Y ese es el verdadero sentido y significado de un sacrificio. Dar u ofrecer algo que nos cueste. Pablo nos recuerda que hemos sido *comprados por precio,* la preciosa sangre de Jesucristo derramada para perdón de pecados (1 Corintios 6:20).

La ira de Jehová a causa de que David hizo el censo fue mitigada por el altar que hizo David en la era de Arauna. El sacrificio de Jesucristo terminó con la ira de Dios por todos los pecados del mundo (Romanos 5:9-10; 1 Tesalonicenses 1:10). El hecho de que Arauna quería ofrecer gratuitamente a David su era, lo cual él rechazó para que se ofreciesen los sacrificios y así la mortandad terminara significa que el esfuerzo humano para perdonar el pecado es ineficiente e inútil. Solo *la sangre de Cristo es eficaz.*

Jesucristo y el Censo

Yo encuentro algo misterioso y paralelo con el Mesías en esta historia del censo que sólo lo puedo entender con la misión de Cristo en la cruz al morir por el pecado. De acuerdo con lo que dice Samuel en su segundo libro (24:1) se establece de antemano que ya Dios había designado que David hiciera el censo. En la versión presentada en el primer libro de Crónicas (21:1) es *Satanás* quien incita a David a hacer dicho censo. Dios simplemente estaba actuando de acuerdo a su soberanía. Como dice Pablo, de *quien Dios quiere,* tiene misericordia y al que *quiere endurecer,* endurece (Romanos 9:18).

De tal aseveración no podemos concluir primero, que haya injusticia en Dios y segundo, que el Espíritu Santo se contradiga. El hecho que Dios le pidió al rey David que construyera un altar para acabar con la mortandad y que en ese mismo lugar, más tarde, el rey Salomón construyó el Templo y el Altar de los sacrificios, es indicación de que se estaba prefigurando la muerte de Cristo como única ofrenda por el pecado (Hebreos 10:11-12). Aunque parezca contradictorio, en el sacrificio de Jesucristo hubo una confluencia de la ira de Dios a causa del pecado del mundo y el poder satánico. Al igual que David, quien fue influenciado por Dios y Satanás a hacer un censo, algo común para un rey, Jesucristo (previo a su muerte en la cruz) fue abandonado por Su Padre, cargó en Él el pecado del mundo, fue fustigado y matado por las huestes de oscuridad usando a Judas como instrumento (Mateo 26:46; Juan 13:26-27).

Un censo que provocó la ira de Jehová castigando con una plaga de mortandad por tal acción a su pueblo y un altar que se construye para hacer sacrificios para aplacar dicha ira. El Templo se construye en el mismo lugar del altar construido por David prefigurando al cuerpo de Cristo como sacrificio por el pecado. Ahora bien, tanto el *Templo como el cuerpo de Cristo* cumplieron con su propósito de acuerdo a la voluntad de Dios y fueron destruidos como el mismo Cristo lo manifestó (Juan 2:19-21). Ya el profeta Isaías había anunciado que Jesús sería *molido por nuestros pecados* (Isaías 53:5) y Él dijo del Templo en Jerusalén que, *"no quedaría piedra sobre piedra"* (Mateo 24:2). ¡Todo estaba proféticamente computado!

14

Una Virgen para el Rey

"Cuando el rey David era viejo y avanzado en días, lo
cubrían de ropas, pero no se calentaba."
(1 Reyes 1:1)

El plan de Dios para salvar a la humanidad, confeccionado antes de la fundación del universo se puede resumir brevemente en tres pasos. *Primero*, la Divinidad se encarnó y habitó entre los seres humanos, esto es, Jesucristo hombre (Juan 1:1, 14) quien murió y resucitó de acuerdo a las Escrituras. *Segundo*, el Hijo de Dios tenía que ser declarado sumo Sacerdote para poder llegar a ser el intercesor entre Dios y los hombres (1 Timoteo 2:5; Hebreos 7:26-27; 8:1). Y *por último* Jesús tenía que lograr coronarse como Rey de reyes y Señor de señores, no por decreto o señalamiento, sino por una victoria contundente sobre el enemigo más poderoso en el mundo, a quien la Biblia señala como Satanás o adversario (Hebreos 2:14).

El personaje más citado en el Nuevo Testamento con referencia al Mesías es el rey David. Muchos siglos antes del nacimiento de David Dios había profetizado a Abraham que de su descendencia saldrían *naciones* y *reyes* (Génesis 17:6, 16). También Moisés anunció al pueblo que en el futuro tendrían un rey como gobernante (Deuteronomio 17:14-20). Era pues necesario que para demostrar que Jesús es el Ungido de Dios y llegar a ser el Rey su descendencia tenía que ser establecida desde una genealogía real, morir, resucitar y sentarse a la derecha en el Trono de Su Padre desde donde pone a sus enemigos como estrado de sus pies (Mateo 1:1, 1 Corintios 15:25).

Cuando el ángel Gabriel da el anuncio del nacimiento de Jesús a la virgen María a través de una salutación ella quedó turbada al oír su voz y el ángel le dice que no temiera porque había hallado gracia delante de Dios. Enseguida le informa que su hijo que va a dar a luz será llamado "Hijo del Altísimo" y "Él Señor Dios le dará el trono de David" *para siempre* (Lucas 1:28-33). Así se cumplía lo que ya de antemano el mismo David profetizó concerniente al reinado *eterno* del Cristo quien derrotó sin duda alguna al poder satánico y llegó a ser proclamado Rey de reyes y Señor de señores. Jesucristo, al igual que David, tenía que vencer a todos sus enemigos hasta *ponerlos por estrado de sus pies.* No había lugar para intermedios o revanchas. Era llegar al Trono de Dios cómo todo un campeón universal, ¡o *nada!* (Salmo 110:1; 1 Corintios 15:25-27; Apocalipsis 17:14).

Antes que muriera David, que también era profeta, tuvo conocimiento de Jesús como el que se sentaría en el trono *eternamente.* No sólo recibió tal noticia, sino que lo vio y habló de la resurrección de Cristo (Hechos 2:29-31). ¿Cómo se puede entender que David haya oído de la resurrección de Jesús si nunca lo conoció? En sus últimos días él dio instrucciones a su hijo Salomón concerniente a la administración del reinado y acerca del futuro de la dinastía davídica, diciéndole: *"Sin embargo, Jehová, el Dios de Israel, me eligió de entre toda la casa de mi padre,* **para que fuera rey de Israel perpetuamente;** *porque a Judá escogió para ser caudillo, y de la casa de Judá a la familia de mi padre; y de entre los hijos de mi padre se agradó de mí para ponerme por rey sobre todo Israel."* (1 Crónicas 28:4 énfasis mío).

Yo creo que David oró cuando recibió esta revelación de parte de Dios. Por un tiempo quedó perplejo, quizás brincó y danzó como acostumbraba hacerlo para demostrar su alegría. Es posible que después de un corto tiempo quedó en silencio y se diría a sí mismo, "voy a ser rey eternamente, ¡eternamente, eternamente!" Me imagino que después de haberse frotado su cara con sus manos muchas veces, él aceptó que Dios no se estaba refiriendo a él sino a algún personaje celestial al cual Dios enviaría a la tierra en el futuro.

David y Cristo

La semejanza entre David y Jesús es muy notable en la historia bíblica y la encontramos detallada en el desarrollo de la dinastía davídica. La persecución desmedida que desató el primer rey de Israel, Saúl, contra David quien ya había sido ungido como el rey de Israel en propiedad prefiguró el rechazo a Jesucristo quien desde niño experimentó la persecución hasta su muerte. Desde la niñez el Hijo de Dios fue perseguido siendo el rey Herodes quien lo buscaba para matarlo (Mateo 2:13-15). Al comienzo de su ministerio a los treinta años tuvo un enfrentamiento cara cara con Satanás al ser tentado por cuarenta días. En adelante, el pueblo judío encabezado por las ramas religiosas de fariseos y saduceos que lo acusaban de ser un falso, continuaron el ataque porque Jesucristo les declaraba que Él es el Hijo de Dios (Juan 5:18).

David fue un rey que sobresalió sobre todos los reyes de Israel y Judá. En las artes de la guerra era incomparable. A los enemigos, principalmente a los filisteos, los enfrentaba con celo y determinación de exterminarlos. No hubo una batalla o guerra, a diferencia de Saúl, en la cual el miedo o la falta de fe en Dios lo traicionaran. Su éxito radicaba en la confianza que depositaba en Jehová consultándole antes de presentarse con su ejército al frente de la batalla. Después que muere Saúl, David fue proclamado rey (a los treinta años) e inició su reinado con una nota alta pues dice la Escritura, *"E iba David adelantando y engrandeciéndose, y Jehová Dios de los ejércitos estaba con él"* (2 Samuel 5:10). Cristo también comenzó su ministerio terrenal a la misma edad, pero a la edad de doce años, se dice que: *"Y Jesús crecía en sabiduría, en estatura y en gracia para con Dios y los hombres"* (Lucas 2:54).

Jesús después de ser bautizado y declarado Hijo de Dios por una voz celestial, fue llevado por el Espíritu Santo al desierto para ser tentado por Satanás durante unos cuarenta días y luego de haber sufrido tal ataque satánico dice la Biblia que los ángeles le servían (Mateo 3:11). Desde niño hasta que se enfrentó a la muerte, Jesús estuvo fortalecido por el poder de Dios (Lucas 2:40; 22:43). La guerra sin tregua que peleó Jesucristo no fue contra los judíos o el imperio romano sino con las legiones demoniacas a las que tenía que derrotar para ser declarado Rey (Mateo 12:27-30; cf. Hebreos 2:14).

David logró que Israel tuviera un respiro de tranquilidad como un preámbulo al reinado de Salomón, quien reinó durante toda la época de oro en la historia de Israel. Sus enemigos fueron doblegados. Hubo prosperidad y militarmente tuvieron un poderío inigualable, que fue la envidia de sus vecinos y que la Biblia lo describe como un ejército celestial: *"Cada día le llegaba ayuda a David, hasta que se formó un gran ejército, como un ejército de Dios"* (1 Crónicas 12:22). Fueron tiempos de mucha paz y tranquilidad porque en Israel había *alegría* (v. 40b). Jesucristo, *por el gozo puesto delante de Él,* triunfó sobre los enemigos, la muerte y el pecado. Nos ha dado vida en abundancia y Él es nuestra paz verdadera y, con quien Dios nos ha hecho sentar en lugares celestiales (Efesios 2:6, 14-18; Hebreos 12:2).

Algunos de los títulos o nombres de Jesucristo en el Nuevo Testamento están directamente relacionados con David. Jesús es el *hijo de David* (Mateo 1:1; Lucas 20:41-44) cumpliéndose la promesa hecha en el pacto davídico de que el Mesías ocuparía el trono de David eternamente (2 Samuel 7:12-13; Salmo 89:3-4; Isaías 11:1).

En el libro de Apocalipsis se presenta a Jesucristo como la raíz procedente del linaje de David (Apocalipsis 22:16; cf. 5:5). En el mensaje a la iglesia de Filadelfia Jesucristo se identifica como el *"Santo, el Verdadero, el que tiene la llave de David, el que abre y ninguno cierra, y cierra y ninguno abre"* (Apocalipsis 3:7). El símbolo de poseer una llave significa poder y autoridad que aplica directamente a Jesús pues después de haber resucitado y antes de subir al cielo con Su Padre recibió tal otorgamiento: *"Jesús se acercó y les habló diciendo: «Toda potestad me es dada en el cielo y en la tierra"* (Mateo 28:18).

Una Virgen al lado del Rey

"Cuando el rey David era viejo y avanzado en días, lo cubrían de ropas, pero no se calentaba. Le dijeron, por tanto, sus siervos: «Busquen para mi señor, el rey, una joven virgen que lo atienda y lo abrigue, que duerma a su lado y así mi señor, el rey, entrará en calor.»" (1 Reyes 1:1-2).

Un pensamiento que David pronunció en sus últimas palabras a su hijo Salomón fue: *"Yo sigo el camino de todos en la tierra"* (1 Reyes 2:2). Ese pronunciamiento nos ayuda a enfrentar con algo de optimismo los días o el momento antes de partir de este mundo. Como dice un dicho popular, unos van adelante y otros quedan atrás.

El sabio Salomón hablaba del arribo de *"los años de los cuales digas: «No tengo en ellos contentamiento»"* (Eclesiastés 12:1a). Y aunque también Salomón dijo que *no tenemos potestad sobre el día de la muerte y que no valen armas en tal guerra* (Eclesiastés 8:8) en la cultura hispanoamericana se interpreta el deceso humano como una acción desafortunada, como una batalla perdida. Independientemente de nuestra cultura, si hemos creído en aquel que ha vencido la muerte y a Satanás, Jesucristo el Salvador, debemos decir como Pablo *"para mí el vivir es Cristo y el morir, ganancia"* y añade *"Pero si el vivir en la carne resulta para mí en beneficio de la obra, no sé entonces qué escoger: De ambas cosas estoy puesto en estrecho, teniendo deseo de partir y estar con Cristo, lo cual es muchísimo mejor"* (Filipenses 1:21-23).

David, en sus últimos días, no sólo experimentó momentos de poco contentamiento sino que su cuerpo ya no producía suficiente calor para sentirse cómodo. El remedio para solucionar ese problema vino de sus ayudantes con una sugerencia que a primera vista hoy en día nos parece una exageración. En aquella época era algo muy normal que se consiguiera una mujer virgen para proveerle calor al cuerpo de un anciano como lo aconseja el proverbista cuando dice que, *si dos duermen juntos se calientan mutuamente* (Eclesiastés 4:11).

Aunque nos parezca extraña y hasta cierto punto ridículo, ese remedio e historia fue inspirada por el Espíritu Santo al igual que toda la Escritura (2 Timoteo 3:16; 1 Pedro 1:21). Y si aceptamos que el Espíritu de Dios es el autor de la Escritura entonces tal acontecimiento fue incluido con un propósito y relevancia para enseñarnos sobre los planes futuros de Dios para bendecir a la humanidad a través del Mesías.

En la hermenéutica o interpretación bíblica del judaísmo encontramos cuatro métodos a seguir en el estudio y exégesis de un pasaje bíblico:

1) *P'shat*: Significa que cuando leemos un pasaje bíblico aceptamos lo que dice sin tratar de imponer nuestro conocimiento o ideas ya almacenadas en nuestra mente. Es considerar el pasaje como si lo estuviéramos leyendo por primera vez, con la actitud de aceptar lo que simplemente dice y dejar que el cerebro lo almacene y procese sin forzar la información recibida a que nos apruebe o refuerce nuestras creencias. La mayoría de los judíos como una costumbre y mandamiento hasta el día de hoy acostumbran leer la Biblia diariamente. Es su principal método de estudiar la Biblia para entenderla.

2) *D'rash* (derash): Esto significa que hay que hacer un estudio más profundo que simplemente leer, como Jesucristo dijo a los judíos: *"Escrudiñad las Escrituras"* (Juan 5:39). Dios nos recompensa cuando le buscamos con ahínco a través de Su Palabra (Hebreos 11:6).

3) *Remez*: Es considerar un pasaje de manera simbólica como una alegoría para tratar de explicarlo en una forma más simple y que el estudiante pueda entenderlo claramente. Pablo utilizó

alegorías para enseñar a la iglesia en Galacia sobre los dos pactos (Gálatas 4:21-31).

4) *Sod*: En este método se busca lo secreto en el pasaje haciendo uso del misticismo judío. Los rabinos consideran que cada historia o pasaje bíblico encierra algún secreto; algo misterioso o escondido entre líneas que es necesario meditar y profundizar para encontrarlo.

Esta historia de una virgen, Abisag, calentando al rey como un remedio casero tiene un significado más allá de ser meramente un tratamiento médico. El Espíritu Santo no iba a revelar este hecho en los últimos días de David como una noticia en un programa noticioso que apela a las emociones con el fin de aumentar la audiencia o *rating*. No fue un chispoteo a última hora. Lo que el Espíritu Santo revela es *Palabra de Dios*. No es para rellenar o completar segmentos. Son profecías con mensajes para que el plan de salvación se cumpla.

Los últimos días de David también prefiguran ciertos aspectos del Mesías. Ya el estado físico del cuerpo de David era frágil. Todo aquel poder de guerrero y sus fuerzas inagotables se habían esfumado. Ahora sus mismos ayudantes le ordenan lo que tiene que hacer siendo que todavía era el rey israelita. Su deseo sexual había llegado a su fin y una virgen a su lado no le hizo sentir aquel deseo incontrolable que lo impulsó a tomar atrevidamente a Betsabé. Aquel imponente rey guerrero atraído por las mujeres ahora lo vemos como un niño cuidado por una virgen hermosa y atractiva que no le hace despertar el apetito sexual. *Es una escena de amor*. De amor puro y compasivo como el amor de Cristo por su iglesia por quien se entregó y la purificó con su sangre derramada en la cruz. Pablo nos exhorta: *"Maridos, amad a vuestras mujeres, así como Cristo amó a la iglesia y se entregó a sí mismo por ella," y "a fin de presentársela a sí mismo, una iglesia gloriosa, que no tuviera mancha ni arruga ni cosa semejante, sino que fuera santa y sin mancha"* (Efesios 5:25, 27).

Al final del trayecto el cuerpo de David, siendo representativo del de Cristo, tenía que ser puro pues era necesario que la Escritura se cumpliera en cuanto a la incorrupción del cuerpo del Hijo de Dios. El cuerpo de David fue golpeado por el pecado duramente. El de Cristo también pues en él, Dios cargó el pecado de la humanidad aunque Jesucristo no cometió falta alguna. David recibió revelación de Dios en cuanto al cuerpo de Su Hijo como algo especial y diferente ya que se trataba de quien iba a reinar eternamente. Así Lucas da testimonio de ello: *"viéndolo antes, habló de la resurrección de Cristo, que su alma no fue dejada en el Hades ni su carne vio corrupción"* (Hechos 2:31). Una revelación que sin lugar a duda dejó a David con los ojos abiertos como un niño cuando le ofrecen dulces o un juguete.

Jesucristo dijo que tenemos que volvernos como niños para poder entrar al reino de los cielos. David se convirtió en niño antes de partir de este mundo. *Una virgen para el rey*, una escena de amor del bueno, no carnal, puro y sin mancha. Jesús abrazando a su esposa, la iglesia, limpiada por su preciosa sangre. ¡Oh sabiduría de Dios en misterio!

15

Moisés, Elías y Jesucristo

"Y se les aparecieron Moisés y Elías, que hablaban con él"
(Mateo 17:3).

En un examen diligente de los hechos históricos y de las obras maravillosas a través de la Biblia podemos situar la *transfiguración de Jesucristo* entre las más importantes, digamos las primeras cinco: La creación del universo, la salida de los israelitas de Egipto, el recibimiento de los Diez Mandamientos en el monte Sinaí, la transfiguración y la resurrección de Jesús. Ese es mi *top five* o lista de los cinco eventos más sobresalientes en la Escritura.

El último versículo del capítulo 16 del evangelio según Mateo, antes del comienzo de la narración de la transfiguración, nos ayuda a entender por qué Jesús se transformó delante de sus tres discípulos: Pedro, Jacobo y su hermano Juan. El pasaje dice: *"De cierto os digo que hay algunos de los que están aquí que no gustarán la muerte hasta que hayan visto al Hijo del hombre viniendo en su Reino"*. Estos discípulos fueron los mismos que llevó al Getsemaní, un huerto en el monte de los olivos, para orar en su angustia la noche antes de ser entregado pero por desgracia el sueño los venció (Mateo 26:37; Marcos 14:33).

Dios quiso presentarles a esos tres discípulos un adelanto a manera de videoclip de lo que es el reino de los cielos. *Una probadita.* Una muestra del reino que Cristo les anunciaba y repetía tantas veces diciéndoles, *"el reino de Dios se ha acercado."* Pedro, el impulsivo, quedó estupefacto y como era ya su costumbre de ser el primero haciendo preguntas al Maestro hizo la siguiente sugerencia: «*Señor, bueno es para nosotros que estemos aquí; si quieres, haremos aquí tres enramadas: una para ti, otra para Moisés y otra para Elías.*» (Mateo 17:4). ¡Fue su día en Disney World!

La Transfiguración de Jesucristo

Jesús se transfiguró en un ser divino abandonando por un corto tiempo su estado físico y terrenal. *Su rostro como el sol* es una expresión que aparece en la Biblia para describir la Gloria de Dios. Cuando Moisés subió al Monte Sinaí para recibir los Diez Mandamientos su rostro se volvió radiante y resplandeciente, a tal extremo, que tenía que ponerse un velo sobre su cara porque los hijos de Israel no podían mirarlo (Éxodo 34:29-35).

El profeta Ezequiel estando en medio de los cautivos judíos en Babilonia junto al río Quebar tuvo varias visiones de la Gloria de Dios: Los elementos descriptivos que sobresalen son: el viento, una gran nube y fuego muy resplandeciente del cual salían relámpagos con gran resplandor semejante al *arco iris en día de lluvia* (Ezequiel 1:1-28).

En el libro de Apocalipsis el rostro de Jesús es semejante al sol cuando *resplandece con toda su fuerza* (1:16). También se describe a Cristo con la unión de cuatro imágenes para producir un ser con características divinas y celestiales descendiendo desde el cielo. Envuelto en una nube, un arco iris sobre su cabeza, su rostro como el sol y sus pies parecidos a columnas de fuego (10:1).

En la *transfiguración* no sólo su rostro resplandece sino que su vestimenta se hizo blanca como la luz, de acuerdo a la versión de Mateo (17:2b).

La versión de Marcos es mucho más descriptiva: *"Sus vestidos se volvieron resplandecientes, muy blancos, como la nieve, tanto que ningún lavador en la tierra los puede dejar tan blancos"* (Marcos 9:3). Lucas nos dice que mientras Cristo *oraba* su rostro *cambió*, y sus vestidos se volvieron blancos y resplandecientes (Lucas 9:29).

Moisés y Elías: Hombres Celosos de Dios

De Moisés se dice que fue el más grande de todos los profetas y de él se señala que Jehová lo conoció cara a cara (Deuteronomio 34:10). En el momento quizás más crítico de su vida, cuando sus propios hermanos Aarón y María murmuraron contra él por haber tomado una mujer cusita, la Escritura resalta que Moisés era el hombre más *manso* sobre la tierra (Números 12:1-3). Es posible que tal señalamiento fuera pronunciado como muestra de que Moisés se había *arrepentido* de su pecado de adulterio. Ese hombre manso prefiguró al Mesías quien, *"Cuando lo maldecían, no respondía con maldición; cuando padecía, no amenazaba, sino que encomendaba la causa al que juzga justamente"* (1 Pedro 2:23). El mismo Moisés dijo a los israelitas que Dios levantaría un profeta de la talla de él (Moisés) para que oyeran su voz, esto es, a Jesucristo (Deuteronomio 18:15-19; cf. Hechos 3:22-23).

Elías profetizó en el reino del norte o de Israel durante el reinado de Acab, un rey empedernido quien se dejó influenciar por su mujer Jezabel, la cual hizo que se adorara a otros dioses en la tierra Prometida. Elías fue un hombre de convicción. Valiente, atrevido y celoso de Dios y su Ley. Un hombre excepcional, capaz de enfrentar a cualquier oponente a la adoración a Jehová. Desafió al dios Baal venerado por Jezabel a la cual estimó muy poco cuando él encorraló y mató a los profetas que servían a Baal para demostrarle a ella y a todos los que adoraban al dios pagano que el único Dios es Jehová (1 Reyes 18:20-45).

Un encuentro entre dos personajes cuyos nombres representaban a los dioses que servían y adoraban: Jezabel y Elías. El nombre Jezabel, significa *¿Dónde está la gloria o el dominio?* Su padre se llamaba Et-baal, que quiere decir *protegido de Baal.* El profeta *Elías* era un hombre muy celoso de Dios e hizo honor a su nombre, el cual significa "Jehová es mi Dios" (1 Reyes 18:39).

El profeta Elías realizó uno de los milagros más extraordinarios en la Biblia. Se desató una hambruna en los días de una gran sequía en Israel y Jehová lo envió a Sidón a un lugar llamado Sarepta donde se encontraba una viuda y su hijo. Ellos ya estaban listos para comer lo único que poseían antes de morir: un poco de harina y un poco de aceite en una tinaja. Simplemente la palabra de parte del profeta a la viuda fue que cocinara unas tortas con lo poco de harina y aceite que tenía pero que le diera primero a él y luego comiera ella y su hijo. Y así procedió ella. La Palabra dice que nunca más faltó la *harina* y el *aceite* en su casa mientras duró la sequía (1 Reyes 17:8-18).

Enseñanza en la Transfiguración

Un dato interesante de la muerte de los tres personajes en la transfiguración es que fueron enterrados y sus cuerpos no descansan en la tierra ni se conoce con exactitud el *lugar de sus sepulcros.* Los fundadores de las diferentes religiones han muerto, han sido sepultados y se *conoce* el lugar donde permanecen sus huesos. Todavía permanecerán en la tierra hasta que suceda la resurrección de todos, vivos y muertos. No sucedió así con los tres grandes: Moisés, Elías y Jesucristo.

En la reseña sobre la muerte de Moisés se dice que ninguno conoce el lugar de su sepultura hasta hoy (Deuteronomio 34:6b). Elías no experimentó la muerte pues la Biblia dice que subió al cielo en un torbellino (2 Reyes 2:12). Y de *Jesucristo* se dice que su lugar de sepultura fue visitado el primer día de la semana por unas mujeres y por dos de sus discípulos, tres días después de haber sido sepultado y lo que encontraron fue una tumba vacía. La piedra de su sepulcro estaba removida y no hallaron el cuerpo del Señor Jesús (Lucas 24:1-3; Mateo 28:5-6; Marcos 16:6; Juan 20:1-10). ¡Sabiduría de Dios en misterio!

La Escritura nos enseña que a Dios le pertenecen el alma, el cuerpo y el espíritu de sus hijos. Jesucristo nos manda que amemos a Dios con el corazón, con toda el alma y con toda la mente (Mateo 22:37). El apóstol Pablo añade diciendo que nuestro cuerpo es templo del Dios viviente (2 Corintios 6:16).

Abraham dio sepultura a su esposa Sara en la cueva de la heredad de Macpela, lugar situado al oriente de Manre o Hebrón en la tierra Prometida (Génesis 23:9, 19) donde también él mismo fue sepultado. Allí también fueron enterrados los patriarcas Isaac, hijo de Abraham con su esposa Rebeca, al igual que Jacob y Lea (Génesis 25:9-10; 35:29; 47:28-31; 49:29-33; 50:12-13). José, uno de los hijos de Jacob, quien llegó a ser el segundo hombre del faraón en Egipto, antes de morir dio órdenes acerca de sus huesos que no quedaran en el país egipcio y que al salir los israelitas de la esclavitud en Egipto, se los llevaran y más tarde los enterraran en la tierra Prometida (50:25; Éxodo 13:19; Josué 24:32; cf. Hebreos 11:22). ¿Por qué estos patriarcas no permitieron ser sepultados en tierra extranjera? De acuerdo al autor de la carta a los Hebreos, todos ellos anhelaban y buscaban una patria mejor o celestial y por lo tanto sus huesos descansaron en lugares identificados o designados por Dios (Hebreos 11:13-16).

Tradicionalmente se ha interpretado que la aparición de Moisés y Elías cuando Jesús se transfiguró delante de Pedro, Jacobo y su hermano Juan simboliza épocas bíblicas. Se dice que Moisés representa la Ley. Elías a los profetas y Jesucristo al evangelio y la gracia de Dios como el único camino hacia la salvación (Juan 1:17). Jesús representa *todo* pues en Él habita toda la plenitud de la *Divinidad* y en Él descansa todo el universo (Colosenses 1:16-17; 2:9; Hebreos 1:2-3).

La escena de la transfiguración es un recordatorio de que el Reino de Dios no es de este mundo como Jesucristo mismo lo manifestó (Juan

18:36). Jesús dijo a sus discípulos que iba a preparar un lugar celestial para todos los que creen y le obedecen: *"En la casa de mi Padre muchas moradas hay; si así no fuera, yo os lo hubiera dicho; voy, pues, a preparar lugar para vosotros"* (Juan 14:2). Pablo escribió a los efesios que ya Dios nos ha hecho sentar en *lugares celestiales* con Jesucristo (Efesios 2:6) y también dijo que como cristianos nuestra ciudadanía no es terrenal sino celestial: *"Pero nuestra ciudadanía está en los cielos, de donde también esperamos al Salvador, al Señor Jesucristo"* (Filipenses 3:20). No somos ni de aquí ni de allá, somos *del cielo*. ¡Qué detonen todas las bombas atómicas y nucleares cuando quieran que yo me voy a echar un buen sueño!

16

Salomón y Cristo

"porque ella vino desde los confines de la tierra para oír la sabiduría de Salomón, y en este lugar hay alguien que es más que Salomón."
(Lucas 11:31).

En un reportaje televisivo que se originaba desde un lugar muy exclusivo al frente de la playa, el reportero, mientras observaba a la gente en un estado de quietud, hizo el comentario de que todos los que se encontraban en el lugar eran personas de negocios y muy ricas. Al concluir dicho reportaje dijo que los presentes no sonreían y se notaban algo preocupados. Y sí, se podía observar que algo les inquietaba y no era un ataque terrorista. Como dice la escritura, *"al rico no le deja dormir la abundancia"* (Eclesiastés 5:12b). No me puedo imaginar cómo es la vida cuando se posee tanta riqueza y creo que ya a mi edad no lograré comprenderlo. En mi caso, me encuentro ante la triste realidad que ya la lista de los millonarios se llenó.

El personaje de Salomón en la Biblia es uno de extremos. Sus riquezas sobrepasaron las de cualquier rico en su tiempo y llegó a tener tanto oro que la plata no era *apreciada* (1 Reyes 10:21, 23).

Las edificaciones hechas por él fueron muchas y con los mejores materiales incluyendo el oro, siendo el Templo, que lo dedicó a Jehová, el más sobresaliente. También construyó la casa real, una casa en el bosque del Líbano, un gran trono de marfil cubierto de oro y una casa a su esposa, hija del faraón. También poseía unos doscientos escudos grandes de oro batido (1 Reyes 10:14-25). No sólo fue rico sino que su fama lo hizo ser el hombre más admirado en su época, a tal extremo que toda *la tierra buscaba ver su rostro* y quizás pedirle su autógrafo (v. 24).

La reina de Sabá, antiguo reino al sudoeste de la península arábica, en la actualidad, Yemen, oyó de la fama de Salomón y le intrigó tanto que le hizo una visita protocolaria. Luego de presenciar toda la sabiduría y fama de Salomón exclamó diciendo que *"ni aun la mitad de la grandeza de tu sabiduría me había sido dicha, pues tú superas la fama que yo había oído"* (2 Crónicas 9:6b).

Como sucedió con la mayoría de los patriarcas, Salomón no fue la excepción. Sus dificultades, no muy pequeñas, lo hicieron tambalear y echó a perder todo lo logrado y la fidelidad que había prometido a Dios. Al final de la carrera lo importante no es cómo *empezamos* sino cómo *terminamos*. Todo aquel oro que utilizó en sus edificaciones fue llevado por los babilonios cuando éstos invadieron a Jerusalén y la quemaron (2 Crónicas 36:17-19). La gloria de Dios, que había llenado el Templo después que Salomón terminó la dedicación del mismo, desapareció como el roció de la mañana y Judá vino a ser un lugar de tristeza y lamento (1 Reyes 8:11; Lamentaciones 2:5).

En ocasiones oímos reportajes noticiosos que nos informan de las exigencias de los cantantes cuando ofrecen un concierto. Los excesos son muchos. Si acostumbran a tomar bebidas gaseosas demandan que en el camerino tengan disponible unas treinta o cuarenta cajas. Si su predilección son los jugos de fruta quieren las mismas cantidades y de cualquier otro antojo, la misma cantidad. Los médicos nos aconsejan que como máximo tomemos unos ocho vasos de agua diariamente, más de esto es innecesario y, aunque parezca extraño, puede causar intoxicación por exceso de líquidos en el cuerpo causando la eliminación de algunos minerales. ¡Todo tiene su límite!

Salomón no se quedó atrás. Sus excesos y apetitos de la carne sobrepasaban a los de cualquier celebridad del mundo artístico. El oro, la plata, artículos de construcción, especias aromáticas, vestimenta y hasta caballos fueron en abundancia y de lo mejor. Dice la Biblia que nuestra vida en la Tierra es muy corta. Moisés, autor del salmo 90, habla de la brevedad de la vida: *"Los días de nuestra edad son setenta años. Si en los más robustos son ochenta años, con todo, su fortaleza es molestia y trabajo, porque pronto pasan y volamos"* (v. 10). Él pide en oración a Dios a que nos enseñe a vivir de manera que añadamos sabiduría a nuestra vida (v. 12). Es una verdad científica que la poca calidad de la alimentación y los excesos acortan nuestros días en la tierra.

Muchas Mujeres

En una ocasión visité una sinagoga mesiánica durante la celebración de la fiesta de Purim en la cual se conmemora la liberación de los judíos de la destrucción que había planificado el maldito Amán, oficial en la corte del rey persa, Asuero. Como una tradición en esta fiesta las niñas y niños se visten imitando a un personaje bíblico de su preferencia. El rabino como parte de la ceremonia entrevista a los niños para que describan el personaje que representan. En esa ocasión el rabino le preguntó a una niñita, cuya vestimenta era muy bonita, a qué personaje estaba imitando. La pequeña contestó con mucha inocencia que se había vestido como una de las esposas de Salomón. ¡Qué ingenuidad tienen los niños que nos hacen tan felices!

La vida familiar de Salomón no fue muy diferente a la de su padre, el rey David. En cuanto a sus apetitos sexuales imitó a su padre batiendo su récord por un largo tramo. Ya de por sí tener una sola mujer es una tarea de larga envergadura especialmente cuando llega su cumpleaños, aniversario o el día de San Valentín. ¡Qué mucho oro tuvo que vender Salomón! La Escritura dice que él tuvo setecientas mujeres reinas y trecientas concubinas (1 Reyes 11:3). Quizás, al final de la ceremonia con su última esposa, en el momento de pronunciar las tradicionales palabras de aceptación matrimonial, *sí yo la acepto*, simplemente asintió levantando su mano.

Nuestras acciones, buenas o malas, nos dan sorpresas en el futuro y como dijo Moisés al pueblo israelita, tarde o temprano *vuestro pecado os alcanzará* (Números 32:23b). Salomón por ser rey le era permitido tener más de una mujer de acuerdo a las instrucciones acerca de elegir a un rey: *"Tampoco deberá tener muchas mujeres, para que su corazón no se desvíe; ni amontonará para sí demasiada plata ni oro"* (Deuteronomio 17:17). Y fueron precisamente las muchas mujeres quienes lo llevaron al pecado que más hace enojar a Dios, la *idolatría*.

Nadie quiere tener rivales. Una esposa no quiere que su esposo admire y desee a otras mujeres. A un padre no le gusta que sus hijos tengan a alguien como protector y Dios no acepta que sus hijos adoren ídolos. Como dijo el profeta Isaías, los ídolos o las imágenes *no ven ni entienden* (Isaías 44:9).

La vida de Salomón, rey sabio y siervo de Dios, cuyo amor por su Creador era su pasión y que no escatimó cosa alguna para agradarle, al final de su vida terminó trágicamente apartándose de su Creador cuando ya sus fuerzas habían menoscabado. Dice la Palabra que *"Cuando Salomón era ya viejo, sus mujeres le inclinaron el corazón tras dioses ajenos, y su corazón no era ya perfecto para con Jehová, su Dios, como el corazón de su padre David"* (1 Reyes 11:4).

Y nos preguntamos: ¿Por qué tanta riqueza, fama y mujeres para un rey y siervo de Dios, cuya responsabilidad primordial era dirigir y velar que los israelitas cumplieran la ley Dios? La mayoría de los patriarcas y los líderes en el Nuevo Testamento fueron adiestrados para enfrentar las necesidades del diario vivir y se movieron entre la escasez y riquezas que Dios les permitió tener para disfrutar la vida con sabiduría. Pablo dijo: *"Sé vivir humildemente y sé tener abundancia; en todo y por todo estoy enseñado, así para estar saciado como para tener hambre, así para tener abundancia como para padecer necesidad"* (Filipenses 4:12). Jesucristo, siendo el Hijo de Dios y heredero de todas las cosas dijo que no tenía donde recostar su cabeza. Su misión en este mundo fue muy clara, *vino a buscar y a salvar lo que se había perdido*, esto es, al ser humano (Lucas 19:10).

El Engaño de las Riquezas

¿Por qué Dios bendijo a Salomón con tantas riquezas y fama en una forma incomparable a todos los reyes de aquella época? Considerando que Salomón era a quien Dios escogió para hacer el Templo y afirmar el reino de David eternamente, esto es, un tipo de Cristo, ¿era necesario enriquecer a Salomón a tal extremo? Quizás las mismas palabras de Salomón después de haber vivido y examinado todo lo creado bajo el sol nos arrojan luz para entender las intenciones de Dios al trazar la descendencia genealógica del Mesías. Él concluyó que todo es vanidad y que al final lo que importa es temer a Dios y guardar sus mandamientos (Eclesiastés 12:13).

Dios, con Salomón, estaba preparando el terreno para la venida de Cristo, para enseñarnos la vanidad de la vida cuando la confianza está puesta en lo visible y que todo esfuerzo humano es inútil para alcanzar la salvación. Solo el sacrificio de Jesús en la cruz es lo que nos hace ser parte de la Divinidad y herederos con su Hijo.

El profeta Isaías en su oración a Dios pidiendo misericordia a favor de Israel que se encontraba en un descalabro espiritual postula una pregunta: ¿Podemos acaso ser salvos? (Isaías 64:5) y compara a la justicia de Israel con *trapos de inmundicia*. Jesús mismo nos enseña la imposibilidad de ganar la salvación por esfuerzos meramente humanos incluyendo las riquezas y sabiduría humana. A sus discípulos dijo: *"¿De qué le servirá al hombre ganar todo el mundo, si pierde su alma?"* (Mateo 16:26).

En la parábola del rico insensato Jesús nos presenta a un hombre que alcanzó el éxito en sus negocios (Lucas 12:16-21). Su hacienda produjo en exceso y sucedió de igual manera que ocurre con algunas empresas, que después de alcanzar un nivel extraordinario de ganancias, llegan a ser víctimas de sus propias decisiones y éxito. La preocupación principal del rico fue dónde poner sus muchos frutos y como todo empresario exitoso construyó más graneros para asegurar su futuro y estabilidad. Se sintió tan confiado que dijo a su alma: *"Alma, muchos bienes tienes guardados para muchos años; descansa, come, bebe y regocíjate"* (v. 19). A lo cual Dios le dice: *"Necio, esta noche vienen a pedirte tu alma, y lo que has guardado, ¿de quién será?"* (v. 20).

Hacer tesoros para nuestro deleite pensando que podemos obtener la salvación de nuestras almas sin considerar a Dios y sentirnos que tenemos paz en nuestros corazones es insensatez. La enseñanza de esta parábola la encontramos al principio cuando Jesucristo advierte a sus discípulos de cuidarse de la avaricia (v. 15). Jesús expuso lo que se puede considerar como una filosofía o guía para vivir acorde con la voluntad de Dios: *La vida del ser humano no consiste en la abundancia de lo que posee.* Bien lo dijo Pablo: *"A los ricos de este mundo manda que no sean altivos ni pongan la esperanza en las riquezas, las cuales son inciertas, sino en el Dios vivo, que nos da todas las cosas en abundancia para que las disfrutemos"* (1 Timoteo 6:17). Nuestra vida debe ser un reflejo de la fe que depositemos en Dios.

Jesucristo y Salomón

Como parte del pacto davídico (2 Samuel 7) Dios no le permitió a David que le edificara una casa a Su Nombre pues él había derramado mucha sangre. En lugar de que David la construyera, sería su hijo Salomón quien iba a realizar tal edificación. En dicho acuerdo, Dios también promete que con el ascenso de Salomón al trono Dios afirmaría el reino de David *eternamente* (1 Crónicas 17:13-14). Dios también dijo a David que la relación entre Él y Salomón sería una de *hijo a Padre*: *"Yo seré padre para él, y él será hijo para mí"* (v. 14a) y al final le recuerda a David que su reino será estable eternamente (v. 27). El autor de la carta a los Hebreos hablando de la superioridad de Cristo aplica lo dicho a David para referirse al Hijo de Dios: *"¿A cuál de los ángeles dijo Dios jamás: «Mi*

Hijo eres tú, yo te he engendrado hoy», ni tampoco: «Yo seré un padre para él, y él será un hijo para mí»?" (Hebreos 1:5; Juan 3:35). La contestación a esas dos preguntas es la misma: a ningún ángel. Jesucristo es el Hijo de Dios. El único Hijo que Dios ha engendrado.

¿Quién es el Hijo de Dios?

En mi niñez me enseñaron que María, progenitora del cuerpo de Jesús, es la madre de Dios. No podía entender que Dios descendiera de un ser humano hasta que me convencí que Dios es eterno y, por lo tanto, no puede tener un principio. Insistir en tal creencia es resguardarse en argumentos lógicos y es como usar una regla de doce pulgadas (30.48 cm) para medir diametralmente la distancia del universo. ¿Cómo es posible que de Melquisedec, un personaje histórico y misterioso que aparece en el libro del Génesis se diga que no tiene "ni padre ni madre" y que de Dios se diga, sin ningún fundamento bíblico, que tenga una madre? ¡Ilógico e incomprensible!

Dios, que está por encima de todas las cosas incluyendo a Melquisedec, no tiene padres ni tampoco se ha casado para tener hijos como los seres humanos. Las leyendas de los dioses paganos describen cómo otros dioses fueron engendrados, pero todo es una leyenda con toques de ficción. La Biblia sí habla del amor de Dios y de Cristo en una relación romántica entre esposos, hacia Israel y la iglesia, en una manera muy metafórica (Isaías 62:5; Efesios 5:25-27, 32; Apocalipsis 21:9). Cuando la Biblia dice que Jesucristo es el Hijo de Dios se refiere a que Jesús es divino, de la misma naturaleza que Su Padre. ¡Dios es divino, no María! Es imposible que Dios sea hijo de María. Si tal postulación fuese verdad (María madre de Dios), entonces Jesucristo tuvo una abuela, María. ¡Qué absurdo!

En la gramática española aprendemos que los nombres o sustantivos pueden adjetivarse, esto es, funcionan como adjetivos. Por ejemplo, la palabra hombre, un substantivo, lo podemos adjetivar: *El policía se cree muy hombre.* Con lo cual queremos decir, no que es un hombre, sino que se cree muy fuerte o autoritario.

Los títulos en la Biblia para el Mesías o Cristo abundan y están llenos de mucho significado. No son meramente nombres, son descripciones de lo que Él es en relación a Dios. Un ejemplo: cuando la Biblia dice que Cristo es la "roca," lo que significa es que Él es poderoso, fuerte, el Rey, el fundamento de todo y no que su naturaleza es *rocosa* (Salmo 31:2-3; Mateo 16:18).

Cuando leemos en la Escritura que Jesucristo es el Hijo de Dios nos está describiendo su esencia: ¡igual a Dios! Pues como dijo Pablo, *"Porque en él habita corporalmente toda la plenitud de la Divinidad"* (Colosenses 2:29). Jesús es eterno, amor, perfecto, Rey, Señor Todopoderoso, tiene toda autoridad, igual que Dios. Cuando Jesucristo les dijo a los judíos, que *Él es el Hijo de Dios* les dijo claramente que Dios es Su Padre. Se enojaron tanto que lo quisieron matar apedreándolo y lo acusaron de ser un blasfemo porque entendieron que se estaba igualando a Dios. *"¿Al que el Padre santificó y envió al mundo, vosotros decís: "Tú blasfemas," porque dije: "Hijo de Dios soy?"* (Juan 10:36; cf. 5:16-18; 10:33; Levítico 24:15-16).

Ya hemos visto cómo terminó la vida de Salomón y cómo con todas sus riquezas, fama y mucha sabiduría no pudo terminar su estadía en la tierra en un buen estado espiritual agradable a Dios. Al morir Salomón, como castigo por su pecado de idolatría, el reino de Israel fue dividido en dos: norte y sur.

El reino del *norte,* que estaba integrado por unas diez tribus y cuya capital era Samaria fue invadido por Asiria. Los habitantes del norte fueron llevados cautivos al territorio del imperio asirio y no pudieron regresar a la tierra de Israel.

Por otro lado, el reino del *sur,* que lo formaban dos tribus únicamente, Judá y Benjamín, fue invadido por los babilonios quienes destruyeron el Templo y llevaron cautiva a Babilonia a la mayoría de la población judía.

Allí permanecieron hasta que en el año 538 a.c., por designio de Dios, el rey persa promulgó un edicto que ordenaba que todo judío exiliado en Babilonia podía regresar a Jerusalén para construir el Templo o Casa de Dios en Jerusalén (2 Crónicas 36:22-23).

Pablo hablando sobre el destino de los judíos escribió: *"Así también aun en este tiempo ha quedado un remanente escogido por gracia"* (Romanos 11:5). Después del regreso de la cautividad un remanente se multiplicó y reconstruyó el Templo y habitó confiadamente, continuando la línea genealógica mesiánica hasta el nacimiento de Jesús, quien con su muerte y resurrección de entre los muertos nos trajo el evangelio, fue entronado como Rey de reyes y Señor de señores (1 Corintios 15:25; Apocalipsis 19:16). La promesa hecha a David de que a través de su hijo Salomón su reino *permanecería para siempre* no tuvo su cumplimiento en Salomón sino en Jesucristo.

17

Cristo: Poder y Sabiduría de Dios

"El principio de la sabiduría es el temor de Jehová."
(Proverbios 1:7).

Uno de los recuerdos muy gratos de mi niñez, en el cual todavía me deleito es cuando asistía a los velorios en mi barrio. La asistencia a tal acontecimiento, para darle la despedida a un vecino o conocido que ha terminado su misión aquí en esta tierra no es el lugar para sentirse a gusto y pasarla bien. De vacilón le preguntábamos atrevidamente a alguien que le teníamos mucha confianza: ¿Cuándo vamos a tomar chocolate en tu casa?, queriéndole decir cuándo se iba a morir.

En aquellos tiempos los velatorios se hacían en la casa y no en una funeraria. Eran de continuo por aproximadamente veinticuatro horas. A los asistentes se les recibía con un rico chocolate, café y algunas golosinas. Ya avanzada la noche algunos regresaban a sus hogares y los que perduraban toda la noche se entretenían contando historias. Para mí era la parte que más disfrutaba. Me encantaba escuchar los cuentos, historias y anécdotas de las personas ancianas. No había espacio o interrupciones para *comerciales*. Disertaciones cortas o largas y consejos durante toda la noche que reflejaban la calidad y riqueza de vida de esos ancianos que con su sabiduría y experiencias nos deleitaban y nos hacían reflexionar sobre las cosas importantes como un recuento de lo que es la vida cotidiana. Esos ancianos eran maestros y, aunque la mayoría de ellos no habían asistido a la escuela, su oratoria edificaba. ¡Oh tiempos idos y que no volverán! Hoy en día en las funerarias nos pasamos *texteando*.

La Biblia nos dice que Salomón fue un hombre muy sabio y que escribió unos tres mil proverbios o consejos. Como proverbista fue tan sobresaliente que personas y reyes de todos los pueblos donde había llegado su fama de ser un gran sabio venían a Jerusalén para escuchar sus disertaciones (1 Reyes 4:29-34). Los libros sapienciales o poéticos, Proverbios, Eclesiastés y Cantares son de su autoría.

De acuerdo a la tradición judía se cree que Salomón escribió el libro *Cantar de los Cantares* cuando era joven, el de *Proverbios* durante su mediana edad y el libro de *Eclesiastés* al final de su vida. La palabra hebrea *mashal* (proverbio) cuya forma plural es mishlei significa literalmente entre otros significados gobernar, dominar, reinar, apoderarse. También tiene un sentido de significado substancioso por lo cual puede significar una máxima, refrán, una comparación, enigma, sátira o parábola.

En el libro de los Proverbios encontramos enseñanzas, dichos, máximas y consejos prácticos del diario vivir. También están incluidos varios temas sociales: relaciones matrimoniales, riquezas, obediencia al rey, educación de los hijos, la ética en el mundo de los negocios, relaciones unos con otros y el buen trato con los pobres.

Salomón dio consejos muy prácticos que nos ayudan a tener mejores relaciones personales en la vida cotidiana. Él dijo: *"No pongas con exceso tu pie en la casa de tu vecino, no sea que, harto de ti, te aborrezca"* (Proverbios 25:17). Hace una crítica a las opiniones no fundamentadas: *"Todos los caminos del hombre son limpios en su propia opinión, pero Jehová es quien pesa los espíritus"* (Proverbios 16:2). En cuanto a los enemigos nos dice que no nos alegremos cuando ellos caen o dan un traspiés pues a Jehová le puede desagradar tal actitud (Proverbios 24:17). Considerar y ayudar al pobre es recompensable y agrada a Dios: *"A Jehová presta el que da al pobre; el bien que ha hecho se lo devolverá"* (Proverbios 19:17).

El Sabio y el Necio

Al escribir sus proverbios Salomón hizo un contraste de la vida vana e insubstancial de un hombre necio con el comportamiento del sabio, esto es, *sabiduría* versus *necedad*. Según el sabio Salomón, *necia o insensata* es la persona que se cree mucho, pues piensa que su opinión es verdadera apoyándose en su propio juicio y burlándose de sus compañeros (Proverbios 12:15; 28:26).

El insensato no acepta la instrucción ni el consejo de los demás provocando contiendas inútiles que no edifican y deja que la ira lo controle (Proverbios 1:22; 12:1): *"Honra es del hombre abandonar la contienda, pero cualquier insensato se enreda en ella"* (20:3). Los necios desprecian la sabiduría y se niegan a conocer a Dios (28:26) y por no atender a la palabra divina son enemigos y pecadores no arrepentidos (cf. Salmo 92:6-7). Los necios concluyen que Dios no existe (Salmo 14:1), pues no consideran la evidencia científica en la naturaleza: *"lo invisible de Dios, su eterno poder y deidad, se hacen claramente visibles desde la creación del mundo y se pueden entender por medio de las cosas creadas"* (Romanos 1:20). Ni tan siquiera pueden mirar al cielo y decir como el salmista: *"Los cielos cuentan la gloria de Dios y el firmamento anuncia la obra de sus manos"* (Salmo 19:1).

Lo opuesto al necio es la persona *sabia* que sigue y obedece los mandamientos de la ley y su confianza está puesta en Dios: *"Opina el necio que su camino es derecho, pero el sabio obedece el consejo"* (Proverbios 12:15, cf. 3:26, 14:26). El sabio tiene control de su ira, que a su tiempo oportuno puede apaciguarla (Proverbios 29:11) y lo libra Dios de todos sus contratiempos porque camina con sabiduría (28:26). Sus palabras están llenas de gracia a diferencia del necio que su conversación le causa la ruina (Eclesiastés 10:12). Los labios del justo saben decir lo que agrada (Proverbios 10:32). El apóstol Pablo nos enseña que hay que sazonar las palabras con sal (gracia), lo cual nos indica que nuestro hablar debe tener sabor que edifique y no sea rechazada como una comida sin sabor (Colosenses 4:6).

Salomón y la Sabiduría

La sabiduría es el tema que domina en los escritos sapienciales del rey Salomón. En el mundo secular la sabiduría es el intento de llegar a conocer lo que nos rodea para poder entender el propósito del mundo físico y la existencia humana. Se hace el intento de entender las cosas invisibles a través de la razón y la experiencia. En cuanto al mundo material tal conocimiento nos ha llevado a rotundos éxitos. El invento de la imprenta fue instrumento eficaz en las artes de las letras que aceleró la edición y publicación de materiales de instrucción. Los descubrimientos como la teoría electrónica y digitalización en los sistemas de computadoras han revolucionado la comunicación en una forma global, a tal punto, que si desaparecieran y no pudiéramos usar tales pequeños aparatos personales para acceder *google* tendríamos que volver al *kínder*.

Los griegos se dedicaron a la búsqueda de conocimiento en el universo que ha sido una base sólida para que los futuros científicos puedan adelantar sus teorías pues nos ha ayudado a descifrar el funcionamiento de lo creado. La sabiduría griega ha trascendido hasta nuestra época. Basta con mirar a nuestro alrededor y notamos el impacto de su inteligencia: los edificios están construidos de acuerdo a los modelos arquitectónicos de la Grecia antigua y nuestro lenguaje posee infinidad de palabras de origen greco. La astronomía tuvo su apogeo en ese antiguo imperio quedando sentadas las bases del conocimiento sobre el sistema solar como búsqueda profunda de la explicación del mundo sin estar influenciado por mitos y leyendas. Su amor o deseo por adquirir tal conocimiento a través del razonamiento humano lo llamaron filosofía o *amor a la sabiduría*.

Para Salomón, contrario a lo secular que se distancia de Dios y no toma en cuenta Su Palabra, la sabiduría es algo más allá de almacenar en la mente una montaña de información, es tener *temor* o *reverencia* a Dios como ser Supremo. La sabiduría tiene su comienzo en Dios y despreciarla es convertirse en un *necio* (Proverbios 1:7). Ya lo había dicho el patriarca Job al final de su poema dedicado a la sabiduría: *"Y dijo al hombre: "El temor del Señor es la sabiduría, y el apartarse del mal, la inteligencia"* (Job 28:28). Y el salmista añade: *"El principio de la sabiduría es el temor de Jehová; buen entendimiento tienen todos los que practican sus mandamientos; ¡su loor permanece para siempre!"* (Salmo 111:10, cf. Proverbios 9:10).

De acuerdo a la Biblia, Dios es el que da la sabiduría a los seres humanos y también la inteligencia: *"Pero con Dios están la sabiduría y el poder: suyo es el consejo y la inteligencia"* (Job 12:13, cf. 28:12-28). Una computadora sin los programas del sistema operativo y aplicaciones, los llamados *softwares*, sería simplemente una caja de pequeños tornillos y piezas electrónicas sin funcionamiento alguno. El médico, arquitecto, abogado, ingeniero, artista, los científicos y todos los que de alguna manera han sido autores de grandes inventos y descubrimientos tienen una gran deuda con el Creador. Deberían pagar un impuesto celestial y que sea destinado para las necesidades de los pobres y discapacitados. Sin los dones que Dios otorga a cada persona la sociedad estaría viviendo como en la edad de piedra. Como dijo el proverbista: *"porque Jehová da la sabiduría y de su boca proceden el conocimiento y la inteligencia"* (Proverbios 2:6).

Salomón concluyó sus escritos sobre la sabiduría diciendo: *"El fin de todo el discurso que has oído es: Teme a Dios y guarda sus mandamientos, porque esto es el todo del hombre"* (Eclesiastés 12:13). La sabiduría de Dios no es únicamente conocimiento e inteligencia para entender la vida y al mundo que nos rodea, es un don necesario para la mente y el espíritu: *"Pero la sabiduría que es de lo alto es primeramente pura, después pacífica, amable, benigna, llena de misericordia y de buenos frutos, sin incertidumbre ni hipocresía"* (Santiago 3:17).

Cristo: Sabiduría de Dios

De acuerdo a Salomón, la sabiduría no es poseer conocimiento de las cosas y de la vida. Para él la sabiduría tiene *personalidad* que la hace buscar, sentir, levantar su voz en las calles, llama a reunión y hasta inquiere en los negocios dando consejo, es desechada y él, exhorta a que la reciban. Dios fue rechazado por Israel y por medio del profeta Isaías le hizo el llamado para que buscara a Dios mientras puede ser hallado (Isaías 55:6). Así también la sabiduría no debe ser contradicha. Su llamado no es para siempre. Da una oportunidad para que se regrese a ella: *"Entonces me llamarán, pero no responderé; me buscarán de mañana, pero no me hallarán"* (Proverbios 1:28, cf. v. 20-27).

Hay una parte misteriosa en el libro de los Proverbios en la cual Salomón presenta aspectos del ministerio mesiánico de Jesucristo. Él presenta a la sabiduría existiendo antes de la creación al igual que Jesús. De acuerdo con la versión del cuarto evangelio Jesucristo ya estaba con Dios antes de la creación (Juan 1:1-3). Como un *canto al origen de la sabiduría* dice que Jehová la poseía (a la sabiduría) al principio, antes de la creación del universo, antes de que los montes fueran formados. Estaba presente cuando Dios formaba los cielos y trazaba el círculo de la faz del abismo, fijaba los límites al mar y establecía los fundamentos de la tierra (Proverbios 8:22-29). El canto concluye con la sabiduría expresando cómo se sentía cuando Dios creaba el universo: *"con él estaba yo ordenándolo todo. Yo era su delicia cada día y me recreaba delante de él en todo tiempo"* (v. 30).

Salomón al principio del capítulo nueve de los Proverbios nos presenta una narración que casi tiene un paralelo con la parábola de la gran cena. En ese capítulo Salomón comienza diciéndonos que la sabiduría edificó una casa con sus siete columnas. Esto se puede entender como una referencia a la iglesia como templo y el cuerpo de Cristo (Efesios 1:22-23). Continúa diciéndonos que la sabiduría mató a sus víctimas, las mezcló con vino y las puso a la mesa (v. 2); un buen símbolo de los sacrificios hechos en el Antiguo Testamento que prefiguraron el sacrificio de Jesucristo en la cruz (Éxodo 29:40; Levítico 23:13; Números 28:7, 14). Luego de haber preparado el banquete envía a las criadas a lo más alto de la ciudad para invitar a los insensatos a la fiesta con el fin de que gustaran la comida con un mensaje insistente: *"Dejad vuestras ingenuidades y viviréis; y andad por el camino de la inteligencia"* (Proverbios 9:6).

En la parábola de la Gran Cena un hombre prepara un banquete y convidó a muchos (Lucas 14:15-24). En la Escritura, una invitación a una cena o banquete simboliza acercarse al Reino de Dios y es desastroso rechazar tal convocatoria (Isaías 25:6; Lucas 14:15; Apocalipsis 19:9). La invitación fue dirigida a muchos y al llegar el momento de la celebración cada uno presentó su excusa de las cuales Lucas seleccionó las tres ganadoras. El *tercer* ganador se excusó diciendo que había comprado una hacienda y necesitaba ir a verla. ¡Tan ciego fuiste Pepe! ¡La próxima vez lee y examina antes de firmar! ¡Y tengo para ti una preguntita! ¿Tú tenías unas gafas de lentes infrarrojos para poder ver de noche?

El *segundo*, con un poco de exageración, dijo que había comprado unas cinco yuntas de bueyes y tenía que probarlas. ¿De noche? ¡Sí que te la voy a creer! Y el *finalista*, uno que se acababa de casar y por lo tanto le era imposible asistir. Este se creía que no había reporteros haciendo su trabajo y pensó que sus comentarios no se difundirían hasta el fin del mundo. ¡Una buena cena después de haberse casado no está mal! ¡Después de la luna de miel es que viene lo mejor! ¡Regresar a trabajar y pagar las facturas mensuales!

Rechazar el conocimiento de Dios (Su sabiduría) es rechazar a Su Hijo quien hace la invitación al pecador. La oportunidad de conocer al Hijo de Dios es única y en algunos casos puede no repetirse. *Hoy es el día de salvación*, dice la Escritura.

En el Nuevo Testamento *Jesucristo* es la voz de Dios, Su Palabra o el Verbo hecho carne, que habitó entre nosotros (Juan 1:1, 14). De acuerdo al autor de la carta a los Hebreos Jesucristo creó todas las cosas visibles e invisibles (Hebreos 1:2) y es quien con su sabiduría excede a todo conocimiento (Efesios 3:19). También en Él *"están escondidos todos los tesoros de la sabiduría y el conocimiento"* (Colosenses 2:3).

Pablo escribió a los corintios que los judíos procuraban ver señales y los griegos anhelaban la sabiduría para entender la naturaleza y la vida humana (filosofía). El que ha sido transformado por la sangre derramada en la cruz y trasladado al Reino de Dios está sentado en lugares celestiales con Jesucristo, *"el cual ha sido hecho por Dios sabiduría, justificación, santificación y redención"* (1 Corintios 1:30, cf. v. 22-25). Dios consolidó todas las cosas en Jesucristo (Colosenses 1:17,20). ¡Con buena razón, Pablo pudo decir que todo lo podía lograr en Cristo!

18

Amor Apasionado

"Pero tengo contra ti que has dejado tu primer amor."
(Apocalipsis 2:4)

¿Cuántos libros, poemas, discursos, películas cinematográficas o dedicatorias se habrán producido cantándole al amor? ¡Esa palabra tan sencilla y fácil de escribir cuando queremos impresionar a alguien en momentos memorables! Ella nos ayuda a sentirnos en un nivel ideal para expresar lo bueno. En mi opinión hoy en día esta palabra se ha trivializado hasta el punto que automáticamente la pronunciamos sin dar mucho pensamiento a lo que deseamos comunicar. En mi niñez, no recuerdo que la gente se expresara con tanta frecuencia diciendo Te amo o *I love you*. De hecho no había tal costumbre. No viene a mi memoria que mi papá le dijera a mi mamá *te amo*. Estoy seguro de que se lo decía en privado. Sin embargo, ellos vivieron apasionadamente y, me atrevo a decir, sin los problemas que enfrentan en la actualidad las parejas matrimoniales. Fueron felices y disfrutaron cada día que vivieron juntos por aproximadamente cuarenta años, pues él murió a los 58.

Lo que *no* me gusta del uso que se le da a esa *palabra divina* es que se diga en forma ventajosa. En una elección general aquí en los Estados Unidos uno de los candidatos que resultó ser ganador dijo en su último discurso al final de su campaña, que *nos amaba*. Me pregunto: ¿Cómo rayos?, pues bajo su incumbencia mis impuestos aumentaron. ¡*Oh amor interesado*!

Con el transcurso de los años nuestro cuerpo sufre diversos cambios: hormonales (las energías se nos esfuman), mentales (olvidamos donde guardamos las llaves del automóvil), físicos (dolores cada vez que hacemos algún movimiento) y hasta el apetito disminuye. Así nuestro ser fisiológico marcha hacia la senectud, sufriendo transformaciones y readaptándose a los retos de un cuerpo frágil. Al acercarnos a la vejez podemos preguntar si el amor disminuye al igual que las energías del cuerpo humano.

En estos días que me preparo para aceptar una etapa diferente de la vida, el *ser abuelo*, he meditado mucho en los cambios del amor. En la niñez, tenía una gran pasión por los juguetes, en especial los que recibía con mucha emoción en la temporada navideña. Cuando llega la juventud se despierta la pasión por tener una novia. En el matrimonio experimentamos con seriedad y pasión la atracción hacia nuestra pareja. Cuando nace el primer hijo (a), nuestra pareja sube a un nivel más arriba y aquel amor apasionado y erótico sufre una buena transformación: amamos a una esposa y madre y a unos hijos que no importan lo que hagan nos harán reír después de un efímero enojo. *El amor se multiplica, no se fracciona; se transforma y produce frutos en abundancia.*

Los Griegos y el Amor

El imperio griego se distinguió por su poderío intelectual y cultural a diferencia de otros imperios, como el romano, cuyo poder residía en lo militar y económico. Su lenguaje fue tan rico en palabras y alto significado que hasta tenemos mucha influencia de palabras y conceptos que se han infiltrado a través de los tiempos en la mayoría de los idiomas incluyendo el español. Expresar el *amor* en inglés es muy distinto que hacerlo en el griego. Por ejemplo, para decir que amamos a alguien, a alguna cosa o expresar deseos basta con decir: ¡I love …!

Usamos la misma expresión si nos referimos a un ser querido o al auto que recientemente compramos. Todo lo contrario sucede con los que hablan el idioma griego que pueden expresar sus sentimientos usando diferentes vocablos. Existen cuatro palabras principales que connotan amor dependiendo del afecto que se quiera manifestar.

Storgé: Es el amor que se manifiesta en forma natural, como instinto, que sale sin esfuerzo alguno. Es el afecto hacia la familia, hacia nuestra nación. No tenemos que sorprendernos de que amamos a un hijo o pariente cercano ni esperar ser recompensados pues como dijo Jesucristo: *"Si amáis a los que os aman, ¿qué recompensa tendréis? ¿No hacen también lo mismo los publicanos?"* (Mateo 5:46a).

Eros: De donde viene la palabra *erótico*. Significa no sólo una atracción sexual entre dos personas sino un afecto, emoción, pasión, sentimiento y deseo, a veces incontrolable, que nos impulsa a estar muy cerca de quien queremos que sea recipiente de nuestros sentimientos. Es una desgracia que en nuestro lenguaje, el español, se haya adoptado la expresión *hacer el amor*, traducción del inglés, *making love*, con muy poca sabiduría. Como si el amor fuera un objeto que se pudiera fabricar. El amor no se puede fabricar o hacer, pues Dios es su creador. ¡El que quiera fabricarlo o hacerlo necesita una certificación de aprobación divina!

La palabra *eros* no se encuentra en el texto griego del Nuevo Testamento. A diferencia, en el hebreo del Antiguo Testamento encontramos dos palabras con significado sexual: *yada*, conocer, en sentido sexual y *shakab*, acostarse con la intención de tener una relación sexual.

Filia: Un componente de algunas palabras como filantropía y Filadelfia. Es el cariño y afecto entre amigos. Este amor es diferente a *eros* en el sentido de que busca la afección y compañía sin un deseo desenfrenado de tomar ventaja. Es aquella cualidad que nos invita a actuar a favor de quien amamos siguiendo el principio del Maestro: *"Más bienaventurado es dar que recibir"* (Hechos 20:35b). Existen adjetivos compuestos por *filia* en el Nuevo Testamento que expresan varias clases de amor:

- Filarguros: amor al dinero (1 Timoteo 6:10).
- Filautos: amarse a sí mismo (2 Timoteo 3:2).
- Filagathos: amar lo que es bueno (Tito 1:8).
- Filoxenos: amar a los extraños (Tito 1:8).
- Filedonos: amar el placer (2 Timoteo 3:4).

Agape: Con esta palabra se expresa lo más alto, sublime, profundo y lo incomparable en una relación. Tiene la idea de *amar* aunque *no seamos amados*. Es tratar y relacionarnos con el prójimo incondicionalmente sin esperar una recompensa o reconocimiento. En el Nuevo Testamento se usa *agape* para expresar la relación de amor de Dios hacia los seres humanos. El apóstol Juan lo utiliza en sus escritos para referirse al amor como una cualidad inmanente de Dios y declara que, efectivamente, Dios, quien dio a Su Hijo como propiciación por nuestros pecados, es amor: *"De tal manera amó Dios al mundo, que ha dado a su Hijo unigénito, para que todo aquel que en él cree no se pierda, sino que tenga vida eterna"* (Juan 3:16; cf. 1 Juan 4:8, 16).

Agape es el resumen de todas las cualidades de un amor perfecto: amor por la creación, los seres humanos, pasión pura que satisface los deseos sin hacer daño y la búsqueda del bienestar de los enemigos. En el Antiguo Testamento el amor a los enemigos era un concepto legal. Había circunstancias en las cuales se podía tomar acción negativa ante un enemigo pues existía la ley de *ojo por ojo* y *diente por diente* (Éxodo 21:22-25). En cambio con la venida de Jesucristo amar a los enemigos sin reservas es un mandamiento. Juan nos habla del *perfecto amor* que echa fuera el temor (1 Juan 4:18). ¿En quién se encuentra tal perfección? Solamente en Dios y Su Hijo, Jesucristo: *"si somos infieles, él permanece fiel, porque no puede negarse a sí mismo"* (2 Timoteo 2:13). Dios no puede negarse a sí mismo, por honor a su naturaleza de amor.

Una relación amorosa entre una pareja comienza con el *eros*. Esa atracción que nos hace preferir a la más llenita sobre la flaquita y viceversa, a la más alta, a la que nos atrae con su sonrisa o a la que nos impresiona con sus coqueterías y hasta con sus movimientos al caminar. El amor amistoso o *filia* es el que hace que la relación amistosa madure y crezca como una planta saludable. Y, ¿el amor llamado agape? Este amor es responsable de hacer perdurar el romance, de eternizarlo, perfeccionarlo y consumarlo hasta la muerte, pues como dijo Pablo, *el amor nunca deja de ser*. A veces traicionamos al eros o él nos traiciona porque el matrimonio o relación se hace por ventaja, interés, dinero, fama y hasta por intereses políticos.

Cantar de los Cantares

En el libro de los Cantares de Salomón, al igual que en el libro de Esther, no encontramos alguna referencia a Dios o que sus personajes expresen deseo de adorarle o implorar el favor divino en oración. Este libro es un canto y poesía al amor sincero, muy apasionado, existente en una pareja que no demuestran cohibición alguna para expresar la pasión que sienten uno por el otro. Los enamorados, el esposo y la esposa, usan un lenguaje poético muy alto y bello, con el cual expresan la perfección en su unión matrimonial. El amor se enuncia de varias maneras: imágenes eróticas, la pureza y sinceridad abundan, el cuerpo es apreciado como una joya no envilecida por la pornografía como sucede en la actualidad y la inteligencia de su pareja es admirada. *Cantares* muestra un cuadro del desarrollo de una relación amorosa de principio a fin. La esposa deja ver su sufrimiento en la ausencia del esposo (Cantares 1:7; 3:1-3; 5:8). Ella recita su alegría al encuentro con su amado (2:8-14) y, en una manera fantasiosa, no oculta su compromiso serio en su vínculo matrimonial.

Las metáforas usadas son tomadas del entorno donde viven. Su atracción y el amor que sienten son como lo que produce la tierra. Se menciona el *vino* que representa la *alegría*. La *miel* y la *leche*, símbolos de *dulzura*, *abundancia y fertilidad*, usados para describir la tierra Prometida y los *lirios*, una representación de la *belleza* (Cantares 4:11; 5:1; cf. Éxodo 3:8).

No hay reservas de sentimientos o palabras pues cuidadosamente son escogidas. Simplemente y claramente se dejan llevar por la fuerza de la atracción hasta el punto de usar un lenguaje sensual en sus elogios. Algunos pasajes (Cantares 1:13; 3:4; 4:5; 7:3, 7-8, 12; 8:1) son muy directos. Creo que se deben leer fuera del santuario para evitar los ojos sobresaltados en la grey. *"¡Qué hermosa eres y cuán suave, oh amor deleitoso! Tu talle, como la palmera; tus pechos, como sus racimos. Yo dije: «Subiré a la palmera y asiré sus frutos.» Deja que sean tus pechos como racimos de vid, y como de manzanas la fragancia de tu aliento"* (7:6-8).

El rabino Akiba (50-135 a. D.) decía que toda la Escritura es *Santa*, pero al libro de Cantares lo consideraba el más *santo* de todos. Aun así, este libro no ha sido bien recibido por algunos comentaristas judíos y cristianos porque su fin es presentar el amor romántico y no dedica espacio alguno a la devoción a Dios. Sin embargo, encontramos ciertas tonalidades que se pueden entender en un simbolismo que apunta al ministerio del Mesías con relación a su iglesia.

El reposo espiritual que tenemos en Cristo se encuentra encerrado en un verso donde el esposo, a manera de plegaria, pide a las hijas de Jerusalén (el coro) que dejen descansar a su amada. *"¡Yo os conjuro, hijas de Jerusalén, por las gacelas y las ciervas del campo, que no despertéis a mi amor! ¡Dejadla dormir mientras quiera!"* (Cantares 2:7; cf. 3:5; 8:4; Hebreos 4:3-10). El amor se presenta con mucha seriedad y profundidad semejándose a la forma en que Dios ama a los seres humanos. No se trata de un romance simple y pasajero. La esposa pide ser alimentada con *pasas* y *manzanas* porque está *enferma de amor* (2:5; 5:8) y describe su pasión por su esposo diciendo que el amor es tan fuerte como la muerte y los celos duros como el seol o lugar de los muertos (8:6).

El Amor de Dios hacia su Pueblo

Los Cantares de Salomón son una buena ilustración del amor de Dios por su pueblo. Dios nos ama con seriedad, pasión y certeza. Esto queda demostrado con el hecho de que no reservó ni a su propio Hijo para darlo en propiciación por nuestros pecados, para darnos vida en abundancia: *"El que no escatimó ni a su propio Hijo, sino que lo entregó por todos nosotros, ¿cómo no nos dará también con él todas las cosas?"* (Romanos 8:32).

Jehová e Israel. En el Antiguo Testamento las imágenes del amor de Dios por su pueblo Israel son vívidas y de pasión. No es un simple te amo o *I love you.* Son expresiones fuertes y atrevidas que no encontramos en la literatura teológica y religiosa. No es una relación que se interrumpe y se enfría por cualquier situación negativa. Cuando Dios castigaba a su pueblo lo hacía con amor, nunca con odio, pues la Escritura dice que Dios al que *ama* castiga y nos instruye a no menospreciar su disciplina como lo hace también un padre que quiere a sus hijos (Proverbios 3:11-12).

La Palabra nos dice que aunque seamos infieles *Dios permanece fiel pues Él no puede negarse a sí mismo* por Su propia naturaleza, porque DIOS ES AMOR (2 Timoteo 2:13). Jehová se dirige a Israel como marido de una mujer que ha sido abandonada: *"Porque tu marido es tu Hacedor ("Jehová de los ejércitos" es su nombre). Él es tu Redentor, el Santo de Israel, el que será llamado "Dios de toda la tierra." Porque como a una mujer abandonada y triste de espíritu te llamó Jehová, como a la esposa de la juventud que es repudiada, dice el Dios tuyo"* (Isaías 54:5-6, cf. Jeremías 2:1-2).

Dios tampoco esconde su pasión por su pueblo declarándola en lenguaje muy claro y atrevido: *"Te hice crecer como la hierba del campo; creciste, te hiciste grande y llegaste a ser muy hermosa. Tus pechos se habían formado y tu pelo había crecido, ¡pero estabas desnuda por completo! "Pasé otra vez junto a ti y te miré, y he aquí que tu tiempo era tiempo de amores. Entonces extendí mi manto sobre ti y cubrí tu desnudez; te hice juramento y entré en pacto contigo, dice Jehová, el Señor, y fuiste mía"* (Ezequiel 16:7-8, cf. v. 59-60). ¡Pura pasión de amor, sin reservas!

Jesucristo y la Iglesia. Jesús fue a la cruz tomando el lugar de cada ser humano. El Justo moría por los injustos. El autor de la carta a los Hebreos nos dice que Jesucristo decidió, de su propia voluntad, ir al ignominioso madero dando su vida por nosotros. Primeramente hablando del Salvador y usando una cita del salmista escribe: *"He aquí, vengo, Dios, para hacer tu voluntad, como en el rollo del libro está escrito de mí."»* (Hebreos 10:7; cf. Salmo 40:6-8) y más adelante, concluye refiriéndose al mismo Jesús: «*He aquí, vengo, Dios, para hacer tu voluntad», quita lo primero para establecer esto último. En esa voluntad somos santificados mediante la ofrenda del cuerpo de Jesucristo hecha una vez para siempre."* (v. 9-10 énfasis mío).

Jesús al igual que Su Padre ama la Iglesia (los salvados por su sangre) con mucha pasión y el apóstol Pablo así lo declara. Hablando de las relaciones matrimoniales a la iglesia en Éfeso, Pablo exhorta a los esposos a que muestren el mismo amor que Jesús tiene por su iglesia: un amor sufrido y sincero. Él se entregó por ella, para santificarla con el fin de recibirla pura y sin contaminación (Efesios 5:25-27).

Prácticamente el apóstol estaba augurando la decadencia espiritual que más tarde la iglesia de Éfeso sufrió y que Jesucristo le reclama en el primer mensaje a las siete iglesias en Asia menor: *"Pero tengo contra ti que has dejado tu primer amor."* (Apocalipsis 2:4). Hoy existe un problema emocional en el cristianismo y es que no se ve una pasión e intimidad hacia nuestro Señor Jesucristo. Se habla con mucho entusiasmo de cualquier deporte u otro tema secular que afecte nuestra economía, situación política y con mucha pasión se sigue a los famosos y sus estilos de vida. Pero cuando se presenta la oportunidad de hablar y testificar del Salvador callamos como si estuviéramos viviendo en un país donde no existe la libertad de expresión.

El amor entre un cristiano y Jesús es mutuo. Un deseo intenso el cual Pablo expresa como *asirse* de Cristo (Filipenses 3:12) y que sentía un deseo profundo de partir de este mundo y unirse a su Salvador (1:23). La reunión de Jesucristo con su Iglesia cuando venga el fin de todas las cosas será un encuentro amoroso, una boda en la cual la esposa se viste esplendorosamente con un traje de lino fino (Apocalipsis 19:6-9). *"Y yo, Juan, vi la santa ciudad, la nueva Jerusalén, descender del cielo, de parte de Dios, ataviada como una esposa hermoseada para su esposo." "Entonces vino a mí uno de los siete ángeles que tenían las siete copas llenas de las siete plagas postreras y habló conmigo, diciendo: «Ven acá, te mostraré la desposada, la esposa del Cordero»"* (Apocalipsis 21:2, 9). ¡Gracias Dios por amarnos con mucha pasión!

19

Ester: una historia del Cuidado de Dios por su Pueblo

"Guárdame como a la niña de tus ojos; escóndeme bajo la sombra de tus alas."
(Salmo 17:8)

Es muy común ver películas y encontrarse con una escena donde el personaje principal se encuentra en peligros a punto de perder su vida. Hace uso de su imaginación para lograr salvarse o escapar del peligro que le acecha. Como un acto de magia y con ayuda invisible logra vencer todos los obstáculos que le impedían salir de aprietos. Sabemos que esas historias presentadas en unas escenas tan impresionantes que hacen que el actor se convierta en héroe son posibles gracias a la tecnología. Pero lo que es decepcionante en las producciones cinematográficas, cuando nos presentan a un personaje venciendo lo imposible sin mediación ajena a sus habilidades para librarse del peligro por sí solo, es *la ausencia de la intervención de Dios*. Intencionalmente o no, dejan entender que no existe un Dios supremo.

El libro de Ester al igual que el de los Cantares tiene la característica que no menciona el Nombre de Dios, ni se encuentra indicio de oraciones o acciones de gracias por favores recibidos. En la historia relatada el personaje maligno es Amán, un descendiente *amalecita* que llega a ser consejero en la corte del rey persa, Asuero (Jerjes). Este rey estuvo en el poder por dos décadas (485-465 a.C.) y su imperio se extendía por el oriente hasta la India y por el occidente hasta Etiopia (Ester 1:1).

Históricamente los amalecitas odiaron a los judíos desde los días de Moisés cuando atacaron a la retaguardia de los israelitas que salían de Egipto cansados y acercándose al Sinaí. Por tal brutalidad de parte de los amalecitas Dios ordenó por medio de Moisés la erradicación de Amalec y su descendencia (Éxodo 17:8-16). En el lugar donde se libró la batalla Moisés construyó un altar que llamó Jehová-nisi que significa *Jehová es mi bandera* (v. 15). Dios mismo decretó que estaría en guerra contra Amalec de generación en generación: *"Por cuanto la mano de Amalec se levantó contra el trono de Jehová, Jehová estará en guerra con Amalec de generación en generación"* (v. 16). El rey Saúl, primer rey de Israel, desobedeció al no cumplir con la orden que Dios le dio de exterminar a los amalecitas, dejando así la posibilidad en el futuro de ataques contra los judíos (1 Samuel 15:18).

Amán, de un alto rango (primer ministro) en la corte del imperio persa, logró que el rey Asuero firmara un decreto infame que buscaba el exterminio de todos los judíos el cual decía en parte: *"destruir, matar y aniquilar a todos los judíos, jóvenes y ancianos, niños y mujeres, y de apoderarse de sus bienes, en un mismo día"* (Ester 3:13). ¿Cuál fue la razón para que ese vil hombre desatara su odio contra los judíos? Simplemente que el primo de Ester, Mardoqueo, un hombre íntegro, no se arrodillaba ni se humillaba ante la arrogancia de Amán (v. 5-6).

Un día el rey Asuero había ordenado celebrar un banquete para todo el pueblo en la capital del reino, Susa. No se escatimó recurso alguno y fue todo un despliegue de decoraciones lujosas, comida y bebidas pues la orden era beber el vino en vasos de oro *diferentes unos de otros* y que todos lo disfrutaran con mucha alegría. En tal celebración y estando el rey embriagado ordenó que los eunucos presentaran a la reina Vasti ante el rey con el fin único que la reina actuara como una modelo exhibiendo su hermosura a los presentes *como un objeto sexual.* La reina simplemente y con una demostración de pulcritud se negó a cumplir con la petición del rey. El rey burlado por tal acción se enfureció y por consejo de sus sabios (sus abogados), despidió a la reina Vasti prohibiéndosele la entrada a la corte real (1:5-22) y que en su lugar se nombrara una nueva reina.

Por una acción misteriosa y sin lugar a duda una intervención divina, Ester, prima e hija adoptiva de Mardoqueo es seleccionada como una de las vírgenes que fueron llevadas a la casa real de donde se nombraría la sustituta de la reina Vasti. Ester que era muy hermosa agradó a todos en la casa real y cuando le llegó el turno de presentarse ante el rey provocó una muy buena impresión en él. El rey acto seguido la hizo reina sustituyendo a la reina Vasti (Ester 2:17).

Los acontecimientos ocurridos previo al cumplimiento de la orden dada para destruir a los judíos no pueden interpretarse como una mera casualidad. Sucedió que Mardoqueo había reportado una conspiración de dos eunucos: Bigtán y Teres, los cuales por su descontento planeaban matar al rey. Mardoqueo lo hizo saber a la reina Ester y esta a su vez, lo dio a conocer al rey en nombre de Mardoqueo. Hubo una investigación y se encontró que tal acción era verdadera y fue registrada en el libro de las crónicas del rey pero no se le dio ningún reconocimiento a Mardoqueo por tal heroica acción (Ester 2:19-23). Un tiempo después, ese acontecimiento heroico de él, fue determinante en frustrar los intentos del malvado Amán de hacer cumplir el decreto que exigía la extinción de todos los judíos en el imperio persa. No fue mera consecuencia que una noche el rey perdió el sueño y pidió que le dieran el libro de las crónicas del reino y se dio cuenta que a Mardoqueo no se le había honrado por denunciar el complot de Bigtán y Teres para asesinar al rey. Inmediatamente el rey ordena que a Mardoqueo se le dé una distinción por tal hazaña y lo nombró como segundo hombre en el reino.

Cuando llegó la hora de que Amán pusiera en efecto el plan de destrucción, Mardoqueo implora a Ester que se presente ante el rey para interceder por los judíos. Ella no tenía autorización de presentarse al rey. Según la ley persa, quien se presentara sin autorización ante el rey enfrentaba la muerte a no ser que el rey le extendiera el *cetro de oro*, significando que de inmediato le perdonaba la vida (Ester 4:11). Ester a través de uno de los eunucos le hace saber a Mardoqueo de lo peligroso que era ir a implorar ante el rey sin su solicitud. Él, en un acto de valentía y de fe en Dios, le responde con mucha intensidad: *«No pienses que escaparás en la casa del rey más que cualquier otro judío. Porque si callas absolutamente en este tiempo, respiro y liberación vendrá de alguna otra parte para los judíos; más tú y la casa de tu padre pereceréis. ¿Y quién sabe si para esta hora has llegado al reino?»* (4:13-14).

Ester, armada de valor por la exhortación de Mardoqueo ordena a todo el pueblo judío a que ayunara, incluyéndose a ella misma y a todas las doncellas que estaban con ella. Ayunaron por tres días y tres noches y antes que ella se presentara al rey sin su autorización dijo con valentía y fe: *"entraré a ver al rey, aunque no sea conforme a la ley; y si perezco, que perezca"* (Ester 4:16b). Ester se presenta ante el rey para pedirle que anule el mandato de la destrucción de los judíos. Él le extiende el *cetro de oro*. ¡Definitivamente una intervención divina! El rey anula el decreto de Amán y promulga uno nuevo en defensa de todos los judíos (8:9-12). Como conmemoración por tan importante liberación los judíos hasta el día de hoy celebran la fiesta de Purim, plural de *pur* que significa *suerte* (9:24).

¿Qué Lección Espiritual Aprendemos del Libro de Ester?

Muy a pesar de que en el libro no se menciona el Nombre de Dios o existe una alusión a la adoración o la oración a Él, encontramos pasajes donde la mano de Dios se movió a favor del pueblo judío. Milagrosamente su exterminación planificada por el malvado Amán no se concretó. No fue una casualidad que Ester fuera incluida en el grupo de doncellas que fueron invitadas de todas las provincias para ser presentadas ante el rey para seleccionar la sustituta de la saliente reina

Vasti (Ester 2:1-8). Tampoco fue una casualidad que Ester desde que llegó a la casa real tuvo aceptación de todos, incluyendo al rey, el cual se enamoró de ella siendo una mujer judía (2:9, 15-17).

No fue meramente suerte lo que acompañó a Mardoqueo cuando oyó y denunció la conspiración de Bigtán y Teres para asesinar al rey, acción que más adelante fue factor único, para él llegar a ser el segundo hombre en el imperio y estar en una mejor posición para defender a su propia gente (2:19-22; 6:1-11).

Ester entró a la presencia del rey para interceder por los judíos con el fin de que no fueran exterminados como estaba establecido en el decreto escrito por Amán. Ella no había sido llamada por el rey y por lo tanto pudo haber enfrentado la muerte con toda certeza (Ester 4:11). Sin embargo, en un acto inesperado el rey le extendió el cetro de oro, esto es, la perdonó y la eximió de la pena de muerte (5:1-2). Bien lo dijo Jesús: *"Mi Padre hasta ahora trabaja, y yo trabajo"* (Juan 5:17b). Dios y Su Hijo Jesucristo no necesitan un día de descanso o tomar unas merecidas vacaciones.

En el libro de Ester no encontramos que los judíos, aun cuando su exterminio se avecinaba, adoraran a Dios o hicieran oraciones para implorar su favor. Los sacerdotes levíticos no hicieron sacrificios y nadie se vistió de ropas ásperas (cilicio). Una situación semejante a lo que sucedía en los días del profeta Elías: los altares de Jehová habían sido derribados, no se adoraba a Dios (1 Reyes 18:30; 19:10). Aun cuando no vemos que el pueblo judío estaba adorando a Dios, Él estaba dirigiendo los destinos de su pueblo, controlando el desarrollo de la historia política, quitando y poniendo líderes. Como dijo el profeta Daniel: *"Él muda los tiempos y las edades, quita reyes y pone reyes; da la sabiduría a los sabios y la ciencia a los entendidos"* (Daniel 2:21).

Confieso que yo no tengo una relación continua con mi Dios, de veinticuatro horas, siete días y trecientos sesenta y cinco días al año. Ha habido ocasiones en que me siento apartado, pero Dios me ha protegido, bendecido, sanado, elevado a una posición más alta en mi trabajo y hasta sorprendido con bendiciones que ni se las había pedido y ni me las imaginaba. Como padres, si aún nuestros hijos nos fallan o toman malas decisiones no los echamos fuera. Al contrario, en medio de sus desesperaciones e incertidumbres les damos un abrazo y le ofrecemos el apoyo necesario. Dios es el mejor padre. Siempre fiel aunque andemos espiritualmente arruinados.

Los Mets de Nueva York son un equipo de béisbol de las grandes ligas que juegan en la división este de la liga Nacional. Fueron fundados en el 1962 como un reemplazo de los antiguos Gigantes de Nueva York y los Dodgers de Brooklyn, los cuales se habían mudado a California. Los Gigantes de Nueva York en la actualidad son los Gigantes de San Francisco y los Dodgers de Brooklyn, los actuales Dodgers de la ciudad de Los Ángeles. Ambos equipos actualmente juegan en la división oeste de la liga Nacional.

Los Mets han ganado dos Series Mundiales, en 1969 y 1986, pero su comienzo fue muy desastroso. En su primer año (1962) tuvieron un mísero récord de cuarenta juegos ganados y perdieron ciento veinte. El peor récord de derrotas en una temporada en la historia del béisbol de las Grandes Ligas desde el año 1899. Hasta 1969, nunca terminaron su temporada arriba de la posición número nueve de un total de diez equipos en la liga Nacional. En ese mismo año (1969), finalmente alcanzaron el primer lugar y se convirtieron en uno de los equipos más impresionantes en la historia del béisbol y se conocieron como los "milagrosos Mets", que llegaron esa misma temporada a derrotar a los Orioles de Baltimore para coronarse campeones mundiales del mejor béisbol organizado, las Grandes Ligas.

¿Qué fue lo intrigante de esta milagrosa franquicia de Nueva York? Con un comienzo muy catastrófico el equipo tuvo algo muy particular: una *fiel fanaticada*. Unos fanáticos que llenaban el parque no importando el marcador final. Convirtieron el estadio, la casas de los Mets, en un lugar de esperanza y entretenimiento. Nunca perdieron la fe en un equipo que en su comienzo fue un desastre. Pacientemente esperaron por la llegada de la celebración de un campeonato mundial. Decía uno de los comentaristas en las transmisiones de los juegos que los fanáticos de los Mets se alegraban y aplaudían aun cuando los jugadores bateaban un *foul* o bola fuera del terreno de juego. ¡Eso se llama *fidelidad*! Ser fiel en las buenas y en las malas, en la victoria y en la derrota. En mi experiencia cuando he asistido a un parque de las grandes ligas y el equipo local está perdiendo en la última entrada, los fanáticos como una manada abandonan el estadio con caras largas y de frustración. De hecho, los Mets por unos veintinueve años han tenido el récord de asistencia para un equipo de béisbol en la ciudad de Nueva York.

Dios es siempre fiel. Se manifiesta en nuestra vida a pesar de la imperfección y faltas que nos rodean. Aunque nuestra casa terrenal esté vacía o indiferente y saboreemos la derrota, Él está pendiente de nuestro bienestar de la misma manera que el sol está detrás de la nube en un día nublado y lluvioso. Aunque nuestra vida se asemeje al comienzo que tuvieron los Mets de Nueva York, saboreando la derrota de año en año, Dios no nos abandona, permanece fiel y a nuestro lado.

En sus momentos más dificultosos el rey David escribió el salmo veintitrés que considero uno de los más bellos poemas que se haya escrito. El salmo cincuenta y uno lo escribió David implorando el perdón de Dios después de haber cometido adulterio con Betsabé, mujer de Urías el heteo y soldado de David, a quien para cubrir su pecado mató sin misericordia alguna. Dios no abandonó a David ni tampoco nos abandona cuando pecamos. Él es el mejor Padre. ¡Y ese es el Dios que merece ser digno de toda gloria y honor! *"Palabra fiel es ésta: Si somos muertos con él, también viviremos con él; si sufrimos, también reinaremos con él; si lo negamos, él también nos negará; si somos infieles, él permanece fiel, porque no puede negarse a sí mismo"* (2 Timoteo 2:11-13).

Dios no Olvida a su Pueblo

El pueblo de Israel vio los milagros que Dios hizo durante su liberación en Egipto en la ejecución de diez plagas que fueron suficientes para demostrarles su eterno Poder y Gloria. Durante toda la travesía por el desierto los sustentó con pan del cielo (maná), durante el día una nube los protegía de los efectos del sol y de noche una columna los guiaba hasta que arribaron a la tierra Prometida. Suficiente testimonio para que adoraran y sirvieran a su Creador sin reproche y aun así lo abandonaron y no quisieron obedecerle pues Esteban en su último mensaje dice: *"Pero nuestros padres no quisieron obedecer, sino que lo desecharon, y en sus corazones se volvieron a Egipto cuando dijeron a Aarón: "Haznos dioses que vayan delante de nosotros, porque a este Moisés que nos sacó de la tierra de Egipto no sabemos qué le haya acontecido"* (Hechos 7:39-40).

Durante el gobierno de los Jueces el pueblo de Israel cayó en un círculo vicioso: hacían lo malo, abandonaban a Dios, Él le nombraba un juez que los librara, llegaba el momento de paz y acontecía que al morir el juez volvían a alejarse de Dios y se corrompían y luego clamaban por otro juez (Jueces 2:11-12, 19; 3:7-8; 6:1-11). A pesar de la desobediencia de los israelitas, Jehová no los abandonó y a través de David reafirma el amor y cuidado por su pueblo (Salmo 48:14; 111:9). Jeremías le dijo a Israel que Dios los ama con amor eterno (31:3).

El profeta Isaías escribe del rechazo a Jesucristo en su sufrimiento como el Mesías enviado de Dios para redimirnos (Isaías 53:3-5). En la cruz Dios amó a todos los seres humanos, a pesar de que la misma Escritura dice que no hay ni tan siquiera un ser humano que sea justo o perfecto (Romanos 3:10-12). Todos descarriados, sin embargo: *"Dios estaba en Cristo reconciliando consigo al mundo, no tomándoles en cuenta a los hombres sus pecados, y nos encargó a nosotros la palabra de la reconciliación"* (2 Corintios 5:19).

Nuestra vida antes de conocer a Cristo es parecida a la liberación de los judíos en el *libro de Ester.* Sin dirigirnos a Dios hacíamos planes, caminábamos de aquí para allá, tomábamos decisiones y como escribió Santiago, decíamos, *"«Hoy y mañana iremos a tal ciudad, estaremos allá un año, negociaremos y ganaremos», cuando no sabéis lo que será mañana"* (4:13-14). Como dijo Pablo, Dios nos dio vida cuando estábamos muertos en delitos y pecados (Efesios 2:1). A pesar de esa muerte espiritual, Dios nos preservó *la vida física* y nos levantó de las garras del pecado, resucitándonos y vivificándonos por el evangelio de Jesucristo. Y en todo ese caminar alejados de Dios, Él estuvo cuidándonos y no se dio por vencido.

La lección que aprendemos del libro de Ester es que a pesar de que los judíos no estaban orando y buscando la presencia de Dios en medio del peligro de su extinción, Él sí estaba obrando a favor de ellos.

Por la sangre preciosa de Jesucristo y su evangelio hemos sido rescatados de nuestra mala manera de vivir. Cuando estábamos muertos y sin esperanza y mucho menos adorando a Dios (1 Pedro 1:18-19). ¡Gracias Dios por tu amor sin reservas!

20

Job: un Tipo de Jesucristo

"En todo esto no pecó Job ni atribuyó a Dios despropósito alguno."
(Job 1:22)

"Él no cometió pecado ni se halló engaño en su boca."
(1 Pedro 2:22)

Una escena que me impresiona y admiro cuando veo las noticias en la televisión es cuando en los reportajes entrevistan a una persona que estuvo encarcelada por muchos años pero que se demostró luego por análisis genéticos que era inocente. Lo que uno espera es que tales individuos expresen remordimiento y odio por aquellos que investigaron su caso y se apresuraron a condenarlos sin una evidencia contundente. Todo lo contrario sucede y en lugar de ello se expresan con buenas palabras. Algunos piden a Dios que perdone a los que cometieron tal injusticia y otros, cuando se les pregunta si van a proceder a demandar a las autoridades judiciales contestan en lo negativo. Ese sufrimiento injusto por tanto tiempo los hace reflexionar. Quizás al principio les produce odio y rebelión y al encontrarse totalmente abandonados y privados de su libertad, valoran lo que es más importante: su *vida futura*. El encarcelado, en su rebeldía y no pudiendo manifestarla fuera de su prisión, se autodisciplina y comienza el proceso de sanación de sus emociones. A la mayoría, el mismo sufrimiento les sirve de escuela, llevándolos a evolucionar del odio a la madurez emocional, llegando así a amar al prójimo y luego a Dios. ¡Bien decía mi papá que, *no hay mejor escuela que la de la vida!*

Nelson Mandela, premio Nobel de Paz, estuvo injustamente encarcelado por unos veintisiete años, simplemente por luchar los derechos humanos de su gente, la raza negra en la Republica de Sudáfrica. Yo no puedo explicar lo que se siente estar encerrado en un pequeño cuarto por tanto tiempo y máxime, pensar que sea por una decisión judicial infundada. Es inconcebible que un grupo de gente poderosa no acepte convivir y defender a otras personas porque nacieron de otro color. No se puede justificar que un color de piel en particular le dé poder a cualquier ser humano para dominar a otra raza diferente a la suya. Mandela, de principio a fin, se preguntaba el por qué la justicia era administrada únicamente por los blancos: el juez, el fiscal, y también quien lo llevaba al banquillo, el alguacil, todos de la raza blanca.

La lucha por la liberación y derechos de su raza llegó a convertirse en *su modus vivendi.* Llegó a manifestar en una ocasión, ya en sus últimos días de vida, que valió la pena hasta abandonar a su familia para lograr la liberación de su gente. Su ideal, al igual que el de Martin Luther King, fue que todas las personas vivieran en armonía con las mismas oportunidades de progresar y triunfar en la vida.

Al leer su autobiografía, *Un Largo Camino a la Libertad (Long Way to Freedom)* me doy cuenta de la capacidad e inteligencia que tenía este hombre y de la insensatez del *gobierno blanco* en Sudáfrica que lo veía como un *terrorista.* Su habilidad de describir en detalle cada suceso de lucha en una perfecta cronología de todo lo que le sucedía, es impresionante. Él narra con exactitud y lujo de detalles inconveniencias, vida familiar, ser perseguido como si hubiese sido un ladrón y malhechor, sus luchas para poder educarse en medio de tanta adversidad y su paciencia de continuar una lucha contra un gobierno que actuaba como Goliat contra David. Creo que Mandela por su don de escritor pudo haber recibido, si los años lo acompañaban, algún premio literario.

Sus innumerables frases en sus discursos y escritos ya son muy conocidas. En cuanto a los enemigos decía que si uno se comunica con el enemigo continuamente, tarde o temprano él se convertirá en nuestro socio. En su discurso inaugural después que fue elegido como presidente de Sudáfrica el 10 de mayo de 1994 expresó que era tiempo de construir y sanar heridas. Fue una persona vertical, sin matices de racismo, buscando la verdad y la justicia para todos. Él manifestó que en la lucha política por la gente africana tuvo que pelear contra la dominación de los blancos y también la de los negros. Él sostenía que la gestión de un buen gobierno debe juzgarse en la manera de cómo trata a los pobres y humildes y no a los distinguidos, educados y ricos. En su gobierno no había preferencia. No consideró a los blancos como sus enemigos ni superiores a su raza negra. Gobernó para todos por igual.

Cuando Mandela llegó a ser presidente de Sudáfrica invitó al palacio de gobierno a los que lo vigilaban en la cárcel sin resentimiento y odio. ¡Qué gran político! Yo sólo tengo una queja contra Nelson Mandela y si hubiese tenido la gran dicha de haberlo conocido personalmente se la hubiese hecho saber. Mi pedido hubiese sido que debió haberse mudado a vivir en Latinoamérica o en los Estados Unidos para que a los líderes y gobernantes, en especial a los latinoamericanos, saturados de poder y arrogancia, les diera cátedra de cómo gobernar con justicia en conjunto con la oposición.

Nuestros políticos en Latinoamérica y en otras parte del globo terráqueo creen que al llegar al poder su labor principal es humillar, apartar, destruir, encarcelar, desterrar y hasta matar a la oposición. ¡Salvajes! No hay lugar para la negociación y compromiso. Nos ha tocado vivir una democracia en pedazos, a probaditas, como si los latinoamericanos fuéramos nada más residentes en nuestros propios países y no ciudadanos con todos los derechos inalienables.

Lo primero que hizo Mandela cuando fue elegido presidente fue servir e incluir en su gobierno a los blancos, los mismos que le privaron de sus derechos y lo encarcelaron. ¡Qué lección para los gobernantes en la actualidad, especialmente los nuestros!

Es de esperarse que una persona que estuvo encarcelada injustamente por casi tres décadas, al quedar libre, sintiera gran odio por tal inhumanidad. Ese sufrimiento físico e inmensurablemente emocional era para volverlo loco pero Mandela le sacó provecho e hizo de la lucha por la liberación de su pueblo del dominio de un gobierno exclusivamente blanco, su razón de vivir. El sufrimiento fue como un arma poderosa que le dio el coraje para no sentirse derrotado y estar en pie de lucha hasta el final.

Job: un Hombre Íntegro

Un dicho popular dice que: *"no se acuerdan de Santa Bárbara hasta que no relampaguea"*, lo cual se entiende que como seres humanos esperamos a que se presente una situación anormal para entonces implorar el favor de Dios para que nos rescate.

¡Me encanta el comienzo del libro de Job! En la introducción se presenta una escena de una familia íntegra. Sus hijos eran numerosos, siete varones y tres hijas. La unidad familiar está ejemplificada por los numerosos banquetes que celebraban juntos y en armonía. Su riqueza, impresionante: *"Su hacienda era de siete mil ovejas, tres mil camellos, quinientas yuntas de bueyes, quinientas asnas y muchísimos criados. Era el hombre más importante de todos los orientales"* (Job 1:3). Una familia modelo, saludable, con abundancia de bendiciones espirituales y muchos bienes materiales. Aun así, no bajaba la guardia, pues se mantenía en oración y haciendo sacrificios a Dios por sus hijos, pues decía: *«Quizá habrán pecado mis hijos y habrán blasfemado contra Dios en sus corazones»* (1:5). Este hombre no esperaba a que llegara una desgracia para adorar a Dios e implorar la protección divina. Relampagueara o no, él adoraba a Jehová.

Job es quizás el personaje bíblico que mejor nos ayuda a comprender el significado del *sufrimiento* pues el tema principal es la aflicción y miseria humana aun cuando se goza de prosperidad, buena salud, teniendo una familia ejemplar y siendo un siervo de Dios. Un hombre con buenas credenciales. Perfecto, temeroso de Dios, apartado del mal, millonario, célebre y padre ejemplar (Job 1:1-4). Pudo haber exclamado como el *rico insensato* que sorprendido por su abundancia de frutos edificó graneros más grandes y dijo: *"Alma, muchos bienes tienes guardados para muchos años; descansa, come, bebe y regocíjate"* (Lucas 12:19). Pero, Job tenía otra filosofía de vida, *"La vida del hombre no consiste en la abundancia de los bienes que posee"* (Lucas 12:15). Por tanto él, *"Se levantaba de mañana y ofrecía holocaustos conforme al número de todos ellos. Porque decía Job: «Quizá habrán pecado mis hijos y habrán blasfemado contra Dios en sus corazones.» Esto mismo hacía cada vez"* (Job 1:5). Es un buen ejemplo a seguir. Cada mañana debemos elevar ante Dios oraciones a favor de nuestros hijos ¡y sí que lo necesitan!

La Visita del Enemigo

Un día se presentan los hijos de Dios ante su presencia y entre ellos estaba Satanás (Job 1:6). Pregunta: ¿quién lo invitó, o él mismo se invitó? De acuerdo a la revelación del apóstol Juan antes de que Jesucristo muriera y resucitara, Satanás podía merodear el universo y llegar hasta el trono de Dios (Apocalipsis 12:7-13).

El *primer* argumento de Satanás ante Dios fue que la integridad y devoción que tenía Job a Jehová era debido a las bendiciones que había recibido de Dios. El diablo razonaba que quitándole toda su riqueza y también su familia Job blasfemaría contra Dios no importando las consecuencias. Dios reta a Satanás que arremeta contra él pero que no toque su vida (Job 1:12). Job es destituido de todos sus bienes incluyendo a su familia y sólo le quedó su esposa que para colmo era una mujer que caminaba por vista y no por fe (2 Corintios 5:7).

El *segundo* argumento de Satanás para explicar la fidelidad de Job hacia Dios era que su salud era impecable y que Job era como un hombre artista de cine que adoraba su físico. Job es herido con una llaga desde los pies hasta la cabeza, que hacía que se rascara todo su cuerpo con un trozo de tiesto. El consejo de su esposa ante la miseria que él estaba sufriendo y que no encontraba una explicación convincente, fue: *"¿Aún te mantienes en tu integridad? ¡Maldice a Dios y muérete!"* (Job 2:9). ¡Mejor estar solo, que mal acompañado!

¿Qué es el Sufrimiento?

En el libro de Job se presentan tres puntos o razonamientos que bien pueden explicar el sufrimiento de un ser humano que sirve y obedece a Dios o dar una respuesta a la pregunta teológica, ¿por qué sufren los justos?, la cual también el salmista aborda en sus escritos y reflexiones (Salmo 44:17).

El *primer* concepto se relaciona con el hecho de que el sufrimiento no depende únicamente del estado espiritual de una persona, sea bueno o malo. El primer capítulo nos presenta a Job como un personaje sin tacha y al servicio a Dios. Uno sí puede ser irresponsable descuidando la salud y las consecuencias pueden ser desastrosas. Por ejemplo si una persona se inicia en el vicio de fumar y termina con un cáncer en el pulmón. Pero la realidad es que cualquier persona sea creyente en Dios o no puede sufrir de cáncer o cualquier otra adversidad aunque tenga cuidado de su salud.

El *segun*do concepto presentado en el libro trata de explicar el sufrimiento en términos de castigo por el pecado. Los tres amigos que se presentan para consolar a Job le argumentan que algún pecado debía estar escondiendo, lo cual él refuta tajantemente (Job 31:1-40). Aunque el pecado tiene consecuencias adversas no es la causa de la mayoría de los sufrimientos. Los amigos de Job, actuando como fiscales en una corte judicial, usaron diversos argumentos para probarle que él era digno de ser castigado por su pecado y que la justicia de Dios simplemente se estaba cumpliendo en él.

Tercer y *último* punto: el sufrimiento es algo inexplicable para cualquier ser humano y sólo Dios puede ayudarnos a entenderlo a través de su Palabra. En una ocasión escuché de Joseph Shulam una historieta de un feligrés judío que estaba pasando por una situación desesperante en su hogar. Este judío cuando llegaba a su casa, después de una larga jornada de trabajo, no podía descansar por el ruido que hacían sus pequeños hijos. Cansado y viéndose que no podía controlar tal situación acude a su *rabino* para consultarle sobre cómo debía proceder.

El rabino le aconseja que añada un nuevo miembro a su familia, ¡que se comprara un perro! Así el ambiente en la casa sería más tranquilo ya que los niños ocuparían su tiempo entretenidos con el perro. Después de unos días regresa con el rabino y le dice: "Mi casa es una algarabía, ahora el perro persigue a mis hijos y sus gritos unidos a los ladridos del animal me tienen loco." El rabino le dice: "Tranquilo, cómprate un gallo y así el perro va a tratar de seguir detrás del gallo y los niños los seguirán también. En tu casa habrá paz, ya verás." No muy convencido, sigue el consejo, va y se compra un gallo. En unos días regresa a ver a su rabino, un tanto desesperado y le dice: "Mi casa ahora es un infierno, el perro persigue al gallo y los niños corren como locos detrás del perro. Ya no sé qué hacer, esto es un caos."

Otra vez el rabino le dice que se tranquilice y que esta vez compre un cabrito. Con un poco de incredulidad obedece el consejo del rabino y trae a su casa el animalito el cual es recibido con mucha alegría por sus pequeños. Un tiempo después regresa muy frustrado al rabino y le hace saber que ya no hay remedio para su situación. Le informa que los niños corretean al perro, el cual persigue al gallo y el gallo sigue detrás del cabrito creando un ambiente no apto para dormir y descansar. El rabino le responde: "vende el cabrito, te aseguro que tu situación en tu hogar va a mejorar considerablemente." Él procede a vender el cabrito y luego de unos días regresa a ver el rabino. Este lo nota un poco tranquilo y le pregunta: "¿Cómo está el ambiente en la casa?" El feligrés le contesta, con poco entusiasmo, "mejor." El rabino le dice, "vende el gallo y me cuentas." Después de un tiempo y haber vendido el gallo, vuelve con el rabino y le dice: "Ya estoy durmiendo mejor y puedo trabajar reposado." Por último, el rabino le aconseja que venda el perro, lo cual él procede a hacer. Unos días más tarde regresa de nuevo con el rabino y entre sonrisas y muy jubiloso le dice: "Rabino no sabe cuánto lo aprecio por sus consejos, ahora puedo dormir tranquilo y en mi casa se respira mucha paz. ¡Gracias, gracias!"

Moraleja: En ocasiones, es necesario que las cosas se pongan peor para que luego mejoren. Cuando sufrimos es difícil entenderlo y las posibles explicaciones ofrecidas no son suficientes. Solo acercándonos al Creador y con paciencia nos ayudará a ser más que vencedores. La palabra nos dice que con la prueba, viene la salida (1 Corintios 10:13).

Precisamente la última intervención en el libro de Job es de Dios quien no culpa a Job como lo hicieron sus amigos sino que le instruye acerca de la sabiduría en la creación. Cuando sufrimos no es momento de filosofar ni con Dios ni con Su Palabra. Debemos aprender lo que Dios ha puesto delante de nosotros. El consejo de Dios fue: *"Escucha esto, Job; detente y considera las maravillas de Dios"* (37:14). ¡El mejor remedio para resolver cualquier problema!

El sufrimiento educó a Job en el conocimiento del Creador sin llegar a rebelarse contra Él. Después de terminado el diálogo entre Job y Dios en el cual Dios le explica la sabiduría y poder en la creación Job queda muy satisfecho y alaba a Dios diciendo: *"De oídas te conocía, mas ahora mis ojos te ven. Por eso me aborrezco y me arrepiento en polvo y ceniza"* (Job 42:5). El conocimiento de la Palabra de Dios es lo que nos ayudará a entender cualquier sufrimiento o situación miserable que nos parezca injusta y no a través de la sabiduría humana, religión, siquiatría o sicología.

Ante la pregunta clásica ¿dónde estaba Dios cuando me sucedió tan terrible acontecimiento o enfermedad? la respuesta es, *a tu lado*. De la misma manera que estuvo con Job cuando el diablo lo estaba azotando y Dios le instruyó que no tocara su vida (Job 1:12). Pablo oró tres veces pidiendo que Dios le quitara un aguijón en la carne y la respuesta de Dios fue: *"«Bástate mi gracia, porque mi poder se perfecciona en la debilidad.» Por tanto, de buena gana me gloriaré más bien en mis debilidades, para que repose sobre mí el poder de Cristo"* (2 Corintios 12:9). Los discípulos le preguntaron a Jesucristo cuando se encontró con el ciego de nacimiento: *"Rabí, ¿quién pecó, este o sus padres, para que haya nacido ciego?"* (Juan 9:2). A lo cual Él les contentó: *"No es que pecó éste, ni sus padres, sino para que las obras de Dios se manifiesten en él"* (v. 3).

Jesucristo y Job

Un Mediador. En el libro de Job encontramos varios pasajes con cierto matiz mesiánico. Job estaba confuso y desesperado por un sufrimiento sin igual, unido a unas explicaciones ofrecidas por sus amigos que no eran muy convincentes. Él deseaba tener a alguien que llevara su caso ante Dios. Anhelaba ardientemente un mediador que fuera justo, un tipo de lo que es Jesucristo, quien está sentado a la diestra de Su Padre intercediendo por los suyos (Job 9:32-35).

Un mediador es una persona que intercede entre dos partes. Sean dos naciones, dos personas, dos culturas o *dos naturalezas:* divina y humana. Lo importante de un mediador es que tiene que conocer cabalmente la naturaleza o situación de las dos partes. Por ejemplo una persona para poder traducir o mediar entre una persona que sólo habla inglés y otra que sólo habla español debe dominar ambos idiomas. De lo contrario será una escena de dos mudos perdidos en un desierto.

Para que alguien pueda interceder por mí ante Dios por mis problemas, enfermedades o situaciones difíciles tiene que conocer y haber experimentado las dos naturalezas: la *divina* y la *humana.* ¿Quién podrá defenderme y ayudarme? *Jesucristo,* porque Él es el único que ha experimentado y conoce ambas naturalezas. Ningún ser humano por santo que haya sido en la tierra tiene tal característica: *haber vivido y habitado como humano y divino. "Pues hay un solo Dios, y un solo mediador entre Dios y los hombres: Jesucristo hombre, el cual se dio a sí mismo en rescate por todos"* (1 Timoteo 2:5-6). ¡La gloria sea dada a Dios!

Un Testigo Fiel. En otro momento de súplica Job clama por un *testigo celestial* que pueda hablar cara a cara con Dios y llevar su defensa y su testimonio (Job 16:18-22; 33:23-28). El siente que es una imposibilidad que un ser humano pueda disputar con Dios directamente y desea tener a su lado un abogado que lo defienda, que tome su lugar. Jesucristo es nuestro amigo, testigo fiel y abogado en cualquier situación de desesperación: *"Hijitos míos, estas cosas os escribo para que no pequéis. Pero si alguno ha pecado, abogado tenemos para con el Padre, a Jesucristo, el justo"* (1 Juan 2:1; cf. Apocalipsis 3:14).

Jesús y el Sufrimiento

En el ámbito espiritual se dice que la causa principal para que una persona se convierta en ateo es el *sufrimiento*. Y es que el sufrimiento es como un arma de dos filos. Nos puede ayudar a alcanzar madurez o hacer indiferentes o rebeldes para con Dios. Cuando una persona rehúsa conocer al Creador y sólo se concentra en su estado mísero llega a ser un necio como lo dice el salmista (Salmo 14:1).

De acuerdo al apóstol Pablo existen dos clases de sufrimientos y tristezas. *Primero*, según el mundo, esto es, cuando nos dedicamos al quehacer diario, a lograr metas y tener éxito sin depender de Dios. En *segundo* lugar, por la voluntad de Dios. Si sufrimos en la carne por seguir la corriente mundana el resultado es *muerte* pero si sufrimos de acuerdo a la voluntad de Dios, *no hay pérdida alguna* (2 Corintios 7:8-13).

Pedro nos dice que no debemos ver como algo extraño el que suframos por seguir y obedecer a Jesucristo pues al contrario, nos hacemos participantes de su sufrimiento (1 Pedro 4:12-19, cf. 2:19-23). Jesús dijo: *"Estas cosas os he hablado para que en mí tengáis paz. En el mundo tendréis aflicción, pero confiad, yo he vencido al mundo"* (Juan 16:33). De acuerdo a Santiago, cuando nos hallemos sufriendo por distintas pruebas debemos gozarnos *profundamente*, porque la prueba de nuestra fe produce paciencia (1:2-3). También Pablo manifiesta que todo lo que le sucedió como portador de las *buenas nuevas de salvación*, incluyendo el ser encarcelado y azotado, contribuyó para el progreso del evangelio (Filipenses 1:12-14).

El profeta Isaías dijo que Jesucristo es un *varón de dolores, experimentado en sufrimiento* (53:3). Desde su nacimiento padeció amenaza de muerte, persecución, desprecio, y hasta llegó a ser desechado por sus hermanos y su propia nación. Siendo el Hijo de Dios nació en un pesebre porque no había lugar en el mesón. No fue bien recibido por la clase religiosa y política judía quienes lo hostigaron hasta el momento de su crucifixión. Sus enseñanzas chocaron con la tradición del pueblo judío que sólo entendía lo externo en la aplicación de los mandamientos de Dios, estacionándose en la sombra y no aceptaron lo *real*, esto es, al Mesías (Colosenses 2:17). El sufrimiento en la cruz culminó con el desgarramiento de su corazón al derramar, no solo sangre, sino también agua (Juan 19:34).

¿Qué efecto tuvo el sufrimiento en Jesucristo? Santiago nos manda que cuando afrontemos una situación de sufrimiento, en la cual nos parezca que ya las puertas se han cerrado, nos *gocemos profundamente* (1:2). Esto es contrario a la naturaleza humana que reacciona en el sentido de justificación. No somos dignos de sufrir sin una explicación clara y convincente.

El sufrimiento tuvo un efecto muy positivo en Jesús. Lo enfrentó con gozo y no con rebeldía (Hebreos 12:2) y aprendió la obediencia. Jesucristo, ¿no sabía cómo sufrir? Bueno, antes de encarnarse la Divinidad, el Verbo hecho carne, a ¿quién tenía que obedecer? La contestación es: ¡a nadie! Una vez en la carne, Jesucristo estuvo sujeto y haciendo la voluntad de Su Padre, algo a lo que Él no estaba acostumbrado antes de llegar a este mundo. *"Y, aunque era Hijo, a través del sufrimiento aprendió lo que es la obediencia; y habiendo sido perfeccionado, vino a ser autor de eterna salvación para todos los que lo obedecen, y Dios lo declaró sumo Sacerdote según el orden de Melquisedec"* (Hebreos 5:8-10). ¡Sabiduría de Dios en misterio!

21

Salmos: Introducción

"aquel varón que fue levantado en alto, el ungido del Dios de Jacob,
el dulce cantor de Israel."
(2 Samuel 23:1b)

Es muy cierto que las mejores canciones, poemas, composiciones en prosa, obras históricas y libros han sido compuestas por autores en sus peores momentos o sufrimientos. El principal autor del libro de los Salmos, David, no fue la excepción y escribió la mayoría de sus obras en situaciones de desesperación. Al igual que el salmista, muchos autores bíblicos escribieron algunos libros de la Biblia en situaciones de peligros y mucho sufrimiento, como lo fue el caso de Job y del apóstol Pablo. En varios salmos el rey David expresa sus sentimientos y ruegos ante Dios cuando se encontraba bajo amenazas de muerte, enfrentamientos con los enemigos de Israel y en momentos de fracasos personales.

La palabra *salmo* nos llega del griego *psalmós*, que significa una canción acompañada con instrumentos de cuerda. En el texto hebreo, salmo es equivalente a *mizmor* que significa, "instrumento musical, poema acompañado con música." El nombre hebreo del libro de los Salmos es *Tehilim* o "Canciones de Alabanzas." El libro como tal contiene unas 150 composiciones las cuales, a su vez están subdivididas en *cinco* libros (salmos 1-41, 42-72, 73-89, 90-106 y 107-150). A esta gran colección sapiencial, también se le conoce como *Salterio* del griego *psalterion*, palabra con la que se conocía a los instrumentos de cuerdas en Grecia.

Aunque cuando pensamos en el libro de los Salmos nos viene a nuestra mente el nombre de David como autor de los salmos existen varios otros autores. Algunas composiciones, 49 en total, son anónimas. Unos 73 salmos están relacionados o compuestos por David los cuales en su mayoría anuncian o profetizan el ministerio del Mesías. Asaf y Coré, descendientes de la tribu de Leví, eran músicos en el Templo y son autores de la mayoría de los salmos encontrados en los libros segundo y tercero. En el libro cuarto se encuentran la mayoría de salmos de autores desconocidos. El salmo 90 es una oración cuya autoría se atribuye a Moisés.

Terminología

Algunos salmos en su encabezamiento tienen ciertas notas acerca del autor, términos sobre la composición, nombres de los músicos y a quién es dedicado.

Selah. Esta palabra aparece al final de algunos versículos cuyo significado es incierto. Se cree que es una notación musical y probablemente significa *pausa* (Salmo 3:2, 4, 8).

Al músico principal. Esta expresión aparece muy a menudo en los salmos. Es probable que se esté indicando al levita encargado de dirigir la adoración en el Templo (1 Crónicas 15:21; 16:7; 23:5; 25:1-7).

Neginot. Instrumentos de cuerda como el arpa o el salterio. La expresión: *Al músico principal, sobre Neginot* se refiere al director de los instrumentos (Salmos 4; 6; 54; 55; 61; 67; 76).

Para recordar o conmemorar (Salmos 38; 70). Esta nota es una traducción del hebreo *lehazkir*, de significado incierto y que posiblemente se refiere a que esos salmos se leían al presentar en el altar las ofrendas de conmemoración o de *olor grato a Jehová* (Levítico 2:2).

Masquil. Término cuyo significado no se conoce con claridad. Probablemente signifique instrucción, un escrito sapiencial con la finalidad de enseñar (Salmo 32; 42; 44; 45; 52-55; 74; 78; 88; 89; 142).

Sigaion de David (Salmo 7). Palabra hebrea de significado obscuro que algunas versiones de la Biblia traducen como "Canción apasionada de David."

Ajelet-sahar (Salmo 22). Quizás sea el título de una canción que podría traducirse como *Cierva de la aurora* cuya melodía se entonaba con las palabras del salmo.

Lirios. Traducción del hebreo, *shoshahannim*, que aparece en los salmos 45; 60; 69 y 80. Los lirios prevalecen en los Cantares de Salomón (libro dedicado al amor conyugal) como símbolo erótico y se usan en la composición de canciones románticas.

Cántico gradual. Los salmos desde el 120 hasta el 134 (unos 15) son titulados cánticos *graduales* o de las *subidas* y también de las *gradas*. Estos salmos los cantaban los peregrinos que subían a Jerusalén anualmente durante las llamadas fiestas de peregrinación ordenadas por Moisés (Éxodo 23:14-17; Deuteronomio 16:16-10). Ellos subían por gradas o escalones cantando hasta llegar a la ciudad de Jerusalén, la cual estaba situada a unos 750 metros sobre el nivel del mar. Algunos rabinos relacionaron los 15 salmos con los quince escalones del Templo donde los levitas cantaban (Ezequiel 40:26, 31).

Sobre Mut-labén. Frase de origen incierto la cual se encuentra en el encabezamiento del Salmo 9 y se ha traducido como "con instrumentos de música."

Sobre Seminit. La palabra seminit (salmos 6 y 12) también es de origen incierto y algunos la han traducido como *instrumento de ocho cuerdas*. Otra traducción posible, de acuerdo a 1 Crónicas 15:21 podría ser *afinado en la octava*.

Higaion. Este vocablo se encuentra en el salmo 9 (v. 16). Su significado puede ser meditación, reflexión, interludio o pausa musical.

Los Salmos: Alabanzas a Dios

En toda la Escritura encontramos diversas composiciones o cánticos que escribieron los siervos de Dios en momentos de alegría, victoria, derrotas y hasta en funerales como fue el caso de David cuando lamenta la muerte de Saúl y su hijo Jonatán (2 Samuel 1:17-7).

Entre los más conocidos se mencionan los cánticos de victoria de Moisés y su hermana María exaltando el triunfo del Ángel de Jehová sobre los egipcios al cruzar el Mar Rojo (Éxodo 15:1-20). Encontramos también cánticos muy sencillos como por ejemplo cuando Dios dijo a Moisés que reuniera al pueblo en frente de un pozo en Beer mientras peregrinaban hacia la tierra Prometida: *«¡Sube, pozo! ¡A él cantad! Pozo que cavaron los señores, que cavaron los príncipes del pueblo, con sus cetros, con sus bastones.»* (Números 21:17-18). Conocemos de Débora, jueza de Israel y de Barac por su cántico de victoria sobre Jabín rey de Canaán quien dirigía un poderoso ejército (Jueces 5:1-31).

Pablo expresa a los filipenses la humillación y exaltación de Jesucristo en una composición en forma de un cántico (Filipenses 2:5-11). Y por último, en el libro del Apocalipsis, el *Cordero que quita el pecado del mundo* es alabado por la obra redentora en la cruz, los que triunfan sobre la bestia y su imagen cantan el cántico de Moisés y el del Cordero:

«Grandes y maravillosas son tus obras, Señor Dios Todopoderoso; justos y verdaderos son tus caminos, Rey de los santos. ¿Quién no te temerá, Señor, y glorificará tu nombre?, pues sólo tú eres santo; por lo cual todas las naciones vendrán y te adorarán, porque tus juicios se han manifestado.» (Apocalipsis 15:3-4).

Clasificación de los Salmos

Al leer los salmos nos encontramos con una amplia variedad de mensajes en los cuales cada autor expresa su sentir de acuerdo a las circunstancias que estaba viviendo cuando los escribía. Como dice un dicho: *hay para toda ocasión y necesidad.*

La lectura de los salmos nos ayuda en cualquier situación: ya estemos tristes, agotados, cansados, alegres, exitosos, en encrucijadas y hasta cuando nos sorprende la vejez (Salmo 71). Por tal razón es imposible clasificarlos adecuadamente pues cada salmo tiene su propio trasfondo situacional. El siguiente es un listado de ciertos grupos de salmos con su mensaje particular:

Alabanza. Dios es digno de ser alabado no importa la situación en que nos encontremos y así queda demostrado en los salmos. Los autores se expresaban con cánticos, cuyas letras nos dan a conocer la situación en que se encontraban. Una gran mayoría de salmos son alabanzas a Dios como el primer paso para acercarnos a Él y sentir su presencia. Son oraciones y cánticos para implorar su favor en medio de cualquier ambiente, ya sea bueno o adverso (23, 95, 96, 98, 100, 103, 106, 107, 118, 136, 147, 149, 150).

El salmo 23 puede usarse en cualquier situación, ya sea en una ceremonia nupcial, dedicaciones, cuando perdemos un ser querido, en tiempos angustiosos o de alegría, celebración de éxitos logrados y hasta cuando somos perseguidos por nuestros enemigos. Cuando lo leo me doy cuenta que el autor, David, no se encontraba frente a una preciosa vista frente al mar buscando la inspiración para componer. Esas palabras salieron en un momento de liberación por la mano poderosa de Jehová.

Dejar fluir frases a través de los labios con tanto significado y sabiduría como: Jehová es mi pastor, en lugares de delicados pastos me hará descansar, confortará mi alma, me guiará por sendas de justicia, aunque ande en valle de sombra de muerte, tu vara y tu cayado me infundirán aliento, aderezas mesa delante de mí en presencia de mis angustiadores, el bien y la misericordia me seguirán todos los días de mi vida y en la casa de Jehová moraré por largos días, son señal de alguien que se encontraba en grave peligro.

No fueron pensamientos altamente elaborados para que fueran bien recibidos por el lector o para merecer un premio literario. Como dijo el mismo David en otro salmo *Jehová es mi porción* (Salmo 16:5). Dios es el único que nos puede librar de cualquier batalla, quien es nuestra derecha y nunca nos falla porque como también el salmista Asaf dijo, somos *ovejas de su prado* (Salmo 73:26; 79:13). El salmista nos da una buena razón para que alabemos a Jehová: *"Alabad a Jehová, porque él es bueno, porque para siempre es su misericordia"* (Salmo 136:1).

En Tiempos de Dificultad. Varios salmos, entre ellos el 42, 43, 61-63 y 112, tienen como tema principal las dificultades y peligros en que se encontraba el autor cuando los compuso. Su recurso fue clamar a Dios por ayuda inmediata. Así es como debemos proceder cuando nos encontramos en situaciones donde nos parece que todas las puertas están cerradas, ¡debemos buscar la *presencia de Dios!*

El salmista en medio de su sufrimiento expresa: *"Mi alma tiene sed de Dios, del Dios vivo. Fueron mis lágrimas mi pan de día y de noche, mientras me dicen todos los días: «¿Dónde está tu Dios?»"* (Salmo 42:2-3).

En momentos de incertidumbre nuestra mente y corazón se turban y lo primero que concluimos es que ya Dios se ha alejado de nosotros. Dios nunca nos abandona. Él permanece a nuestro lado de la misma forma que el sol se encuentra detrás de las nubes en un día lluvioso. No nos debe sorprender la confianza que tenía el salmista en Dios aun cuando no venía la respuesta inmediata de Él, él oraba y argumentaba con Dios: *"Tú que eres el Dios de mi fortaleza, ¿por qué me has desechado?"* (43:2a). Dios también tiene un departamento de quejas y las atiende con mucha amabilidad.

Una característica de David que lo distingue de cualquier personaje en el Antiguo Testamento es que no importara lo que hacía, bueno o malo, *no se apartaba de Dios*. Ni aun cuando cometió adulterio y asesinato. Fue un hombre que en todo tiempo confió en el Todopoderoso y llevó su causa ante Él. Sus palabras no eran oraciones sacadas de un devocional eclesiástico, salían de un corazón inclinado hacia su Creador con una fe que mueve montañas. Él dijo: *"En Dios solamente reposa mi alma, porque de él viene mi esperanza. Solamente él es mi roca y mi salvación. Es mi refugio, no resbalaré"* (62:5-6). Esas palabras muy poéticas por demás, no fueron producto de una inspiración en momentos de tranquilidad y paz, David estaba siendo perseguido por sus enemigos que buscaban destruirlo. ¡Y qué mejor refugio que Jehová de los ejércitos!

Algo a considerar siempre que estudiemos la vida de David es que él como un tipo o símbolo del Mesías o Cristo tenía que asemejarse al Salvador del mundo. Al igual que Jesucristo, David desde su temprana edad hasta su muerte se enfrentó a muchos peligros. Siendo el menor de ocho hermanos, era menospreciado y tratado como un simple pastor de ovejas que constantemente se enfrentaba a leones y osos para proteger a su indefenso rebaño (1 Crónicas 2:13-15; 27:18; 1 Samuel 17:12-14, 34-37).

El primer rey de Israel, Saúl, desató una persecución contra David por el único hecho de que lo había sustituido como nuevo rey por decisión y voluntad de Dios. David no descansó peleando contra los constantes ataques de los filisteos hacia Israel hasta que fortaleció la ciudad de Jerusalén y el pueblo habitó con seguridad como antesala a la época de paz del reinado de su hijo Salomón y de la construcción del Templo.

No ha de extrañar que en sus oraciones y cánticos rebosa la confianza y fe en Dios: *Jehová es mi Pastor*, nada me faltará, *mi alma tiene sed de Dios* y, *mi porción es Jehová*. Cuando hay fe, podemos decir como el salmista *"no tendré temor de malas noticias"* (Salmos 112:7). Pedro escribió que Jesús siempre encomendaba su causa a Su Padre celestial (1 Pedro 2:23).

Contra los Enemigos y la Venganza. Fueron muchas las oraciones y ruegos de David cuando se encontraba acosado por sus muchos enemigos (Salmo 3, 7, 18, 21, 34, 52, 54-55, 57, 59-60, 64, 83, 94, 108, 109, 141-145).

En la Biblia está claro que tener enemigos no es razón justificada para odiarlos y destruirlos. Los últimos cinco mandamientos del decálogo están relacionados con el amor al prójimo (Éxodo 20:13-170). Pero en el libro de Levítico, el mandamiento, *amar al prójimo* solo incluye el amor entre los hijos de Israel como parte de las leyes de santidad y justicia de Dios (Levítico 19:18). Más tarde, Moisés añade que el amor al semejante incluye a los extranjeros en Israel (Deuteronomio 10:16-19). En el salmo 139 encontramos una casi recomendación para odiar a los enemigos (v. 21-22). En el Nuevo Testamento Jesucristo puntualizó amar al enemigo sin condiciones. Él claramente nos manda a amar, bendecir, hacer bien y hasta orar por todos aquellos que nos hacen mal y nos persiguen, y cumpliendo así, podemos llegar a la perfección (Mateo 5:43-48).

En cuanto a la venganza, Dios se ha manifestado con toda claridad y ha dicho desde la antigüedad: *"Mía es la venganza y la retribución"* (Deuteronomio 32:35a, cf. 32:41; Romanos 12:19). Jehová es llamado *Dios de las venganzas* (Salmo 94:1).

¿Cuál fue la estrategia de David hacia sus enemigos? *"Invocaré a Jehová, quien es digno de ser alabado, y seré salvo de mis enemigos," "Este pobre clamó, y lo oyó Jehová y lo libró de todas sus angustias"* (Salmo 18:3; 34:6). Dios nunca nos abandonará en situaciones injustas, pues también el salmista nos exhorta a que descansemos en la protección divina: *"Echa sobre Jehová tu carga y él te sostendrá; no dejará para siempre caído al justo"* (Salmo 55:22).

Salmos de Arrepentimiento. Las palabras originales para *arrepentimiento* en el Antiguo y el Nuevo Testamento, *t'shuvah* (hebreo) y *metanoia* (griego), tienen el mismo significado: un cambio de actitud para volverse o regresar a Dios. No es meramente pedir perdón, decir *I'm sorry* o *lo siento mucho*, sentirse culpable o hacer algún acto de penitencia. Es literalmente dar una vuelta en U. Cuando viajamos y nos damos cuenta que vamos por un camino equivocado, enojarnos, echarle la culpa al compañero de viaje o al *GPS* y sentirnos frustrados por el tiempo perdido no contribuirá en nada para llegar al destino indicado. Lo mejor es tomar toda precaución y regresarnos hasta que entremos en la vía correcta.

El verdadero arrepentimiento incluye la mente y el corazón. Es la actitud de no volver a cometer la misma falta y aprender de los errores para no repetirlos. Dios sabe que no somos perfectos y tampoco espera que lo lleguemos a ser en tan corto tiempo de vida, quizás menos de ochenta años.

Los salmos 6, 32, 38, 51, 102, 130, 143, en total siete, son considerados salmos de *arrepentimiento* por su contenido y tema principal. En ellos el salmista expresa su sentir después de haber pecado e implora el favor de Jehová. David no sólo se siente avergonzado, sino que su estado de ánimo es el de un enfermo: *"Ten misericordia de mí, Jehová, porque estoy enfermo; sáname, Jehová, porque mis huesos se estremecen"* (Salmo 6:2). Y no es para menos pues el pecado es como un cáncer que sólo puede ser erradicado por el sacrificio de Jesucristo en la cruz. Tan sincero es David en su arrepentimiento que sus gemidos *inundaban* su lecho cada noche (6:6).

El salmo 32 es una oración de David dando gracias a Dios por el perdón de sus pecados: *"Bienaventurado aquel cuya transgresión ha sido perdonada y cubierto su pecado. Bienaventurado el hombre a quien Jehová no culpa de iniquidad y en cuyo espíritu no hay engaño"* (v. 1-2).

Nos sentimos muy felices cuando terminamos de pagar una deuda que nos era difícil solventar. Emocionalmente nos afecta que mensualmente tengamos que hacer un pago y la deuda parece que retiene su valor original. Las faltas y pecados tienen el mismo efecto y cuando callamos y damos la espalda a Dios nos sentimos deprimidos. Nuestro silencio tiene efectos negativos pues el salmista dice que hasta sus huesos se envejecieron (Salmo 32:3; 102:3-5) y tenía el corazón desolado (Salmo 143:4).

El salmo 51 es muy particular. Es la reacción de David cuando fue amonestado por el profeta Natán después que cometió adulterio con Betsabé, esposa de Urías el heteo, a quien asesinó para cubrir su pecado. Urías fue un hombre íntegro y fiel soldado que fue víctima del abuso de poder del rey David. Esa historia vergonzosa y criminal se encuentra en el segundo libro de Samuel capítulos, 11 y 12. David a pesar de cometer tan terrible falta enfrentó las consecuencias con integridad y confianza en Dios. Ese era su *lado fuerte*. No importaba cuán grande y horroroso era el pecado cometido por él, se acercaba a Dios en confianza y oración. Para él no había otro refugio. Así debemos proceder todos los que hemos creído en Jesucristo. Dios es nuestro doctor, sicólogo, siquiatra. No hay que hacer cita en su consultorio, las puertas siempre están abiertas. *Él es nuestro Padre.*

Salmos de Súplicas, ¿Hasta cuándo? Hay varios salmos donde el salmista no ve la respuesta en sus oraciones y sin reservas le dice a Dios, ¿hasta cuándo, Jehová? (Salmo 13:1; 35:17, 22; 74:10; 79:5; 80:4; 89:46; 94:3). En ocasiones nos encontramos en situaciones inesperadas, adversas y que no entendemos por qué suceden. En esos momentos más difíciles cuando nos sentimos que es injusto que el sufrimiento nos haya tocado como por lotería, sin esperarlo, la tendencia es cuestionar a Dios. Y en seguida nos preguntamos, ¿por qué a mí?

En nuestro estado de confusión, como en el que se encontraba Job, pensamos que Dios se tarda en contestar nuestras oraciones. El salmista se encontró en situaciones de peligro, ataques constantes de sus enemigos y en momentos de aflicción. Se sentía inerte, simplemente exclamaba diciéndole a Dios: *"¿Hasta cuándo, Jehová? ¿Me olvidarás para siempre? ¿Hasta cuándo esconderás de mí tu rostro?"* (Salmo 13:1).

Moisés y David hablaron con Dios con toda confianza, sin restricción alguna, usando la libertad de expresión. Fueron claros en sus planteamientos. No servían a Dios con miedo pensando que Dios se enojaría con ellos si lo cuestionaban. Dios obra justamente, Él no es un dictador. *Dios respeta la libertad de prensa.*

Cuando los enemigos de David lo acechaban, lo acusaban falsamente y se burlaban de él, David se encontraba que sus oraciones a Dios no tenían respuesta (Salmo 35:17, 22). Dios contesta todas nuestras oraciones. En ocasiones recibimos un *No* como respuesta y en su mayoría un *Sí.* Pablo oró tres veces a Dios para que le quitara un *aguijón en la carne,* una enfermedad que la Biblia no explica. La contestación de Dios para esa oración fue *"bástate con mi gracia porque mi poder se perfecciona en la debilidad"* (2 Corintios 12:9). Cuando la contestación es no, podemos apelar ante Dios con toda confianza, sin temor a represalias, como acostumbraba hacerlo el salmista. Pablo dice que podemos dirigirnos a Dios diciéndole: Papito o *abba Padre* (Romanos 8:15).

Hallel. Los salmos 113 al 118 son conocidos como el *hallel* o *alabanza,* pues casi todos empiezan alabando a Dios y terminan con la palabra *aleluya* que significa alabar a Jehová. Los judíos acostumbran leer estos salmos durante la celebración de las fiestas de peregrinación: los panes sin levadura (Pascua), fiesta de las Semanas o Pentecostés y los Tabernáculos (Deuteronomio 16:16). El hallel es parte de la ceremonia pascual o *Seder* por el mensaje del salmo 114 que hace referencia a la salida de los israelitas cuando fueron liberados de la esclavitud en Egipto por la poderosa mano de Dios.

Nuestro Señor Jesucristo siguió la liturgia judía en su *última cena* con sus discípulos recitando el salmo 118 (Mateo 26:30). Lo impactante de tal acción de Jesús es que la última parte de ese salmo habla del rechazo de su propia nación: *"La piedra que desecharon los edificadores ha venido a ser la cabeza del ángulo"* (Salmo 118:22) y en el versículo 25, profetiza la salvación para todos los seres humanos por su muerte en la cruz. Jesús ya anticipaba su victoria sobre el *pecado,* la *muerte* y *Satanás.* Por tal razón, en lugar de lamentarse se deleitó cantando alabanzas a Su Padre.

Un Canto a la Creación. Pablo escribió que los hechos de Dios, Su eterno poder y deidad están manifestados en todo el universo (Romanos 1:20). Los salmos 19, 33, 65, 104, 148 dan honor al creador por la perfección de todo lo que vemos a nuestro alrededor. No es necesario ser un científico para darnos cuenta que el *universo* tuvo un diseñador que posee plena sabiduría, un arquitecto y su funcionamiento perfecto es debido al poder de Jesucristo en quien todas las cosas descasan o subsisten (Colosenses 1:17; Hebreos 1:3).

Cada obra de pintura tiene el estilo propio y al mirarlas podemos reconocer su autor, no solo por su estilo sino también por los colores usados, temas, conceptos o mensajes abstractos. Al contemplar la creación no podemos pensar que su arquitecto haya sido la *casualidad*, una explosión o como insustancialmente se ha concluido, *siempre la materia ha estado ahí*. El salmista al ver los cielos concluyó con toda verdad quién fue su creador: *"Los cielos cuentan la gloria de Dios y el firmamento anuncia la obra de sus manos. Un día emite palabra a otro día y una noche a otra noche declara sabiduría"* (19:1-2).

Salmos Reales o para la coronación de un Rey. Se escribieron una serie de salmos cuyo fin es la coronación y exaltación del rey de Israel, David y los reyes después de él. Es una lista de unos once salmos: 2, 18, 20, 21, 45, 72, 89, 101, 110, 132, 144. De estas composiciones, los salmos 2, 45, 72, 89, 110 y 132, profetizan la exaltación de Jesucristo como el Rey de reyes y Señor de señores. El salmo 110 tiene la particularidad de ser el salmo más citado en el Nuevo Testamento y en su totalidad, cada versículo aplica o se interpreta con referencia a Jesucristo.

Repertorio para toda Ocasión. El libro de los salmos tiene también una variedad de oraciones o himnos que nos dan fe, confianza, conocimiento de Dios para enfrentar cualquier situación en la vida, ya sea de celebración, adversidad o de incertidumbre. Cuando se presenta la vejez, que Salomón llamó los *días en que no hay contentamiento*, en el salmo 71 encontramos una oración de un anciano, que nos ayuda a consolarnos. Los ancianos son atropellados y hasta abandonados, pero Dios siempre está disponible para fortalecer las rodillas paralizadas y los huesos desgastados. Aun los pobres alcanzan la misericordia de Dios y los hace sentarse con los príncipes (Salmo 113:7-9).

Las nuevas generaciones no consideran la transitoriedad de la vida y hoy se vive con la falsa seguridad de que tenemos unos cien años de vida por delante. Vivimos como si fuéramos deportistas en el clímax de sus energías, ¡como si nunca se agotaran! Trabajamos demasiado con la esperanza que en el último tramo de la vida tendremos las mismas fuerzas, salud, tiempo y dinero para vivir mejor. El salmista atacó tal vanidad: *"Hazme saber, Jehová, mi fin y cuánta sea la medida de mis días; sepa yo cuán frágil soy"* (39:4). Hay salmos que nos enseñan del incondicional amor de Dios hacia su pueblo a pesar de serle infiel (27, 77, 81), de la soberanía de Dios (24, 66, 67), otros exaltan su Ley o Torah (19, 119) y la insensatez de confiar en las riquezas (49).

"Deléitate asimismo en Jehová y él te concederá las peticiones de tu corazón" (Salmo 37:4). ¡Amen!

22

Salmos: Conceptos Teológicos

"Tu siervo soy yo, dame entendimiento para conocer tus testimonios."
(Salmos 119:125)

Los salmos no solamente son poesía para alentar y consolar a un pueblo con historial de acecho, desobediencia a Dios y que constantemente luchaba contra sus enemigos. Son también una fuente de conocimiento del Creador que de su infinito amor decidió escoger a Israel como su nación. Esas composiciones poéticas nos hablan del carácter de Dios y Su amor por gente que caminó en dirección contraria. Los salmos cantan al Todopoderoso el cual es incomparable a cualquier cosa que llamen Dios. Entre la poesía, lo profético y mesiánico encontramos varios conceptos que trascienden todas las palabras que el ser humano pueda expresar hacia el Creador, ya sea en medio de la alegría o el dolor.

El Justo y los Malos

El malo no es únicamente el que hace maldad a la vista de quienes le rodean, mata, roba, insulta, es chismoso, muestra odio, etc. El mismo primer salmo, como una introducción a los salmos, inicia haciendo una diferencia marcada entre el *justo* y el *malo* o pecador. Muy particular es el hecho de que el salmista se dirige al justo en *singular* y al malo en *plural*.

Usa figuras de expresión como un *árbol plantado junto a corrientes de agua*, para referirse al justo y de los malos dice que son como el *tamo* (paja de las semillas), que el viento arrebata.

Los malos no habitarán junto con Dios por su insensatez, pues ellos no son sinceros y su lengua es mentirosa (Salmo 5:4-6, 9). Una característica que el salmista resalta de los inicuos es la ausencia de la búsqueda de Dios y Su sabiduría (v. 3-4; 53:1). En ocasiones nos sentimos como el salmista, nos parece que Dios no actúa cuando los malos se conducen impunemente (Salmo 10:1, 11, 13). La prosperidad que generan los hacedores de maldad en gran abundancia (Salmo 73:1-3) nos hace sentir que por alguna razón son remunerados. Pero al fin Dios hace justicia al huérfano y al oprimido (Salmo 10:18) y los malos no se *levantarán en el juicio*.

David dedica todo el salmo 37 a exaltar la vida de los justos y el destino de los malvados. Estos últimos, serán cortados como la hierba (v. 2), serán destruidos por Dios (v. 9, 38) y hasta Dios se reirá de ellos (v. 13). En cambio, el justo se deleita en Jehová y Él les concede sus peticiones (v. 4). Las experiencias de la vida le enseñaron a David el cuidado que tiene Dios hacia los justos y misericordiosos. *"Joven fui y he envejecido, y no he visto justo desamparado ni a su descendencia que mendigue pan"* (v. 25). En otro salmo dice, *"Ciertamente hay galardón para el justo; ciertamente hay Dios que juzga en la tierra"* (58:11).

Uno de los castigos que reciben los malignos, de acuerdo la literatura sapiencial, es que su vida es acortada por lo cual en algunos salmos el salmista pide que Dios les acorte sus días en la tierra (Salmo 26:9; 55:23; 102:24). A diferencia de los malos los *justos* pueden vivir largos días: *"El temor de Jehová aumenta los días, más los años de los malvados serán acortados"* (Proverbios 10:27). Por lo tanto, el *justo* es aquel que confía y obedece los mandamientos de Jehová, recibe bendiciones y disfruta plenamente de la protección Divina: *"Echa sobre Jehová tu carga y él te sostendrá; no dejará para siempre caído al justo"* (Salmo 55:22). Y lo más galardonador para el recto de corazón y el que ama la justicia es que verá el *rostro de Dios*

(11:7). El justo recibe una transformación espiritual aquí en la tierra y cuerpo celestial en la resurrección de los muertos que le hará posible vivir en la presencia de Dios, pues dice la Escritura que en este cuerpo carnal no podemos ver a Dios y seguir viviendo (Éxodo 33:20).

Prosperidad

La prosperidad es una enseñanza bíblica que se ha interpretado en términos materiales. En círculos religiosos se le ha dado un matiz de enriquecimiento para esta vida. El éxito, de acuerdo a algunos salmos, no es sinónimo de ser millonario, puede incluirlo, pero no es una condición a cumplirse. No es hundirnos en un materialismo que luego nos recompensa con un estrés que nos lleva a la inseguridad afectando nuestra salud, el bienestar, la familia y nuestra relación con Dios. Pablo dijo que había sido enseñado a *tener necesidad* y *padecer escasez* (Filipenses 4:12). El proverbista imploraba ante Dios que no le diera pobreza ni riqueza, sino lo necesario para vivir, el *pan de cada día* (Proverbios 30:7-10; Mateo 6:11).

En el hebreo existen varias palabras para expresar la idea de prosperidad o bienestar, en total siete vocablos. La que tiene un significado más amplio es *Shalom,* que se entiende como gozar de paz en todo su sentido. Cuando dos judíos se encuentran uno con el otro y se dicen mutuamente, "Shalom, Shalom", lo que se desean, no es simplemente alegría o un estado de tranquilidad. Es todo, paz, bienestar, tranquilidad, paz hasta con los enemigos, bendiciones materiales y salud. Una palabra que está relacionada con *Shalom* es *shelemut,* la cual significa, *integridad* o una vida completa como lo expone Santiago: *"para que seáis perfectos y cabales, sin que os falte cosa alguna"* (1:4).

La *prosperidad* en los salmos se refiere a un estado espiritual de abundancia o bienestar que la persona experimenta cuando se acerca a Dios sintiéndose satisfecho y lleno de paz. David expresa firmeza y fortaleza como un estado de estabilidad espiritual que lo hace sentir ligado a Dios: *"En mi prosperidad dije yo: «No seré jamás conmovido»"* (Salmo 30:6). David no estaba expresando satisfacción por riquezas recibidas, sino por su confianza y fe que había depositado en Dios. Su intimidad con Dios, la cual él describe como la *gloria de Dios,* es más que suficiente para ser prosperado (45:4). En ocasiones nos sentimos como David envidiando la prosperidad que aparentemente tienen los malos los cuales no adoran ni aceptan a Dios como soberano y dador de todas las cosas (Salmo 73:1-9).

¿Y quién es una persona próspera? Encontramos la respuesta en el salmo 112. Esta composición es una lista de las características que un ser humano alcanza cuando teme y sirve a Dios, o más propiamente dicho en el lenguaje característico de los salmos: ¡un *justo*! Tal persona teme a Dios y se deleita en guardar sus mandamientos (v. 1). Disfruta de salud, bienes materiales, es clemente, misericordioso y administra sus riquezas con justicia. Da a los pobres, su corazón está tranquilo y es la envidia de los impíos. El justo, *"no tendrá temor de **malas noticias**; su corazón está firme, confiado en Jehová."* (v. 7 énfasis mío).

El salmo 144 es una oración y cántico pidiendo a Dios prosperidad para la nación y protección a su rey. Es prácticamente una antología donde recoge pensamientos y mensajes de otros salmos, principalmente de los salmos 18 y 143 (cf. Salmo 8, 33, 39, 69, 109). En los versículos uno al once el autor suplica por la protección y liberación de sus enemigos. Comienza su pedido alabando a Jehová por darle la fuerza y adiestramiento para la batalla y continúa reconociendo el poder de Dios en la creación y su dominio soberano sobre todas las cosas.

La segunda parte del salmo (v. 11- 15) nos ofrece una descripción de lo que es en sí, una nación próspera. Los *hijos* se desarrollan saludablemente, fuertes como las plantas y las *hijas* son tan bellas como los palacios. Los campos de agricultura florecen, los ganados y los frutos de las plantas se multiplican y los bueyes están robustos para el trabajo como bendiciones directas de la mano de Jehová. El salmo termina con una bienaventuranza: *"¡Bienaventurado el pueblo que tiene todo esto! ¡Bienaventurado el pueblo cuyo Dios es Jehová!".* Las naciones son fuertes cuando por sus políticas y acciones reconocen a Dios y son justos con los menos afortunados.

La prosperidad está ligada a la salvación como un estado que se alcanza por la adoración a Dios (118:25). Pablo dijo que nadie puede llamar a Jesús, *Señor,* sino por el Espíritu Santo (1 Corintios 12:3).

Jesucristo es la totalidad de la vida, lo completo o pleno: *"porque al Padre agradó que en él habitara toda la plenitud"* y en Él *"habita corporalmente toda la plenitud de la deidad"* (Colosenses 1:19; 2:9). Jesús nos dice: *"Yo he venido para que tengan vida, y para que la tengan en abundancia"* (Juan 10:10b). Él es el buen Pastor que provee para todas nuestras necesidades y que dijo: *"¿De qué le servirá al hombre ganar todo el mundo, si pierde su alma? ¿O qué dará el hombre a cambio de su alma?"* (Mateo 16:26). El afán en la búsqueda de bienes materiales nos atesora inconformidad pero confiados en Cristo estamos seguros, contentos y *prosperados.* ¡Tengamos mucho o poco, la *diferencia* no es muy grande!

El Temor a Jehová

Un mandamiento señalado a través de la Escritura, en especial en los salmos, y difícil de comprender, es *temer* a Jehová. ¿Por qué temer o tenerle miedo a un Dios que es *amor* y que quiere estar cerca de nosotros? Jehová siempre está cerca, nunca se oculta y busca a los que están lejos (Salmo 119:151; Jeremías 23:23; Efesios 2:17). La expresión servir a Jehová con temor o temer a Dios es usada en varios salmos (2:11; 5:7; 19:9; 34:11; 111:10; 112:1). La encontramos también en el libro de Levítico en un contexto diferente: *"No maldecirás al sordo, ni delante del ciego pondrás tropiezo, sino que tendrás temor de tu Dios. Yo, Jehová"* (19:14). De acuerdo a este pasaje se puede entender que maldecir a un *sordo* puede pasar desapercibido, pues no *oye* y de la misma manera el *ciego* por su condición no podrá reconocer a quien le pone tropiezo. Ahora bien, ni el sordo ni el ciego podrán identificar y probar ante un juez quién fue el autor de su falta o agresión contra ellos, sólo Dios conoce al autor de los hechos.

Entonces, *temer a Dios* significa que debemos actuar conforme al amor, aun en aquellas situaciones en las que pareciera que nadie nos descubrirá o que nos justifiquemos por nuestra propia cuenta no tomando en consideración la Palabra de Dios y Su voluntad. Es decir, siempre tenemos que actuar con justicia pues Dios está presente en todo lugar o situación.

No podemos proceder en nuestro diario vivir de acuerdo a las conocidas y famosas frases: nadie me ve, yo no lo sabía, me parece que lo que hice está bien, alguien me dijo, no me lo pueden probar, no se dieron cuenta o no habían testigos. Siempre debemos considerar a Dios en todo lo que hacemos y decimos pues todo está declarado ante su vista. El salmista hablando de la omnipresencia y omnisciencia de Dios se preguntaba, *"¿a dónde me iré de tu espíritu? ¿Y a dónde huiré de tu presencia?"* (139:7, cf. v. 8-12).

El *temor a Dios* también se puede traducir y entender como reverencia, respeto hacia Él. El principio de la sabiduría es el temor a Dios, lo cual indica que Su Palabra nos instruye para obedecer sus mandamientos. Jesucristo dijo que si lo amamos, guardemos sus mandamientos.

Omnipresencia y Omnisciencia de Dios

Job dijo que Dios hace cosas que *no podemos entender* (Job 37:5). Lo infinito desafía nuestra mente y el ejemplo de la circunferencia no es suficiente para comprender lo eterno, lo que nunca termina. Nos intriga pensar cómo Dios puede escuchar las oraciones de sus hijos al mismo tiempo y a distancias enormes. Nuestra limitación de poderes y habilidades nos hace incapaces de entender las obras visibles de Dios. El mundo físico, el cual como dijo Pablo, se puede *palpar y entender por las cosas hechas* nos demuestra que la creación tuvo un Diseñador.

Los colores de la naturaleza son un testimonio no únicamente del funcionamiento del universo sino también demuestran que Dios tiene gustos y su creación la adornó como obra de un artista. Dios quiso embellecer y deleitarse con los colores de la naturaleza aunque no son fuente de alimento. Mi madre, a quien no le gustaba sembrar flores acostumbraba a decir, "las flores no se pueden comer." Eso es verdad, pero los colores de ellas nos agradan y son una terapia para nuestro espíritu y mente. Dios también quería embellecer, -es un artista y no simplemente quiso hacer que el universo funcionara.

Dios hace cosas incomprensibles a nuestro conocimiento porque es el Todopoderoso y sabio, el único que no necesita consejo. Dos poderes que el salmista exalta sobre Dios son la *omnipresencia* y *omnisciencia* y para tal fin, dedica todo el salmo 139. No es que Dios se haya propuesto saberlo o estar en cualquier lugar al mismo tiempo o que su conocimiento se haya desarrollado a través de la experiencia, por la eternidad. Es que esa es su naturaleza.

El salmista dice que Dios sabe cuándo David se acuesta y se levanta y por consiguiente también todos los seres humanos (Salmo 139:1-2). Por nuestras limitaciones no podríamos ni tan siquiera saber cuándo cada uno de los miembros en la familia se levanta o se acuesta. Tendríamos que preguntarles a cada uno de ellos y confiar en la información que nos presenten y aun así quizás nos quedemos con duda.

Dios por ser omnisciente ya sabe nuestros pensamientos antes que los emitamos vocalmente: *"pues aún no está la palabra en mi lengua y ya tú, Jehová, la sabes toda"* (Salmo 139:4). Y para aquéllos que piensan que un embrión se puede tratar como si fuera otro órgano en el cuerpo humano el salmista tiene una aseveración sobre la vida humana: *"Mi embrión vieron tus ojos, y en tu libro estaban escritas todas aquellas cosas que fueron luego formadas, sin faltar ni una de ellas"* (v. 16). ¡Sabiduría de Dios en misterio!

Jesucristo, hablando del temor a Dios y del cuidado que tiene por nuestros cuerpos señala que aun la pérdida de uno de nuestros cabellos llama la atención de Su Padre: *"¿No se venden cinco pajarillos por dos cuartos? Con todo, ni uno de ellos está olvidado delante de Dios,* **pues aun los cabellos de vuestra cabeza están todos contados.** *No temáis, pues; más valéis vosotros que muchos pajarillos."* (Lucas 12:6-7 énfasis mío).

La Justicia de Dios

La justicia es un concepto poco enseñado y entendido en la iglesia. Tradicionalmente justicia se ha definido como una acción que afecta a todos por igual, recibiendo cada cual lo que merece de acuerdo a sus actuaciones, negativas o positivas. En el ámbito legal, se trata de que cada uno reciba lo justo y merecido de acuerdo a las leyes y códigos establecidos por un legítimo gobierno. *Hacer justicia* es aplicar tales leyes a todos por igual sin considerar raza, condición o estatus social, económico o religioso. En ocasiones nos encontramos con la realidad del refrán "la justicia es ciega" cuando ciertos sectores y personas de la sociedad se libran de cumplir la ley.

En el idioma hebreo existe la palabra *tsedacá,* muy rica en significado que transmite varias expresiones. Es el derecho natural y moral que tiene toda persona y conlleva la idea de hacer justicia, rectitud, honradez y, en una manera figurativa, se refiere a la prosperidad. En el griego, el concepto de *equidad* es muy pronunciado al definir justicia. El vocablo *dikaiosúne,* de sus raíces *dike* (derecho) y *dikaios* (equitativo), conlleva la idea de ser equitativo ya sea de hecho o palabra, la cual en la Biblia se traduce como *justicia* y *justificación.*

David y la Justicia de Dios. David, un hombre perseguido por sus enemigos, con problemas familiares, hundido en el pecado por satisfacer los apetitos de la carne y siendo el rey de Israel, tenía sed de la justicia de Jehová. Él llamaba a Dios *justicia mía* o *vindicador,* esto es, uno que lo defiende (Salmo 4:1). Le pedía a Dios que lo juzgara conforme a Su justicia (35:23-24). Por lo tanto, en confianza confesaba su pecado a Dios (7:3-4). El salmo nueve es un cántico de alabanza de David hacia Dios, adorándolo por el beneficio de ser juzgado conforme a la justicia del Creador: *"Has mantenido mi derecho y mi causa; te has sentado en el trono juzgando con justicia"* (v. 4). Tal confianza tiene el salmista en Dios que no vacila en expresarlo: *"En cuanto a mí, veré tu rostro en justicia; estaré satisfecho cuando despierte a tu semejanza"* (Salmo 17:15).

Aunque David habla en el salmo 18 de su propia justicia en una forma que parece un elogio a sí mismo hay que notar que el contexto de dicho salmo es un agradecimiento a Dios por una victoria sobre sus enemigos (v. 20-24; cf. 7:8). Para el salmista la justicia de Dios no es meramente equidad, castigo o premio; es salvación y misericordia. Dios es justo en todas sus acciones (Salmo 40:9-10) por lo cual debe ser alabado por su pueblo (Salmo 98:1-9; 103:6-8; 143:11).

Ley vs. Evangelio. Uno de los propósitos de La Ley o Torah dada por Moisés al pueblo de Israel era educarlos en las cosas santas referentes a la adoración a Dios. Eran dos entidades, Dios e Israel, totalmente distintas. Separadas por una pared simbolizando el pecado como lo expone el profeta Isaías. Haciendo todo lo que estaba prescrito en el rollo de la Ley, *si lo lograban*, los israelitas alcanzaban un buen status delante de Jehová.

Moisés resumió la justicia que se alcanza por la Ley, basada en la obediencia a los estatutos pronunciados en el Monte Sinaí: *"Por tanto, guardaréis mis estatutos y mis ordenanzas, porque el hombre que los cumpla, gracias a ellos vivirá. Yo, Jehová"* (Levítico 18:5). Entendemos que ningún israelita o extranjero dentro de ellos pudo alcanzar tal perfección delante de Dios pues Pablo dijo que por la ley mosaica nadie pudo ser justificado o declarado justo ante Dios (Romanos 3:20; Gálatas 2:16; 3:11-12).

Por otro lado, en el Evangelio que Pablo define como la *muerte, sepultura* y *resurrección* de Jesucristo (1 Corintios 15:1-4), la justicia de Dios o justificación se revela por fe y es otorgada al cristiano por la *fe de Cristo* quien perdonó todos nuestros pecados. Dice la Escritura: *"Sabed, pues, esto, hermanos: que por medio de él se os anuncia perdón de pecados, y que de todo aquello de que no pudisteis ser justificados por la Ley de Moisés, en él es justificado todo aquel que cree"* (Hechos 13:38-39). En la cruz, cuando Jesucristo suplicaba a su Padre con gemidos indecibles y derramaba su sangre, Dios nos estaba reconciliando consigo no tomando en cuenta nuestras rebeliones (2 Corintios 5:17-19). Y, ¡qué bueno que Jesucristo fue hecho *justicia nuestra* y somos justificados delante Dios por su fe! Pues mi fe es como la temperatura del ambiente: sube, baja o se queda igual.

Jesucristo es nuestra justicia (1 Corintios 1:30) y por lo tanto somos declarados justos por sus méritos ganados en su muerte en la cruz. Al principio de conocer a Jesús notamos que somos diferentes. Una transformación ha ocurrido, obra del Espíritu Santo. Vamos camino hacia la perfección. Luego mejoramos nuestra manera de vivir espiritual y emocionalmente. Avanzamos hacia una madurez que nos hace sentirnos diferentes porque experimentamos y llegamos a entender que ya este mundo no es nuestra habitación.

Pablo dijo que *"Dios nos ha hecho sentar en lugares celestiales"* (Efesios 2:6). *"Sabiendo que el hombre no es justificado por las obras de la Ley, sino por la fe de Jesucristo, nosotros también hemos creído en Jesucristo, para ser justificados por la fe de Cristo y no por las obras de la Ley, por cuanto por las obras de la Ley nadie será justificado."* (Gálatas 2:16, cf. v. 20; Romanos 5:9, 18; 20; Tito 3:7 énfasis mío). Soy *justo*, por el sacrificio de Jesucristo y soy *perfecto* porque así Dios me ve (Hebreos 10:14). ¡Sabiduría de Dios en misterio!

23

Salmos Reales: Coronación de Jesucristo

"Yo publicaré el decreto; Jehová me ha dicho: «Mi hijo eres tú; yo te engendré hoy."
*(*Salmo2:7)

La transferencia del poder gubernamental en algunos países es de mucha controversia y hasta muy violenta. Terminan las campañas políticas y se desatan manifestaciones en las calles donde los opositores y los seguidores del actual gobernante chocan y miden sus fuerzas. La inauguración del nuevo presidente no está ausente de controversias y en algunos casos, meses después, aún no se avalan los resultados eleccionarios que representa la voluntad del pueblo.

Aquí en los Estados Unidos de Norteamérica cuando terminan las campañas para elegir los candidatos a la presidencia de la nación todo vuelve a la calma y los que no estamos muy envueltos en la política respiramos con cierto grado de tranquilidad y alegría. Recuerdo con mucha satisfacción la noche que terminó la elección del presidente Barack Obama a su primer término. El candidato opositor John McCain en su discurso de aceptación de su derrota felicitó al nuevo presidente y terminó su discurso diciendo con una sonrisa: "Él es mi presidente." ¡Qué buen ejemplo y demostración de civilidad para el mundo!

Salmo 2: El Ungido de Jehová

Este salmo, que los primeros creyentes atribuyeron a David (Hechos 4:24-26), es parte de un grupo de salmos llamados *reales* o designados para la coronación y entronización de un rey (2, 18, 20, 21, 45, 72, 89, 101, 110, 132, 144). De ese grupo, los salmos 2, 21, 45, 72, 89, 110 y 132, están relacionados al Mesías o Cristo. El salmo 2 comienza abruptamente, a diferencia de muchos salmos que inician alabando y glorificando el *Nombre* de Dios. Sin dirigirse a Jehová, el autor entra en el tema político de oposición y amotinamiento de las naciones a la investidura del nuevo rey o ungido de Jehová (v. 1-2). Lo cual se puede entender más claramente con lo sucedido durante la sucesión del reinado de David a Salomón.

El medio hermano de Salomón, *Adonías*, había usurpado el trono sin haberlo consultado con su padre David. Betsabé, madre de Salomón, por consejo del profeta Natán lo hace saber al rey David, quien le aseguró a ella que Salomón por decreto de Dios ya había sido seleccionado como se sucesor (1 Reyes 1:28-30). Después de la muerte de Salomón el reino de Israel fue dividido en *dos* como castigo por haber tomado tantas mujeres y servido a otros dioses ajenos. Las diez tribus de la región septentrional formaron el reino del norte que se conoció como *Israel* y la tribu de Benjamín fusionada con Judá llegó a ser el reino del sur o *Judá* (1 Reyes 11:7-13, 29-39).

En ambos reinos el gobierno de los reyes después de Salomón llegó a ser una tragicomedia. Pocos reyes sirvieron a Jehová de acuerdo a la Ley. La mayoría simplemente actuó como les parecía, olvidándose del Dios vivo. Buscaron y sirvieron a otros dioses y confiaron en el poderío de otros reyes paganos. Toda esa historia de lucha de poder terminó con el cautiverio de ambos reinos a causa de la desobediencia a Dios. *Israel* fue llevado cautivo a Asiria y, más tarde, la misma suerte le tocó a *Judá* pues fue invadido por los babilonios y llevado a Babilonia.

"Se levantarán los reyes de la tierra, y príncipes conspirarán contra Jehová y contra su ungido" (v. 2). Jesucristo, el *Ungido* de Dios y *Rey* de reyes, también fue recibido con mucha oposición desde su nacimiento. El rey Herodes lo quiso matar por envidia y miedo a perder su reinado pues los magos anunciaron que había llegado el rey de los judíos y lo buscaban para adorarlo (Mateo 2:2).

Antes de comenzar su ministerio terrenal a sus treinta años de edad y después de haber sido bautizado fue llevado al desierto para ser tentado por su enemigo mayor, Satanás (Mateo 3:13-17). En adelante y hasta que fue llevado a la cruz, la clase religiosa integrada por los fariseos y saduceos no bajó la guardia llevando una batalla campal contra la misión de Jesús de enseñar acerca del reino de Dios y cumplir con la voluntad de Dios, esto es, morir en la cruz para perdonar todos nuestros pecados. Poco antes de su muerte les dio un discurso acusatorio señalando las faltas de ellos por su legalismo, en el cual los catalogó como unos *ciegos* e *hipócritas* (Mateo 23:1-36).

"El que mora en los cielos se reirá; el Señor se burlará de ellos" (v. 4). El último que ríe, ríe mejor, dice el dicho. Durante la crucifixión y muerte de Jesucristo los gobernantes religiosos y la multitud blasfemaban, reían y se burlaban convirtiendo el sufrimiento de Jesús en un gran espectáculo. Pero cuando Cristo entregó su espíritu y sucedió que el velo del Templo se rasgó dice la Escritura que la tierra tembló, las rocas se partieron, y muchos cuerpos de santos que habían muerto se levantaron. Después de tales acontecimientos, ¡ya no se reían!

Luego que el Señor resucitó esos cuerpos salieron de los sepulcros y se presentaron en la ciudad y muchos se llenaron de miedo y tuvieron que confesar que Jesús es el Hijo de Dios (Mateo 27:50-54). Los que persiguen al pueblo de Dios tendrán que enfrentar al Dios vivo y al Cordero airado por sus injusticias, se pronunciará juicio contra ellos y dirán a los montes y a las peñas *caed sobre nosotros* (Apocalipsis 6:15-17).

«*Yo he puesto mi rey sobre Sión, mi santo monte.*» (v.6). En un principio Sión era la fortaleza que David tomó de los jebuseos y la llamó "ciudad de David" (2 Samuel 5:7). Desde la época davídica, en la Escritura, Jerusalén y Sión han sido sinónimos de lugar de encuentro entre Dios y su pueblo. El hecho de que Dios llame a Sión su *santo monte* y allí pone a su Rey es indicación que el reino de Dios está presente en el cielo y en la tierra. Salomón anteriormente había dicho que el Templo era la habitación de Dios para siempre (1 Reyes 8:12-13) y tal pronunciamiento se cumplió en Jesucristo quien murió y resucitó en Jerusalén y subió a sentarse a la derecha de Su Padre en los cielos. No es sorpresa que en una de las visiones en el libro del Apocalipsis aparezca Jesucristo en el monte de Sión con su pueblo (14:1). ¡Es una escena de victoria!

"Yo publicaré el decreto; Jehová me ha dicho: «Mi hijo eres tú; yo te engendré hoy" (v. 7). En el día de su entronización un rey recibía su decreto, que era un documento que detallaba sus privilegios y responsabilidades como máximo líder de la nación. ¿Cuándo Dios anunció tal decreto? Ese decreto primeramente fue anunciado a David cuando intentaba construir el Templo (2 Samuel 7:1-29). A él, Dios le dijo por medio del profeta Natán, que su hijo Salomón edificaría la *Casa* y el reino sería afirmado para siempre (v. 12-13). En los versículos 14-16 el decreto es proclamado y dice que Dios será el padre de Salomón y él a su vez será su hijo, acentuando que si Salomón hace mal, Dios lo castigará con azotes. Ahora bien, Salomón sí construyó el Templo pero murió y el reino de Israel se dividió después de su muerte. Por lo tanto, la profecía de que el reino perduraría para siempre no se pudo cumplir ni con David ni con su hijo Salomón.

Tal decreto y profecía se cumplió al pie de la letra cuando Jesucristo resucitó de entre los muertos venciendo al que tenía el imperio de la muerte y sentándose a la diestra de Su Padre hasta que ponga a todos sus enemigos por estrado de sus pies (1 Corintios 15:25; Hebreos 2:14).

¿Cuándo fue *engendrado* el Hijo, Jesucristo? Pablo nos dice que se cumplió cuando Jesús resucitó: *"la cual Dios nos ha cumplido a nosotros, sus hijos,* resucitando a Jesús; como está escrito también en el salmo segundo: *"Mi hijo eres tú, yo te he engendrado hoy"* (Hechos 13:33). En este salmo hay un pedido a los reyes y poderosos, para que tengan temor a Dios y honren a Su Hijo y también una bienaventuranza para los que confían en Jesucristo (v. 10-12).

¿Qué incluiría el decreto de Jesucristo?

- ✓ A través del sufrimiento tenía que *aprender* a ser obediente (Hebreos 5:8).
- ✓ Estar sujeto a Dios y obedecerle en todo (Hebreos 3:2; Apocalipsis 1:5; 3:14; 19:11).
- ✓ Ser humilde aun cuando lo maldecían (1 Pedro 2:23).
- ✓ No podía usar armas materiales de guerra para derrotar a sus enemigos. Con su muerte derrotó al máximo enemigo, Satanás (Hebreos 2:14).
- ✓ Su sacrificio en la cruz tenía que ser por todos, no por una raza en particular (2 Corintios 5:15; 1 Timoteo 2:6; Hebreos 2:9).
- ✓ No podía cometer pecado. Su cuerpo y espíritu tenían que ser perfectos. (1 Pedro 2:22, cf. Hechos 2:31).
- ✓ Sería humillado, perseguido y desechado por su pueblo (Isaías 53:3).
- ✓ Sería acusado y juzgado falsamente (Mateo 26:57-61).

Tal decreto se cumplió cien por ciento. Jesucristo agradó al Padre en todo. Él fue la víctima y Cordero perfecto atestiguado por Juan el bautista que al verlo por primera vez exclamó y dijo: *"¡Éste es el Cordero de Dios, que quita el pecado del mundo!"* (Juan 1:29).

Salmo 21: Gloria y Honor para el Rey

Los salmos 20 y 21 pertenecen a los salmos reales, donde la figura del rey Salomón es utilizada como tipo de Jesucristo. El 20 es una oración buscando el favor de Dios para el rey en medio de tribulaciones por los ataques del enemigo. El 21 se divide en dos partes. La primera (v. 1-7) detalla las bendiciones otorgadas al rey pero en una forma sin igual. Bendiciones que como dijo Pablo de la piedad, *tienen promesa para esta vida y para la venidera* (1 Timoteo 4:8). En la segunda parte (v. 8-12) Dios le asegura al rey la victoria sobre sus enemigos y el salmo termina con una alabanza a Dios en agradecimiento por la protección recibida.

El Gozo del Rey (Salmo 21:1). Hay un dicho que se usa para expresar optimismo cuando sentimos que casi todo está a nuestro favor "tener la mitad de la pelea ganada." El rey se alegra en el poder de Dios y en la salvación con gran gozo (v. 1). ¿Por qué? El autor de la carta a los Hebreos dice que la razón por la cual Jesucristo triunfó sufriendo en la cruz fue debido al gozo *puesto delante de Él* (12:2). Y ¡qué gran gozo! Dios ya le había asegurado que no importara cuán enorme, vergonzosa y dolorosa fuera la crucifixión, después de ser sepultado y resucitar, recibiría todo poder y autoridad. Jesús sabía de antemano que la tierra no lo podía retener. Su resurrección estaba garantizada para dar vida y poner a todos los enemigos bajo sus pies. En el cielo hay otro dicho mejor. ¡El que *confía en Dios* y entrega su vida a Jesucristo tiene *toda* la pelea ganada! ¡Amen!

Una Corona de Oro para el Rey (v. 3). De acuerdo a la Escritura, Salomón se sentó en el Trono de Dios después de ser ungido como rey de Israel en lugar de su padre David (1 Crónicas 29:23; 2 Crónicas 9:8). En un acto de simbolismo mesiánico Dios pone una *corona de oro* en la cabeza del rey y lo llena de bendiciones. Ahora bien, la Escritura establece que el único rey de gloria es Jehová (Salmo 24:10). Si David dijo que Dios puso la corona de oro sobre el rey quiere decir que Dios estaba invistiendo y compartiendo su corona que, como dice Tsvi Sadan, es algo inusual para un rey terrenal. Una coronal real es como una esposa que no se comparte, tampoco se pasa o regala. ¡Ese es mi Dios! Comparte su corona con Su Hijo. También Jesucristo siendo el Unigénito y heredero hace participantes de su herencia a los que le aman (Romanos 8:17).

Dios no iba a coronar a rey alguno con su corona sabiendo que no le obedecería como sucedió con Salomón (1 Crónicas 28:9). Podemos entender entonces que el único a quien Dios ha coronado es a Su Hijo, Rey de reyes y Señor de señores y que la coronación de Salomón fue simbólica y tipificaba la de Cristo.

El Rey Vestido de Gloria y Honor (v. 4-7). Este salmo menciona dos cosas que son imposibles de cumplirse en un rey terrenal: recibir la gloria y majestad de Dios y bendiciones eternas. El autor de la carta a los Hebreos hablando de la superioridad de Jesucristo dice: *"Pero vemos a aquel que fue hecho un poco menor que los ángeles, a Jesús, coronado de gloria y de honra a causa del padecimiento de la muerte, para que por la gracia de Dios experimentara la muerte por todos"* (Hebreos 2:9). ¡Sabiduría de Dios en misterio!

Salmo 45: Bodas del Rey

Las celebraciones de coronación de un rey o reina son muy esplendorosas y espectaculares. Verlas a través de la televisión es emocionante y estar presente sería el sueño de muchos. La audiencia televisiva de tal evento sobrepasa a cualquier otra presentación excepto quizás a la *copa mundial de fútbol*. Todo lo que nos presentan es inigualable. Los carruajes donde va la realeza y su corte, las vestimentas, la limpieza de las calles, los adornos en los principales edificios y el orden del desfile se hacen con el merecimiento y honor a quien será el nuevo símbolo real de la nación.

El salmo 45 no es una alabanza u oración a Dios, es un canto en honor al rey en su día de bodas. Aunque al leerlo nos parece que es un cántico a cualquier rey, el lenguaje tiene una profundidad mesiánica y divina. El autor de la carta a los Hebreos, haciendo hincapié en la *superioridad* de Jesucristo sobre los ángeles, cita los versículos 6 y 7 de este salmo en la introducción de dicha epístola.

La unción con aceite a un rey era la parte principal y más acentuada en tal ceremonia (v. 7). En este salmo se describe la Divinidad de Dios y Su Hijo, más que el honor a un rey israelita. Abundan las referencias al Mesías de carácter divino y lo que caracteriza a un Rey de reyes: ¡dominio y autoridad! A ningún rey israelita Dios le dijo jamás que es el más hermoso de entre los hijos de los hombres y bendecido con Su gracia para siempre (v. 2). El único *Rey eterno* es Jesucristo. Su nombre es eterno y en la gloria de Dios es prosperado y alabado por los pueblos (v. 4, 17; cf. Malaquías 1:11; Apocalipsis 15:4).

En la sagrada Escritura la *justicia* es el atributo principal que debe sobresalir en un rey. En el discurso de Salomón cuando Dios se le apareció en un sueño y le dijo que pidiera lo que deseara se resalta la justicia de su padre David quien anduvo siempre teniendo temor de Dios (1 Reyes 3:4-14). Lo más grande que Dios le otorgó fue la justicia y la *inteligencia para hacer juicio* (3:11-12). La *justicia* y el *juicio* es el fundamento del trono de Dios (Salmo 97:2). Es la distinción principal del Mesías como único Rey de quien, en palabras del profeta Isaías se dice que lleva la justicia en *sus caderas* y la *fidelidad ciñe su cintura* (11:5).

En este cántico el rey cabalga en la verdad, humildad y justicia (v. 4); cualidades que únicamente son aplicadas al Hijo de Dios en el Nuevo Testamento. Jesús es el cordero de Dios manso y humilde, que cuando fue llevado al matadero no abrió su boca ni albergó engaño en su corazón. Él tuvo una entrada triunfal a Jerusalén montado en un pollino (símbolo de *humildad*) pero regresará en un caballo blanco como el Fiel y Verdadero, quien pelea y juzga con justicia (Mateo 21:1-11; Apocalipsis 19:11, 14).

Salmo 72: un Reinado Justo

El profeta Isaías en una reflexión y análisis sobre el estado espiritual de Israel compara la justicia de ellos a un *trapo de inmundicia*, condición que los llevó al exilio (Isaías 63:15-64:12). No es difícil entender que la injusticia y las maldades de los líderes israelitas contribuyeron a que los enemigos hoyaran su territorio y los llevaron cautivos a Asiria y a Babilonia (Isaías 64:6-7). La cualidad primordial de un rey, de acuerdo a la Escritura, es *ser justo*. A Salomón Dios le otorgó lo necesario para que lo fuera, un *corazón sabio* y *entendido* (1 Reyes 3:12).

Este salmo está dedicado a Salomón y se le atribuye su autoría por diversas cualidades y eventos de su reinado mencionados en el mismo. Se menciona los buenos juicios (v. 1-2), la paz que disfrutó la nación (v. 5-7) y sus inmensas riquezas (v. 10-11, cf. 1 Reyes 10:14-25).

Este cántico no puede referirse a Salomón o a cualquier otro rey de la monarquía israelita (v. 8-11). Y es que ciertos detalles no cuadran con la perpetuidad del reino. Por ejemplo la *extensión territorial* y *poder político* que disfrutó Salomón es limitado y provisional. La extensión territorial prometida a Abraham fue desde el *"río de Egipto hasta el río grande, el Éufrates"* y el dominio de Salomón fue sobre todos *"los reinos desde el Éufrates hasta la tierra de los filisteos y el límite con Egipto"* (Génesis 15:18; 1 Reyes 4:21). Salomón dedicó todo su tiempo a buscar sabiduría, a construir el Templo, a las riquezas, a las mujeres y, al final, adoró a otros dioses. De acuerdo al versículo ocho, se habla de que el rey tendrá dominio hasta todos los confines de la tierra, promesa que solo se cumplió en Jesucristo.

Y nos hacemos las siguientes preguntas: ¿Quién es el rey que gobierna con justicia, rectitud, tiene cuidado del menesteroso, trae paz a su pueblo y que su gracia destila sobre la tierra como el roció de la mañana? (v. 1-7, 12, 13). ¿Qué rey tiene dominio sobre toda la tierra y sus enemigos serán derrotados y lamerán el polvo? (v. 8-11; cf. 1 Corintios 15:25-28). ¿Quién es aquel que con su sangre puede salvar a las almas? (v. 14). ¿Quién es ese Rey que recibe la gloria de Dios, Su Nombre es para siempre y es llamado bienaventurado? (v. 17). La respuesta a cada una de ellas es Jesucristo, en quien hizo Dios que habitara toda la plenitud de la Deidad (Colosenses 2:9-10). ¡Sabiduría de Dios en misterio!

Salmo 89: el Pacto Davídico Cumplido en Jesucristo

Lo que ocasionó que Dios hiciera un Pacto con David fue la preocupación que él tenía por el Arca de Dios. El Arca habitaba entre cortinas, mientras que David vivía en *casa de cedro* (2 Samuel 7:2, cf. 7:1-29). Para él era una situación humillante.

Una de las promesas fijadas en ese pacto fue que su hijo Salomón edificaría el Templo y el trono de su reino permanecería para *siempre* (v. 13). David murió y también Salomón. La descendencia de todos los reyes de Israel y Judá quedó eliminada después que el pueblo fue exiliado a Babilonia y a Asiria. En este salmo, una alabanza a Dios como Rey, no hay mención del Templo, de donde se puede deducir que el salmo fue escrito durante o después del exilio.

Al leer el salmo 89 nos da la impresión que es solo un canto a Jehová por Su poder creativo, misericordia, protección por su pueblo y destrucción de los enemigos. Una exaltación de Dios como el Rey del universo (v. 1-18). Se usa un lenguaje de frases que solo pueden aplicarse a la personalidad de Dios: las misericordias de Dios perpetuamente, su fidelidad eterna, dominio sobre la naturaleza, justicia y derecho, verdad, y, que Él es nuestro escudo. También se incluye una recordación de las promesas hechas a David (v. 19-37) y una afirmación del pacto hecho al rey y defensa de su reino (v. 38-52). El mesianismo abunda en este canto de principio a fin.

Divinidad del Mesías (v. 5-6). En estos versículos encontramos una verdad teológica acentuada en el Nuevo Testamento: la Divinidad del Hijo de Dios. Esa naturaleza divina no la pudieron entender los religiosos y políticos y por lo tanto acusaron y catalogaron a Jesucristo de blasfemo. El autor hace dos preguntas que se cumplieron en Jesucristo: Primero, ¿quién en los cielos puede ser igual a Dios? Y segundo, ¿quién será semejante a Jehová entre los hijos de los poderosos? La contestación a ambas es Su Hijo, afirmando la naturaleza divina del Mesías.

Eternamente y para Siempre (v. 3-4). Dios hace un pacto con su escogido aduciendo a David y le confirma que su descendencia y trono serán para siempre. El autor del libro de los Hechos de los Apóstoles hace referencia a los versículos 3, 4 y 29 de este salmo para manifestar que la eternidad de la descendencia de David y de su trono se cumplió en la resurrección de Jesucristo (Hechos 2:29-30). Dios mismo lo juró por su misma santidad como una promesa inmutable (Salmo 89:35-36).

Unción del Escogido de Jehová (v. 19-21). Este salmo pertenece a una serie de salmos que se escribieron después del exilio en Babilonia puesto que ya David y su descendencia no estaban en el trono. Cuando se escribe este canto el salmista estaba prediciendo la venida del Mesías como el Ungido de Jehová a través de la genealogía de David. Pablo en su primer viaje, cuando llega a Antioquía y enseña en la sinagoga de los judíos, su mensaje fue convencerlos de que Jesucristo es el *varón conforme al corazón de Dios* de la descendencia de David (Hechos 13:22-23; cf. Mateo 1:1).

El Primogénito (v. 26-29). Encontramos en la Escritura la idea del primogénito escogido como víctima de redención en el sentido de salvar al pueblo de Israel. Dios dijo al Faraón por medio de Moisés que Israel es su *hijo* y *primogénito* (Éxodo 4:22). Más tarde, cuando Israel sale de Egipto, Dios instruye a Moisés a que el pueblo consagre todo primogénito tanto de los hombres como de animales (Éxodo 13:2). Cuando los israelitas llegaran a habitar la tierra Prometida tenían que cumplir tal mandamiento separando y sacrificando a Dios todo primer nacido, *"dedicarás a Jehová a todo aquel que abre la matriz. Asimismo, todo primer nacido de tus animales, si es macho, será de Jehová"* (Éxodo 13:12). La muerte de los primogénitos egipcios, la noche que Israel salió de la esclavitud, resultó en la redención y libertad de los israelitas. (Éxodo 13:15). Por último, Dios ordena que se tome a los primogénitos de la tribu de Leví en lugar de todos los primogénitos de los hijos de Israel (Números 8:18).

Una de las señales demostrativas del Mesías era su preeminencia sobre todo lo creado y su superioridad sobre todos los poderosos y reyes de la tierra. Para que tal señal se cumpliera, Él tenía que dirigirse y llamar a Dios *Padre* y, a la misma vez, Dios lo declararía el *primogénito*. En muchas ocasiones Jesús se refirió a Dios como Su Padre aunque José (esposo de María) era su padre de crianza (Juan 8:54; 10:15; 17:1). Uno de los títulos de Jesucristo en el Nuevo Testamento es precisamente el *primogénito* como indicación de que Jesús es antes de todas las cosas creadas y el primero en vencer la muerte resucitando al tercer día (Colosenses 1:15, 18; Apocalipsis 1:5).

Menosprecio, Sufrimiento y Desecho del Mesías (v. 38-45). Otra profecía que tenía que cumplirse en Jesucristo como Mesías o enviado de Dios era sufrir, ser maltratado, humillado y despreciado como una víctima y sacrificio por el pecado (Isaías 52:13-53:12). En este salmo se menciona que el ungido y escogido de Dios sería despreciado, desechado y la ira de Dios se desataría contra Jesús a causa de haber cargado en Su Hijo nuestros pecados. Esto se cumplió literalmente cuando Jesucristo en sus últimos suspiros clamó a Su Padre diciéndole: *"Dios mío, Dios mío, ¿por qué me has desamparado?"* (Mateo 27:46b).

Otra profecía que se menciona en este salmo es que los días del *Ungido* de Jehová serían acortados (v. 45), una aseveración de que no se refería a David sino a Jesucristo, puesto que David murió a los 71 años de edad (2 Samuel 2:11; 5:4-5) mientras que Jesucristo fue crucificado a los *treinta y tres*. También en este versículo se menciona que Jesús fue cubierto de vergüenza, alusión al hecho de que en la cruz Él llevó todos los pecados de la humanidad. Cristo fue despojado de sus vestiduras y cubierto de vergüenza (pecado) como lo afirma el profeta uniendo la desnudez con la vergüenza (Isaías 47:3).

Salmo 110: Jehová da Poder al Rey

El salmo 110 es un salmo para la entronización de un rey y resalta el poder otorgado por Dios para derrotar abrumadoramente a sus enemigos. Este salmo es el *más citado por los autores del Nuevo Testamento* y es mencionado en relación a la coronación y glorificación de Jesucristo como el Rey de reyes y Señor de señores. El primer versículo habla de la derrota de los enemigos de Dios por el poder dado a Su Hijo y es citado unas 11 veces (Mateo 22:44; Marcos 12:36; Lucas 20:42-43; Hechos 2:34-35; 1 Corintios 15:25; Efesios 1:20-22; Colosenses 3:1; Hebreos 1:13; 8:1; 10:12-13).

Poder sobre los enemigos (v. 1-2). Un logro ya mencionado que tiene que alcanzar un rey una vez es inaugurado en su posición es derrotar a sus enemigos en su totalidad. En este salmo David llama al rey "mi Señor" indicación de que el Rey es Jesucristo a quien Dios da el poder para lograrlo (v. 2). En una ocasión Jesús interrogó a los fariseos y les preguntó que de quién era *hijo* el Cristo (Mateo 22:41-46). La respuesta de ellos fue que de David a lo cual Jesús los confronta con la ambivalencia de que si era en verdad hijo de David, quien es el autor del salmo 110. ¿Cómo entonces David lo llama *Señor*? Y si lo llama *Señor*, ¿cómo va a ser su hijo? La reacción y estrategia de los religiosos fariseos desde ese momento en delante fue no hacerle más preguntas. ¡Y los pobres se quedaron embotados para siempre! Desecharon el buen consejo y enseñanza del Maestro de Maestros.

Jesucristo desde su nacimiento hasta la muerte en la cruz enfrentó a sus enemigos y los derrotó. El sumo Sacerdote antes de que Jesús muriera le preguntó que si Él era el Cristo, el Hijo del Bendito. Jesús le contestó que es Hijo de Dios y le afirmó que lo verían subir al cielo, sentado en el Trono de Dios y regresando en las nubes (Marcos 14:62). Jesucristo, desde que resucitó, está poniendo a los enemigos del reino de Dios bajo el estrado de sus pies hasta que al fin cuando regrese por segunda vez triunfe sobre todos los que se oponen a la justicia de Dios (1 Corintios 15:25; Apocalipsis 19:11-21).

Una Recompensa para el Rey (v. 3). El salmista tiene una visión en la cual el pueblo voluntariamente se ofrece al Rey, acción que nunca se cumplió con los reyes israelitas. El apóstol Pablo nos manda que como pueblo de Dios debemos presentar nuestros cuerpos como sacrificios u ofrendas vivas, santas y agradables a Dios (Romanos 12:1). El *rocío* es símbolo de bendición y vida eterna (Salmo 133:3). Tener el *rocío de la juventud* significa que el Rey (Jesucristo) tiene todo el poder y autoridad desde el día que resucitó de entre los muertos (Salmo 2:7; Hechos 13:33).

El Rey Declarado Sumo Sacerdote por Jehová (v. 4). Melquisedec fue un rey que aparece misteriosamente en el libro del Génesis con quien se encuentra Abraham cuando regresaba de derrotar a Quedorlaomer y sus reyes aliados (Génesis 14:17-21). Melquisedec era el rey de Salem y sacerdote del Dios Altísimo (v. 18) y de quien se dice que no tenía padre ni madre. No hay información de sus antepasados ni tampoco del principio y fin de su vida (Hebreos 7:1-3). De acuerdo al autor de Hebreos, Melquisedec es un tipo o símbolo del sacerdocio y reinado eterno de Jesucristo (Hebreos 7:15-16). A ningún rey en Israel le fue otorgado ambos títulos: *Rey* y *sumo Sacerdote*. El rey Uzías quien buscó a Jehová de todo corazón y fue prosperado en gran manera usurpó el sacerdocio aarónico y quiso quemar incienso en el altar, rebelándose así por su orgullo contra Jehová. Dios lo castigó severamente con una lepra en la frente que le duró hasta su muerte (2 Crónicas 26:16-21). Jesucristo es el único que tiene los títulos de *Rey* y *sumo Sacerdote* para siempre (Hebreos 7:3; Apocalipsis 19:16).

Victoria sobre sus Enemigos (v. 5). El *sentarse a su diestra* significa que la persona recibe todo el respaldo y confianza de su superior o jefe. Curiosamente esa expresión se encuentra *invertida* en los versículos *uno* y *cinco*. En el primer versículo, el *rey* está sentado a la diestra de Jehová y en el cinco, *Jehová* es quien se encuentra sentado a la diestra del rey. Esto significa que Dios es el que ha dado todo poder y autoridad al Rey (Jesucristo) y ambos trabajan para poner a los enemigos bajo el estrado de los pies en una forma unida. Jesús dijo que Él y su Padre son uno. Trabajan en armonía (Juan 10:30).

Juicio sobre las Naciones (v. 6). Una de las promesas en la Escritura es que el Cordero manso, el buen Pastor, llegará a ser el gran Conquistador. El tiempo de dar retribución a los enemigos del reino celestial llegará de acuerdo al itinerario de Dios (Romanos 2:5; Apocalipsis 6:17).

Simbolismo del Agua en la Entronización del Rey (v. 7). En el último versículo hay una referencia a la coronación del rey Salomón quien fue llevado a la fuente de *agua viva* de Gihón donde tuvo lugar su instalación como rey (1 Reyes 1:33-35). El agua en la Biblia es símbolo de la Palabra de Dios, pureza y renovación. El salmo termina en una nota alta, en victoria: el rey *levantará su cabeza,* simbolizando el triunfo del rey sobre los enemigos. Jesucristo es el que derrota a los enemigos del reino de Dios y a los que detienen con injusticia la verdad (Romanos 1:18).

Salmo 132: Promesas y Bendiciones para el Rey

Este último salmo real es parte de la colección de unos 15 salmos (120 al 134) llamada cánticos graduales o de subida, los cuales los judíos cantaban cuando subían a Jerusalén para celebrar las fiestas a Jehová. La primera parte (v. 1-10) es una oración que comienza pidiendo a Dios que recuerde a David por todo su esfuerzo para trasladar el *Arca o Presencia de Dios* a un lugar digno y estable en Sión (v. 1-5). La preocupación de David, ya mencionada, era que él habitaba en *casa de cedro* mientras el Arca de Dios permanecía entre cortinas. Por tal razón, David motivó al pueblo para que el Arca fuera llevada al lugar que él mismo había preparado en Sión (2 Samuel 7:4; 1 Crónicas 15:1-13). David se regocijó, bailó y adoró con el pueblo por tan grande acontecimiento. Esa actividad de gran regocijo fue señalada por Salomón en el discurso de la dedicación del Templo (2 Crónicas 6:41-42). La oración termina en el versículo 10 suplicando a Dios que no *abandone* a su ungido. Quizás un presagio del ruego de Jesucristo a Dios cuando crucificado en la cruz dijo: *"Dios mío, Dios mío, ¿por qué me has desamparado?"* Mateo 27:46b).

En la *segunda parte* Dios es alabado por su juramento de fidelidad de mantener a la descendencia de David en el trono para siempre con tal de que guarden el pacto con Jehová (v. 11-12). Dios reitera su amor por

Sión y derrama sus bendiciones sobre ella porque así lo ha decidido (v. 13-15). El salmo termina con una promesa para los sacerdotes y su Ungido. A los sacerdotes los vestirá de *salvación* y a su Ungido dará una lámpara y hará florecer su *corona* (v. 16-18). Dios ha otorgado el título de *sacerdote* a todo aquel que ha aceptado a Su Hijo como su salvador y que le sirve (1 Pedro 2:9; Apocalipsis 1:6; 5:10). Zacarías, sacerdote y padre de Juan el bautista, inspirado por el Espíritu Santo hace una reseña profética declarando que Dios ha enviado al Ungido o Jesucristo como poderoso Salvador para redimir a Israel (Lucas 1:68-69). ¡Gracias Dios por enviar a tu Hijo para ser la propiciación por nuestros pecados!

24

Salmo 8: Jesucristo Menor, Mayor que los Ángeles

"hecho tanto superior a los ángeles cuanto que heredó más excelente nombre que ellos."
(Hebreos 1:4)

Repito que en la mayoría de los salmos encontramos varias razones por la cual hay que alabar a Jehová: porque Él es bueno, Su misericordia es para siempre, Su amor es eterno, Su Nombre es santo, nos cuida en los momentos difíciles y peligrosos y en fin, Dios es digno de ser adorado en cualquier momento y tiempo.

El salmo ocho es toda una alabanza a Dios por su creación y un recordatorio al custodio de ella: el *hombre*. Pablo en la carta a los romanos dice que la creación es la prueba indubitable que declara el poder y sabiduría de Dios como el único Creador. El que niega que Dios lo sea debe inmediatamente visitar el oftalmólogo.

David empieza y termina esta alabanza con la misma expresión "¡Jehová, Señor nuestro, cuán grande es tu nombre en toda la tierra!" con la cual exalta la grandeza del Nombre de Dios (v. 1, 8). El Nombre, como lo llaman los judíos, para referirse a Jehová es tan sagrado para ellos que ni lo escriben y tampoco lo pronuncian por respeto a Dios. En lugar de usar *Jehová* ellos usan los nombres Elohim y Adonai dependiendo de las circunstancias o contexto. Algunos escritores judíos, en inglés, simplemente escriben G_d (God o Dios) y nunca *Jehová.*

En la Biblia los nombres propios son más que un vocablo pronunciado. El nombre de una persona representa lo que ella es, sus características por las cuales sobresale y se distingue: su naturaleza, destino, habilidades innatas o recibidas de parte de Dios. Por ejemplo Adán no es simplemente su nombre dado por Dios sino que su significado es que fue formado de la tierra o terrenal. En ocasiones los nombres se cambian cuando una persona entra en una relación más cercana a Dios o tiene un propósito especial como fue el caso de Abraham (Génesis 17:4-7; Éxodo 3:13-14).

El nombre de Dios (*Jehová*) con el cual se identificó Dios y se lo reveló a Moisés, tiene su origen en el verbo *hayay* el cual significa *ser* o *existir* reflejando lo que Él es: vida eterna, *Eterno.* Su Nombre (Jehová), que es como una torre de acuerdo al proverbista (18:10), debe ser alabado siempre (Salmo 34:1; 138:2). El nombre del Salvador (Jesucristo) también tiene la misma superioridad. Pablo dijo que Dios exaltó a Su Hijo sobre *todas las cosa*s y le dio un *nombre* que es *sobre todo nombre* ante quien se doblará toda rodilla (Filipenses 2: 9-11). Ese nombre dado a Jesús es *Señor* porque el versículo 11 así lo dice: *"y toda lengua confiese que Jesucristo es el Señor."* También Pablo dijo que nadie puede expresar que "¡Jesús es el Señor!" a no ser que lo haga por el Espíritu Santo (1 Corintios 12:3). Y por último, el término *Señor* significa que Jesucristo tiene toda la autoridad y todas las cosas en Él subsisten (Mateo 28:18; Colosenses 1:17).

Dios actúa diferente a los humanos. No se fija en las apariencias. Él obra por el amor. A los poderosos y soberbios resiste y da gracia a los humildes (1 Pedro 5:5). Dios trabaja en lo que es débil, con lo que el mundo desecha, con los que no son educados, con lo que está hecho de barro, con los nerviosos, pobres y los que nadie quiere porque tienen *lepra* y nadie quiere tocarlos. Pablo escribió que lo débil de Dios es más fuerte que los hombres. También dijo que el mundo clasifica a los que somos de Cristo como escoria, ¡el desecho de todos! pero para Dios somos olor fragrante (1 Corintios 1:25; 4:13).

En el día de la fiesta de Pentecostés después que Jesucristo resucitó y los apóstoles recibieron el Espíritu Santo, Pedro y los discípulos se dirigieron a la audiencia que incluía representantes de muchas naciones. Cuando los oyeron hablar en otros lenguajes los misterios del evangelio y que daban la bienvenida al reino de Dios aquí en la tierra, la audiencia allí presente los recibió con mucho asombro, ¡estaban atónitos y maravillados! pero se burlaron de ellos y le dijeron que estaban borrachos (Hechos 2:1-13).

Nuestros cuerpos de carne, frágiles y débiles que atraen lo pecaminoso, Dios lo utiliza para almacenar un tesoro muy grande: el *evangelio* (2 Corintios 4:3-7). A Moisés parece que le atacaban los nervios cuando hablaba en público pero Dios lo llamó para liberar al pueblo de Israel que estaba bajo esclavitud en Egipto (Éxodo 4:10-13). Jesucristo anunció la venida del reino de los cielos a todos, incluyendo a los leprosos. Aunque estaba establecido en la misma Ley que había que aislarlos Jesús se acercó a ellos, los tocó y sanaron (Mateo 8:1-3; 11:5).

En el versículo dos de este salmo David alaba a Jehová porque de la *boca de los niños* y los que *aún maman*, Dios ha creado poder y fortaleza para que ellos puedan hacer callar y vencer a los enemigos y vengadores. Esto es una buena imagen pues ilustra lo que puede hacer Dios en cualquier ser humano que ponga su confianza en Él no importando las consecuencias.

Los niños no dudan del cuidado y protección de sus padres ni del poder de Dios a diferencia de los adultos. Como prueba de ello en la Escritura encontramos historias en las cuales los niños enfrentaron a enemigos acérrimos y sobrevivieron: Moisés fue levantado de las aguas siendo un bebé y Josías comenzó a reinar en Judá a los ocho años y fue un gran rey durante una época de crisis espiritual y política en Israel (Éxodo

2:1-6; 2 Reyes 22:1-2). El niño Jesús a los doce años disertando en el Templo dejó con la boca abierta a los grandes líderes, a los religiosos y educados. Jesucristo les dio una lección de humildad a sus discípulos señalándoles que si no se volvían y actuaban como niños, no entrarían al reino de los cielos (Mateo 18:2-3).

Los *niños*, no los poderosos religiosos, principales sacerdotes ni escribas, fueron los que aclamaron a Jesucristo diciendo *"Hosana al hijo de David"* cuando hizo su entrada triunfal al Templo (Mateo 21:12-16). Los religiosos enojados con los muchachos dieron la queja a Jesús a quienes les contestó con las palabras de David en el salmo ocho: "y le dijeron: ¿Oyes lo que estos dicen? Jesús les dijo: Sí. ¿Nunca leísteis: *"De la boca de los niños y de los que aún maman, fundaste la alabanza"*? (Mateo 21:16). Los principales sacerdotes se enojaron pero *los pequeños tenían un fiestón* sin haber tomado vino.

¿Qué es el Hombre para Dios?

El orden jerárquico en importancia en la escena de la creación puede agruparse como sigue: en primer lugar *Dios*, seguido por los *ángeles*, el *hombre*, los *animales* y por último, el mundo inanimado o físico.

David comienza desde el versículo 3 hasta el 8 exclamando y a la misma vez agradeciendo al Creador por el interés y cuidado que Él puso al crear al hombre. Mirar a nuestro alrededor y hacia los cielos y más allá de ellos nos hace considerar (así como también al salmista) el amor tan grande de Dios hacia su creación.

John Clayton dijo en una conferencia sobre la *Biblia y ciencia* que cuando él practicaba el ateísmo enseñaba que Dios debió haber creado simplemente el sol, la luna y la tierra y nada más. Él mismo se dio cuenta por la evidencia científica que la existencia y funcionamiento de tal universo es totalmente imposible y opuesto al diseño y Poder de Dios. Y es que Dios no estaba creando el universo como si fuera un gran edificio vacío para luego ser vendido. En el diseño consideró también el bienestar de los habitantes de la creación, los seres humanos y a todo lo que tiene vida.

Las obras de la creación son el testimonio más visible y convincente de que hubo un diseñador y decir que todo el universo es producto de la casualidad, es vestirse de *ignorancia*. Dios creó con propósito, con alguien en mente, para amarle, cuidarlo y sostenerlo en todas sus necesidades espirituales y materiales. En la naturaleza que nos rodea encontramos de todo y para escoger a nuestro gusto. Si nos gusta el frío existen lugares donde vivir y estar satisfechos; si el calor es nuestra preferencia, tenemos alternativas. Podemos escoger entre lugares secos y desérticos, húmedos, montañosos, cerca al mar, etc. Hay flores, árboles frutales, simplemente árboles ornamentales, un cielo que cambia de tonalidades, ríos que nos deleitan con sus sonidos, animales para que nos den terapia. En fin, en la creación el Creador tenía en mente a todo tipo de personalidad y gustos.

"Jehová, ¿qué es el hombre para que en él pienses, o el hijo de hombre para que lo estimes?" (Salmo 144:3). *"¿Qué es el hombre para que lo engrandezcas, para que pongas en él tu corazón y lo visites todas las mañanas, y a cada momento lo pruebes?"* (Job 7:17-18). Dios no escatimó energías y sabiduría para crear un lugar acogedor para la raza humana con sus distintos deseos y necesidades.

El salmista declara que Dios puso al hombre como rey de toda la creación y que todo lo sujetó bajo sus pies. Lo que está en la tierra, debajo del mar y aun sobre las aves del cielo (Génesis 1:26-28). Los chimpancés o monos no tienen la capacidad para gobernar con inteligencia las obras creativas de Dios, por lo tanto, es imposible que el ser humano descienda de ellos. Pero hay algo con lo que el hombre está en desventaja: con el mundo celestial. David así lo resalta en el versículo cinco: *Dios creó al hombre un poco menor que los ángeles* (Salmo 8:5).

El Hombre: Menor y Mayor que los Ángeles

El hombre desde su creación fue hecho carne en la tierra y por lo tanto *menor* que los ángeles, lo contrario de Jesús quien descendió del cielo a la tierra por la voluntad de Dios. Por causa de la desobediencia de los seres humanos, el Verbo ---Jesucristo--- vino y se hizo carne y vivió como hombre y no un fantasma del cielo (Juan 1:14). Ahora bien, ¿cómo es posible que el hombre haya subido un escalón por encima de los ángeles? El autor de la carta a los Hebreos nos dice que Jesucristo fue perfeccionado a través de las aflicciones con el propósito de llevar muchos hijos a la gloria, esto es, a todos los que confían en Él y a quienes no se avergüenza de llamarlos hermanos. Por lo tanto, no fue a los ángeles a quien redimió con su preciosa sangre sino a los seres humanos (Hebreos 2:10-13). Por el poder del evangelio que nos trajo el perdón de pecados y una vida indestructible todo ser humano tiene la oportunidad de llegar a ser hijo de Dios y sentarse en lugares celestiales *por encima de los ángeles*.

Pablo dice varias veces en la Carta a los Efesios que Dios nos ha hecho sentar y que nos ha bendecido con toda bendición espiritual en los lugares celestiales en Cristo, más arriba que los ángeles (Efesios 1:3, 20; 2:6; 3:8-13). Y también dijo a los filipenses, que nuestra ciudadanía está en los cielos de donde vendrá nuestro Salvador por segunda vez, a buscar a los suyos (Filipenses 3:20). *Somos de allá, no de acá.*

Jesucristo: Menor y Superior que los Ángeles

La carta a los hebreos se escribió con el propósito de exhortar a los cristianos mesiánicos a permanecer en la fe, que por la persecución desatada contra la iglesia, estaban regresando a la justicia que es por la ley. En el mismo encabezado de la misiva y sin hacer una salutación, el autor hace una advertencia fuerte: *en estos últimos días, Dios nos ha hablado por el Hijo, Jesucristo.* Volver a Moisés, al sistema sacrificial y no abrazar la justicia, que es por la fe de Jesucristo, tiene consecuencias desastrosas.

En esta carta, encontramos seis advertencias, y por tal razón hay que prestar atención a la Escritura para vivir de acuerdo a la voluntad de Dios:

➤ Descuidar una salvación tan grande (Hebreos 2:1-4)
➤ Dejar que el corazón se endurezca por el engaño del pecado (3:12-15)
➤ No entrar en el reposo de Cristo (4:1, 8-11)
➤ Abandonar el evangelio (6:4-6)
➤ Pisotear y despreciar la sangre de Jesús (10:26-31)
➤ Despreciar la gracia de Dios (12:14-17).

El autor de la Carta a los Hebreos deja claro la *superioridad* de Jesucristo. Él es superior a los ángeles (Hebreos 1:4) a Moisés (3:1-6), a Aarón (7:11-14) y a los sacrificios por el pecado (9:23-26). Por lo tanto, en Jesucristo estamos persuadidos de cosas *mejores* que pertenecen a la salvación (6:9). Tenemos una *mejor* esperanza para acercarnos a Dios (7:19), *mejor* ministerio y pacto establecidos sobre *mejores* promesas (8:6), *mejores* sacrificios (9:23), una *mejor* y perdurable herencia (10:34) y, una *mejor* patria (11:16). ¡Todo es mejor en Cristo!

Después de la *resurrección de Jesucristo* el orden jerárquico al principio de la creación, ya mencionado, sufre un cambio muy importante. Los cristianos o hijos de Dios superan a los ángeles. *Dios* en primer lugar, luego *Jesús* → los *cristianos* → los *ángeles* → *incrédulos* → mundo *animal y físico*. Dios fue manifestado en carne en la persona de Su Hijo con el propósito de que Jesús fuera el sacrificio agradable para destruir al pecado y perdonar las faltas de todos. Por lo tanto, todo cristiano que permanece en el Hijo, como escribió Pablo, está sentado en lugares celestiales, elevados por encima de los ángeles (Efesios 1:3; 2:6).

En el orden escalonado de Dios, Él utiliza a los ángeles como el *estándar.* Un ser celestial o humano es superior o inferior a los ángeles. Por encima de los ángeles, es superioridad, estar en la presencia de Dios. Ser *inferior* a los ángeles significa alejarnos de Dios, vivir en la maldad y en la carne sin hacer la voluntad del Creador. Como veremos más adelante, Jesucristo fue hecho temporalmente *menor que los ángeles* con el propósito de gustar la muerte.

David dijo que el hombre fue hecho *poco menor que los ángeles* a quien le sujetó todo el mundo creado (Salmo 8:4-8; Hebreos 2:5-8a). Ahora bien, el autor de la carta a los Hebreos establece que todavía el ser humano no ha podido lograr total dominio sobre lo creado (Hebreos 2:8). Y podemos concluir que por la desobediencia a Dios los seres humanos no han podido, ni podrán, administrar con efectividad todo lo que Dios puso a su disposición.

Lo intrigante en este análisis y argumento, entre el salmo ocho y el autor de la carta a los Hebreos en cuanto a la posición del hombre en el orden celestial, es que nuestro Señor Jesucristo tuvo *que bajar y luego subir* de la posición de los ángeles con el fin de beneficiar a todos los seres humanos. *"Pero vemos a aquel que fue hecho un poco menor que los ángeles, a Jesús, coronado de gloria y de honra a causa del padecimiento de la muerte, para que por la gracia de Dios experimentara la muerte por todos."* (v. 9 énfasis mío). Jesucristo fue hecho *menor* que los ángeles y por *unos treinta y tres años vivió en un cuerpo humano* con el propósito de gustar la muerte y resucitar de entre los muertos para salvarnos y derrotar al que tenía el imperio de la muerte o Satanás para traernos el evangelio (Hebreos 2:14). Después de haber resucitado fue hecho *superior* a los ángeles, subió a los cielos y se sentó a la diestra de Su Padre para interceder por nosotros y derrotar a todos sus enemigos (1 Corintios 15:20-28; Colosenses 1:15-20. ¡Oh sabiduría de Dios en misterio!

25

El Gran Pastor de las Ovejas

"Yo soy el buen pastor y conozco mis ovejas, y las mías me conocen"
(Juan 10:14).

En una ocasión los discípulos de Jesús se molestaron porque los padres traían sus niños para que Él los tocara y los bendijera. Una vez que Jesús se da cuenta del comportamiento de los discípulos les instruye a que los dejen acercarse a Él sin impedimento alguno (Lucas 18:15-17). ¿Qué les estaba demostrando Jesús a ellos? Uno de los propósitos principales de Jesucristo al venir a la tierra y vivir como un ser humano fue dar a conocer en una forma palpable la personalidad de Dios para que el mundo, comenzando con los judíos, conociera la naturaleza divina. Un Dios muy diferente a los dioses que le han puesto nombres. Un Padre amable que tiene cuidado por los seres humanos, está al tanto de sus necesidades y no hace acepción de personas. En fin, su tiempo y energía lo utiliza principalmente en el cuidado de los seres que creó. Todo lo que Jesús hacía era un ejemplo del carácter de Dios. La mejor imagen que se nos presenta para entender que Dios cuida de su pueblo es la de un pastor, símbolo de cuidado, ternura, atención y humildad.

Salmo 23: Jehová es mi Pastor

El cuidado de las ovejas es prácticamente una ciencia. Hay que conocer sus necesidades de alimentación, sus temores y su rutina de descanso pues ellas esperan un trato con mucho cariño como el cuidado a los seres humanos. De acuerdo a la Escritura la raza ovejuna es muy sumisa (Juan 10:3), mansa y símbolo de humildad (Jeremías 11:19); cariñosa y amable como un hijo (2 Samuel 12:3) y sobre todo, necesita ser guiada por un pastor (Ezequiel 34:5; Mateo 9:36).

No es de extrañar que este animal en la Escritura se use con frecuencia para representar la conducta y necesidades de los humanos. *"Jehová, Dios de los espíritus de toda carne, ponga sobre la congregación un hombre que salga delante de ellos y que entre delante de ellos, que los saque y los introduzca, para que la congregación de Jehová no sea como rebaño sin pastor"* (Números 27:16-17). Jesús vio a las multitudes con hambre y desorientadas y las comparó también a un *rebaño que no tiene pastor* (Mateo 9:36).

El salmo 23 es un poema, una oración y un canto que destaca la confianza del autor en Jehová como el buen Pastor de Israel (Génesis 49:24). Me imagino que no ha habido otra composición poética que haya sido leída, predicada y utilizada un sinnúmero de veces para enfrentar diversas situaciones, negativas o positivas. Se puede usar para motivar y alentar a los preocupados. También es motivo de inspiración en una ceremonia nupcial, cumpleaños y aniversarios. Es confortante y alentador para las familias, se lee en los funerales y hasta en actos oficiales de una institución. Algunos comentaristas opinan que este salmo fue escrito por David cuando el rey Saúl, primer rey de Israel, lo perseguía con todo su ejército para acabar con su vida. Es probable que esto sea así ya que el lenguaje refleja el estado de gratitud de alguien que ha sido protegido y librado en medio de un gran peligro y que busca refugio en Jehová.

El salmo se divide en dos bellas presentaciones. En la *primera* (v. 1-4), una imagen de una oveja sintiéndose protegida, satisfecha, alimentada, alagada, descansada, libre de peligro y mimada por un pastor que la ama y la recibe como si fuera un miembro de su prole. La *segunda* parte (v. 5-6), es la de un anfitrión que no escatima detalles, atención, dinero y tiempo en festejar a un amigo muy querido a quien hace sentir como en su propia casa. Los dos personajes de este canto, Jehová y David, compaginan muy bien. Dios es amor y misericordioso y no cambia Su personalidad ante las necesidades de los que le adoran y le sirven. Ni aun de aquellos que no le sirven. También tiene cuidado de ellos como lo manifestó Jesucristo: *"Dios hace salir el sol y deja caer la lluvia para beneficiar a buenos y malos."* (Mateo 5:45)

David tuvo un lado que la Biblia describe como *un varón conforme al corazón de Dios* (1 Samuel 13:13-14; 16:12; Salmo 89:20; Hechos 13:22). Y es que David, -insisto- fue diferente con la sin igual característica que no importaba la situación en que se encontraba, buena o pecaminosa, *acudía* a Dios implorando y adorándolo con toda confianza. En un cántico que escribió después de que Jehová lo liberó de todos sus enemigos dijo: *"y no me aparté de mi Dios haciendo el mal"* (2 Samuel 22:22). Él se acercaba a Dios como un niño y lo veía con mucho cariño. Era su papito, papi, papá *daddy*. Jesús, en los momentos difíciles y de adoración a Su Padre se comunicaba con Dios en una manera muy íntima y utilizaba una expresión muy personal y de mucho cariño: ¡Abba, Padre!, papito (Marcos 14:36; Romanos 8:15; cf. Hebreos 5:7-8).

Jehová es mi Pastor

Jehová es mi Pastor, nada me Faltará. El estilo poético en los salmos, muy común, es el llamado *paralelismo*. En este rasgo poético la primera parte o pensamiento de un pasaje o versículo es interpretada por la que sigue. Abundan los ejemplos en los salmos, incluyendo el 23. El salmo 24 es una buena ilustración de paralelismo hebreo. En el versículo tres y cuatro de dicho salmo el autor hace dos preguntas: ¿Quién subirá al monte de Jehová? ¿Y quién entrará en su lugar santo? Y seguido nos da la respuesta: El limpio de manos y puro de corazón.

Mucho antes del establecimiento de Israel como nación ya Jehová había declarado que Él era su Pastor (Génesis 49:24). Moisés comparó el amor y cuidado que tiene Dios por su pueblo a la atención que se le da a la niña del ojo (Deuteronomio 32:10; cf. Salmo 17:8). Declarar que *Jehová es nuestro Pastor* es tener esa confianza que podemos decir sin pisca de duda que *nada nos faltará*. *"Estad quietos y conoced que yo soy Dios"* (Salmo 46:10a). No nos preocupemos, Él es el capitán del barco de la vida. La equivalencia del primer versículo en el Nuevo Testamento la encontramos en la carta del apóstol Pablo a los filipenses: *"Todo lo puedo en Cristo que me fortalece"* (4:13).

Por unos cuarenta años Dios llevó a Israel por el desierto y le recordó al final del trayecto que ni su calzado ni su vestido se envejecieron durante tanto tiempo de peregrinaje (Deuteronomio 29:5). Para cualquier escéptico de la Biblia es imposible que una pieza de ropa o zapatos pueda resistir cuarenta años de uso diario bajo la intemperie en un desierto. Quizás se nos haga difícil aceptar tal aseveración porque ya nos hemos acostumbrado a llenar el closet de ropa y a retirarla fuera de uso después de unas puestas o de aprovechar las *gangas*. Para Dios nada es imposible. Él hizo todas las cosas. Tiene el poder para hacer una vestimenta de larga duración y preservarla cuanto tiempo sea necesario. Hay que tener en cuenta que muchos manuscritos, incluyendo los de la Biblia, se han encontrado en buen estado, muchos siglos después de haber sido escritos.

Descanso para el alma y el espíritu. En el versículo dos David nos habla de *delicados pastos.* Ese cuidado de Dios por satisfacer la nutrición del cuerpo humano lo encontramos desde Génesis hasta Apocalipsis. A la primera pareja Dios les puso a su disposición árboles frutales. A los israelitas en el desierto los alimentó con *pan del cielo* o maná. Jesús nos enseña a pedirle a Dios el *pan de cada día* y en el último libro de la Escritura encontramos la promesa de que en los cielos y tierra nueva ya *no habrá hambre ni sed* (Apocalipsis 7:16). ¡Adiós a las bebidas gaseosas que tanto daño nos hace!

Las *aguas de reposo* son una bonita y apropiada ilustración de la calidad de vida al amparo de Dios. En la sangre, dice la Sagrada Escritura, está la vida humana (Levítico 17:11) pero la existencia de vida en el universo depende del agua. En el planeta Marte o en cualquier otro aún no se ha encontrado agua, por lo tanto, no se puede concluir que hay vida animal o vegetal. Jesús dijo que vino para darnos vida, como muchas aguas, vida en abundancia. ¡Bendiciones que se disfrutan!

Jehová Confortará mi Alma. Un buen pastor debe hacer que la oveja se sienta tranquila, segura y sin miedo. Mantener a los depredadores a distancia y que su estomaguito esté lleno. El uso del *bastón* o *cayado* es para tocar al animal con ternura, como dándole una palmadita y comunicándole a la vez que su amo está cerca de ella. ¿Cómo Dios conforta nuestras vidas? Él nos da fuerzas cuando nos encontramos que nuestras energías se han fugado y somos vulnerables a la desesperación. Los que *esperan en Jehová tendrán nuevas fuerzas.* Dios así lo promete: *"No temas, porque yo estoy contigo; no desmayes, porque yo soy tu Dios que te esfuerzo; siempre te ayudaré, siempre te sustentaré con la diestra de mi justicia"* (Isaías 41:10; cf. 40:29-31).

Dos razones por las cuales Dios nos conforta diariamente las encontramos en el paralelismo del versículo 3: confortará mi alma, me guiará por *sendas de justicia* y por *amor de su Nombre.* Las sendas de justicia son símbolo de caminar en la sabiduría o Palabra de Dios y ser justo obedeciendo sus mandamientos (Proverbios 4:11-12). Como siervos del Señor debemos evitar las corrientes y costumbres humanas que no edifican. El mundo con sus deseos es pasajero. Hay que buscar lo que es eterno y nos da esperanza (1 Juan 2:17). La otra razón por la cual Dios nos conforta es por el amor de Su Nombre o por lo que Dios en sí es. *El Nombre*, lo que los judíos llaman *HaShem* es sagrado, santo y único puesto que hay un sólo Dios. Él nos conforta para dar honor a su propio Nombre como testimonio a toda la creación y no porque nos tenga lástima. ¡Si la fe mueve montañas, el amor estremece el *universo*!

Jehová me Librará de la Sombra de la Muerte. Las víctimas que poco se menciona en los cortes noticiosos son los que *mueren de miedo,* especialmente los niños. Hay niños que les toca vivir atrocidades dentro de su familia inmediata o sufren los embates de una guerra y a algunos de ellos les sorprende la muerte a causa del miedo. El miedo *neutraliza* nuestros pensamientos y movilidad física hasta el punto de quedar inertes. Nos quita la libertad sin la cual quedamos a expensas de un superior. Nos afecta nuestro sistema nervioso causando una inercia que nos paraliza y no podemos actuar ni tomar decisiones. La Escritura nos enseña a no temer o tener miedo, lo que no se debe confundir con la cualidad de ser justo o temer a Jehová que significa ese respeto, devoción y obediencia a sus mandamientos.

El miedo es lo que nos asusta y nos pone a temblar por diferentes situaciones. Podemos tenerle miedo a objetos o cosas extrañas, animales, personas, al futuro, al estado de incertidumbre, a tomar decisiones, etc. Como siervos del Altísimo nunca debemos actuar con inseguridad en nuestra relación con Él. En cambio, *temer a Dios,* es aceptar su Palabra y obrar de acuerdo a la instrucción divina y adorarle con toda reverencia.

El salmista dice que hay que servir a Jehová con temor y *alegrarnos* con *temblor* (Salmo 2:11). Dios libró a todos los siervos del faraón que tuvieron temor de la Palabra de Dios y procedieron a recoger a sus criados y al ganado en sus casas cuando envió la plaga de granizo sobre los egipcios. Los que no tuvieron miedo ni prestaron atención al mensaje profético de Moisés simplemente dejaron a sus criados y al ganado en el campo y estos recibieron el impacto directo del granizo (Éxodo 9:19-21).

En momentos de dificultad el susurro de parte de Jehová nos alienta no importando cuál sea el peligro: *"Estad quietos y conoced que yo soy Jehová"* (Salmo 46:10a). De acuerdo al apóstol Juan el remedio para vencer al miedo y preocupaciones es el *amor. "En el amor no hay temor, sino que el perfecto amor echa fuera el temor, porque el temor lleva en sí castigo. De donde el que teme, no ha sido perfeccionado en el amor"* (1 Juan 4:18). Pablo nos dice que ni aun la muerte o cualquier otra cosa creada nos pueden separar del amor de Dios que fue manifestado por el sacrificio de Cristo (Romanos 8:38-39).

Jehová me Prepara un Banquete para mí todos los Días. En el Antiguo Testamento, desde el Génesis, sobresale la hospitalidad como una cualidad de la cultura de la época. Al viajero que llegaba a un lugar determinado, no importando su estatus social, era tratado con mucha dignidad y atención (Jueces 19:14-21; Levítico 19:34). No hacerlo, era muy irrespetuoso, denigrante y desagradable (Lucas 16:19-25). No solo le servían alimentos, también se ungía al visitante con aceite en la cabeza. Dios es el mejor ejemplo de hospitalidad que podemos encontrar en la Escritura y en todo el universo.

El salmista se siente tan agradecido a Dios por todos los favores y bendiciones recibidos que lo describe en una imagen donde Jehová mismo es el anfitrión que cuida de él. Una mesa ya preparada y una copa llena representan abundancia y riqueza que llena nuestro ser de alegría. Las bendiciones materiales recibidas de Dios, como dice Santiago, son buenas y no envanecen el espíritu. Hay que dar gracias a Dios en todo momento. Todo lo contrario con la situación en que se encontró Jesús con el joven rico, a quien cuando le pidió que repartiera de sus bienes a los pobres se llenó de tristeza porque las riquezas eran su esperanza (Lucas 19:16-22). Al levantarnos cada mañana debemos sentirnos como el salmista invitados a comenzar el día con un banquete de bendiciones que ya Dios ha desplegado para nuestro deleite aun cuando estamos angustiados. Es la mejor receta para enfrentar los quehaceres, preocupaciones y problemas no resueltos del día anterior.

Jesús el buen pastor

Dios es el *Pastor de Israel* que cuida y protege a su pueblo en todo tiempo y circunstancia. Acaricia sus ovejas en su pecho, un amigo que nunca se aleja. *"Como pastor apacentará su rebaño. En su brazo llevará los corderos, junto a su pecho los llevará; y pastoreará con ternura a las recién paridas"* (Isaías 40:11; cf. Salmo 80:1; Génesis 48:15; 49:24; Jeremías 31:9). A pesar de que Israel se volvió rebelde no siguiendo la Ley de Dios e invalidando su Pacto, acción por la cual fue llevado cautivo a Asiria y a Babilonia, Dios le prometió que los recogería y los regresaría a su tierra natal así como el pastor reconoce a la oveja extraviada y la regresa al rebaño.

La expresión *mi pastor* en hebreo es *ro'i* que a la misma vez deriva de *re'a* cuyo significado es *ser amigo*. En el Nuevo Testamento a Dios no se le llama Pastor sino que Su Hijo recibe tal distintivo. Ya de antemano el profeta Isaías había anunciado que el Ungido de Jehová sería maltratado y llevado al matadero como una indefensa oveja que no abrió su boca, aceptando así, sacrificarse por todos los pecadores (Isaías 53:7). A Jesús se le nombra como el *buen pastor* y *amigo*, que dio su vida por todos (Juan 10:11; 16:13-15) y el que se preocupa por la oveja que no tiene pastor y por la que abandona el rebaño (Mateo 9:36; 18:12-14; Marcos 6:34; Lucas 15:4-7). Él es el *gran Pastor* de las ovejas (Hebreos 13:20), *Pastor y Obispo* de nuestras almas (1 Pedro 2:25), el Príncipe de los pastores (1 Pedro 5:4) y el Cordero que está sentado en el trono y quien nos guía a fuentes de agua viva (Apocalipsis 7:17). ¡Gracias Señor Jesús porque tú eres mi Pastor!

Salmo 78: Recuento de la Historia de Israel desde Moisés hasta David

La Escritura dice que aunque el ser humano sea infiel a Dios, Él permanece fiel a sus promesas. Dios no olvida sus promesas. Como dijo Pablo, todas las promesas de Dios *son un Sí* (2 Corintios 1:18-20; 2 Timoteo 2:13). En este salmo 78 el autor detalla los hechos poderosos de Dios a favor de su pueblo en medio de su constante infidelidad, desde que por la gracia de Dios se formaron como una nación hasta el periodo de los reyes. Es una larga historia que hace a este salmo el segundo más largo con 72 versículos, después del salmo 119 que contiene 176. El canto como tal no está dirigido a Dios sino al pueblo de Israel como exhortación a que recuerde en su corazón las maravillas y la misericordia de Dios, desde que fueron liberados de Egipto hasta que llegaron a poseer la tierra Prometida y continúa el relato hasta la monarquía de David.

En el versículo cuatro se expresa detalladamente el propósito del autor al narrar la historia de Israel a las nuevas generaciones: *"No las encubriremos a sus hijos, contaremos a la generación venidera las alabanzas de Jehová, su potencia y las maravillas que hizo."* La historia de Israel tiene muchos sucesos de rebeldía hacia Dios, pecados de sus líderes y castigos justos de Dios que no se pueden esconder; hay que enseñarlos a las nuevas generaciones. Antes de morir Moisés, Dios le había instruido al pueblo por medio de él que a los hijos y a los hijos de su hijos tenían que enseñarles las cosas que habían visto (Deuteronomio 4:7-9). La razón por la cual era tan urgente el mandamiento a los padres de educar a sus hijos era para que pusieran su *confianza en Dios* y no se olvidaran de Él (v. 5-8). Aún así, se olvidaron del Liberador y no lo adoraron ni guardaron su Pacto (v. 9-21). El salmista hace mención que lo que hizo enojar a Dios fue que *no creyeron ni tuvieron fe* en la salvación que Dios demostró con grandes milagros delante ellos (v. 22).

Una parte considerable de este salmo (v. 23-55) está dedicada a relatar los hechos de Dios a favor de Israel quienes a pesar de la paciencia y bondad de Jehová continuaron en desobediencia. Dios le dio a comer el maná, *trigo del cielo* o *pan de nobles* y comida; los alimentó hasta saciarlos, en un desierto de sinsabores (v. 24, 25). Con todo ese cuidado, volvieron a pecar y desarrollaron una actitud de probar a Dios que, como dice el salmista: *"Si los hacía morir, entonces buscaban a Dios; entonces se volvían solícitos en busca suya, y se acordaban de que Dios era su refugio, que el Dios Altísimo era su redentor"* (Salmo 78:34, 35). Y llegaron hasta la hipocresía, que con la boca lo halagaban y con la lengua le mentían a Jehová (v. 36). Y por todo ese desprecio y desobediencia hacia Dios el pueblo de Israel quedó reducido a un remanente. Solo la tribu de Judá sobrevivió para ser el vehículo para traer el Mesías a la tierra a través de la descendencia de David (v. 67-72).

El Método que Jesús usó para enseñar a sus Discípulos: Parábolas

El compositor de este relato histórico y poético (Salmo 78) es Asaf, un levita y vidente (profeta) quien también fue nombrado por David *cantor del Templo* (1 Crónicas 6:39; 15:39; 2 Crónicas 29:30). ¡Qué elegancia literaria en 72 versículos para solo presentar un aspecto muy importante del ministerio de Jesucristo: su método de enseñanza! La parte mesiánica en este salmo está limitada a un solo versículo (v. 2), donde el autor dice que hablaría de cosas escondidas desde tiempos antiguos. Este mismo pasaje fue citado por Jesucristo cuando explicó su método didáctico a sus discípulos. Es decir, la enseñanza a través de parábolas, una forma de enseñar muy conocida en la Biblia y de aquella época (Mateo 13:34-35). En una parábola se presenta una verdad haciendo uso de ejemplos y comparaciones de la vida cotidiana, lo cual le es familiar al oyente o discípulo.

Las parábolas son bastante conocidas tanto en el Antiguo como en el Nuevo Testamento. En el Antiguo encontramos unas nueve parábolas siendo la amonestación a David por parte del profeta Natán una de las más conocidas. Este usó una corderita como ejemplo para reprender al rey David por su pecado de adulterio (2 Samuel 12:1-24).

En el Nuevo Testamento el total de las parábolas que Jesús enseñó llega a 46, distribuidas en los cuatro evangelios. De ese total, Mateo presenta veintiséis, Marcos ocho, Lucas escribe el mayor número con unas treinta, mientras que Juan sólo presenta dos: el Buen Pastor y la Vid y el Pámpano.

Interrogado por sus discípulos del por qué hablaba en parábolas Jesucristo les contestó: *"Porque a vosotros os es dado saber los misterios del reino de los cielos, pero a ellos no les es dado"* (Mateo 13:11). A *ellos*, esto es, a la audiencia judía que se mostraba reacia a su enseñanza, no era el momento de enseñarle los misterios del Reino de Dios. Después de su resurrección Jesús comisiona a sus discípulos para que comenzando desde Jerusalén y hasta el fin del mundo predicaran las buenas de salvación y los misterios del reino celestial (Mateo 28:16-20). No es coincidencia que el mismo salmo enfatice la fidelidad de Dios en medio de la rebeldía del pueblo israelita en su historia y profetice sobre el género literario de parábolas en las que Jesucristo menciona la incredulidad del pueblo judío a quien se enfrentó con su evangelio y aún así muchos le rechazaron. ¡Oh sabiduría de Dios en misterio!

26

Frente a los Enemigos

"El que come pan conmigo alzó el pie contra mí."
(Juan 13:18)

Si Jesucristo *no* hubiese enseñado el amor a los enemigos como parte central de su misión y mensaje, quizás, y digo quizás, el pueblo judío *no* lo hubiese perseguido y rechazado. Para Jesús el problema principal en el mundo, incluyendo a los judíos, no era la economía, la política (ocupación romana) o cualquier otro, sino el *corazón*. Por eso escogió un grupo muy selecto de doce personas que la mayoría parecía que habían egresado de la cárcel. Una buena educación en cualquier rama social no cambia el corazón humano, es imposible que así suceda. Sólo el amor cambia el corazón. Pablo escribió que el amor de Dios que viene del Espíritu Santo ha sido derramado en nuestros corazones (Romanos 5:5).

Los siguientes salmos nos describen de una manera profética la lucha que tuvo el Mesías antes sus enemigos, comenzando contra su enemigo mayor, el diablo. Peligros, venganzas y traición fue lo que mayormente ocupaba la agenda diaria de Jesucristo en su ministerio terrenal.

Salmo 91: una Oración de Confianza en Dios

Jehová es el Dios de las batallas no importa que el conflicto ocurra en la altura o el valle, Él libra a los suyos en cualquier situación de peligro o dificultad. Para Dios nada es imposible y como afirma la Escritura, las *batallas son de Jehová* (1 Samuel 17:47; Salmo 24:8). A Dios no le preocupa en absoluto cuán grande sea nuestro problema, en qué situación nos encontremos, peligrosidad o a quien nos enfrentemos. Él sólo demanda de nosotros confianza, fe en Su poder. Como dijo el salmista *"los que confían en Jehová, son como el monte de Sión, que no se mueve, sino que permanece para siempre"* (Salmo 125:1).

Este salmo es muy poético y tiene un mensaje de confianza en Jehová. El salmista se siente que habita abrigado por la protección de Dios, bajo la *sombra del Omnipotente* o el *Shadai* (v. 1). Dios es su *fortaleza* y *castillo* que le da confianza e inspiración y puede decir con toda seguridad que Dios es su habitación y quien lo cubre con sus alas (v. 2). Dios nos libra de cualquier situación o peligro durante las veinticuatro horas y los siete días de la semana. Su Espíritu, con el cual Dios nos ha sellado, habita en nosotros y nos consuela en cualquier adversidad que se presente. Podemos decir con toda confianza que Dios es nuestro protector, esperanza y nuestro amparo y fortaleza en los momentos de desesperación (v. 4-6).

En este canto los enemigos no son los hombres o un ejército, sino los *peligros de la vida diaria* y miedos o pasiones internas. El autor de este cántico tenía tanta confianza en Dios que dice que muchos caerían o serían vencidos pero la espada del embestidor o los impíos a él no lo alcanzaría (v. 7-8). Para Dios no pasa desapercibida la oración cuando se hace con fe pues este salmo tiene un *distintivo al final:* La oración del salmista es contestada inmediatamente, asegurando la intervención de Dios en medio de la angustia. Y así actuó Dios, tomó acción y afirmó las palabras dichas por el salmista prometiéndole una larga vida y mostrándole la salvación (v. 14-16). Como se dice en el lenguaje boxístico: ¡Por la vía rápida! Y así lo dice Pablo, todas las promesas de Dios son en Él, "Sí" y un "Amen," no se tarda en responder (1 Corintios 1:20).

En la tentación de Jesucristo de acuerdo a la versión de Mateo, el diablo usó las palabras de los versículos 11 y 12 de este salmo. Satanás lo lleva al pináculo del Templo y lo desafía a que se lanzara hacia abajo ya que sus pies no tocarían la tierra y *los ángeles lo sostendrían y sus pies no sufrirían lesión alguna.* Jesús no le respondió con palabras de sabiduría humana, sino con la Palabra de Dios: *"Jesús le dijo: Escrito está también: "No tentarás al Señor tu Dios."* (Mateo 4:7). Una pregunta que puede hacerse al examinar la respuesta de Jesús es: ¿Qué si Cristo hubiese accedido al pedido de Satanás y se hubiese lanzado a tierra? De seguro sus pies o al alguna parte corporal no hubiesen sido afectados, pues se cumplía la Palabra de Dios en Él. Sin duda alguna el pueblo judío lo hubiese recibido como un héroe o *Superman,* pero no como el Hijo de Dios. Se hubiese creado una figura espectacular y los medios de comunicación hubiesen hecho su agosto. ¡Una estrella con mucha fama, pero no de acuerdo a la voluntad de Su Padre!

El poder de Jesucristo no era para vencer la fuerza de gravedad, sino a los enemigos de la felicidad de los seres humanos: el diablo, la muerte y el pecado (Hebreos 2:14). Él no tenía otra agenda que no fuera la de cumplir la voluntad de Dios. Jesucristo vino al mundo para ser *tentado en todo sin llegar a pecar* de acuerdo a la Escritura. Una víctima sin defecto para un sacrificio que agradara a Su Padre. No para impresionar a los hombres o a las exigencias de Satanás. El hecho de que Él pudo tener una victoria contundente sobre la tentación y el pecado, fortalece nuestra fe en su poder cuando estamos en semejante situación. *"Pues en cuanto él mismo padeció siendo tentado, es poderoso para socorrer a los que son tentados"* (Hebreos 2:18). ¡Qué gran bendición, seguridad y esperanza nos da la Palabra de Dios!

Salmo 41: la Traición de un Amigo

El sabio Salomón dijo que un amigo siempre ama, pero en los momentos más difíciles es como un hermano (Proverbios 17:17). Sentimos una gran decepción cuando nos falla la persona en quien hemos depositado nuestra confianza: *"Como el que enloquecido arroja llamas, saetas y muerte, tal es el hombre que engaña a su amigo y luego dice: «¡Solo ha sido una broma!»"* (Proverbios 26:18-19).

David fue un hombre de guerra, valiente, fuerte, un nacionalista y luchador por su pueblo, pero sobre todas las cosas tenía un gran celo por servir y adorar a Jehová. En este salmo, ese *pequeño gigante* se dirige a Dios en momentos de angustia y de persecución por los más cercanos a él. En los primeros tres versículos alaba y exalta a Dios por Su misericordia y cuidado hacia el pobre a quien también lo defiende de los enemigos. Ese estado emocional de David al dirigirse a Dios es el de un enfermo que está siendo angustiado por los efectos del pecado y se siente abandonado por la traición (v. 5-8). Muchas sorpresas nos pueden dar los amigos en quien confiamos pero es decepcionante que alguno de ellos nos traicione en el momento de necesidad. David dice que su mejor amigo se convirtió en su enemigo: *"Aun el hombre de mi paz, en quien yo confiaba, el que de mi pan comía, alzó el pie contra mí"* (v. 9).

¿Quién fue ese traidor que conspiró contra David? Absalón fue el tercer hijo de David y quien se sublevó contra él para llegar al trono en lugar de Salomón, a quien ya David había designado como su sucesor. En medio de tal levantamiento y siendo David perseguido por su propio hijo, su mejor consejero, *Ahitofel*, lo traiciona uniéndose al movimiento de Absalón quien buscaba llegar al trono de Israel (2 Samuel 15:12, 31-34). En ese tiempo el consejo que daba Ahitofel lo tomaban como la Palabra de Dios (2 Samuel 16:23). Cuando Absalón decide atacar al ejército de Israel y al rey, buscó el consejo de Ahitofel quien estaba de parte de David. También llamó a otro amigo de David, Husai, el arquita para pedirle su opinión en cuanto a cuál sería la mejor estrategia para llevar a cabo el ataque a su mismo padre (2 Samuel 17:1-13). Finalmente, el consejo que Absalón siguió fue el de Husai y no el de Ahitofel (17:14). Cuando Ahitofel supo que su consejo no se había seguido se montó en su asno, regresó a su casa y después de ponerla en orden se ahorcó (17:23).

El salmista se siente enfermo por la traición de Ahitofel. Era su mejor amigo y consejero. Este Ahitofel es un *tipo* de Judas. Jesucristo fue abandonado por sus discípulos y traicionado por Judas, quien comió pan en la mesa junto con Él y quien luego de haber *tomado el bocado* salió enseguida del recinto (Juan 13:28; cf. Mateo 26:23; Marcos 14:18-20; Lucas 22:21). Entregó a las autoridades romanas al Maestro por unas miserables treinta piezas de plata y terminó ahorcándose (Mateo 26:14-15; 27:3-5). ¡Mísero!

El Hijo de Dios sufrió y fue menospreciado por sus amigos pero Dios lo levantó de entre los muertos para que se cumpliera lo que dijo el salmista, que *lo levantaría y Él daría el pago a sus enemigos* (v. 10). El abandono, traición, desprecio y tentaciones lo hicieron experto y campeón en el sufrimiento, en quien podemos confiar en los momentos en que nos parecen que todas las puertas se han cerrado. *"Pues en cuanto él mismo padeció siendo tentado, es poderoso para socorrer a los que son tentados"* (Hebreos 2:18). ¡Amen!

Salmo 109: Clamando por Venganza

Hay una categoría de salmos llamados *imprecatorios* o cantos donde el tema principal es maldecir a los enemigos en una forma muy directa y sin reservas. Parece como si de momento nos encontramos con textos que no encajan con el estilo del autor y, mucho menos, que tengan inspiración divina. Están incluidos en esa clasificación los siguientes salmos: 35, 59, 69, 83, 109, 137 y 139. Es un contraste diametralmente opuesto con la enseñanza de Jesucristo sobre el trato que debemos mostrar hacia los enemigos. El salmista fue más allá de lo que la ley establecía con referencia a odiar a un enemigo. Jesús mandó no sólo que amemos a nuestros enemigos, sino que también tenemos que bendecirlos para demostrar que somos hijos del Padre celestial (Mateo 5:43-45).

Este salmo (109) es considerado el más fuerte de todos con un lenguaje de un mensaje directo expresando venganza y la terminación de la vida de los enemigos. El canto como tal, se divide en tres partes diferentes una de la otra. David comienza dirigiéndose a Dios en una oración de súplica pidiendo a Dios que *no calle* ante las acciones de sus enemigos contra él (v. 1-5).

Los versículos 6 hasta el 19 son considerados como el mensaje más imprecatorio de todo el libro de Salmos. El lenguaje con que se expresa el autor para mostrar su enfurecimiento hacia sus enemigos es muy jocoso, claro y despiadado. Él manifiesta en su oración que Dios traiga el mal sobre el impío y también que Satanás, no Dios esté a la diestra del impío o del enemigo. Desea que sus enemigos sean juzgados y salgan culpables, que las oraciones no se les cumplan, los días de su vida sean cortos, los hijos queden huérfanos y mendingando su pan muy lejos y además, en una manera sarcástica pero paliativa les desea la muerte, diciendo que *sus mujeres enviuden*. También ruega que los acreedores se apoderen de las casas y propiedades de los adversarios, la posteridad y futuras generaciones sean destruidas y ruega a Dios que *no* les perdone sus pecados. El salmista termina su larga oración pidiendo a Dios socorro en medio de las acechanzas de los enemigos; alabando a Jehová por Su justicia hacia el pobre (v. 6-13, 30).

El mensaje de este salmo pareciera no ser inspiración de Dios por las muchas peticiones contrarias a Su naturaleza. Dios es misericordioso y tardo para la ira. Sin embargo, es aceptable que el autor simplemente pudo ser libre y actuó conforme a su naturaleza carnal, lo que el apóstol Pablo llama, el *viejo hombre* (Efesios 4:22). Esa naturaleza antigua y actitud que teníamos antes de conocer a Jesucristo, contraria a lo espiritual, y que ahora, por el poder del Espíritu Santo podemos vencer. La que anteriormente gobernaba a su antojo nuestro cuerpo y mente. Tal naturaleza no hay que despertarla sino dejar que el *nuevo hombre* creado según Cristo siga creciendo hasta el conocimiento pleno (Colosenses 3:9-10).

Aunque el salmo no nos parezca como una inspiración de un rey y siervo de Dios, el Espíritu Santo lo utilizó para profetizar la aparición de un personaje que fue parte del ministerio de Jesús en la tierra: *Judas*. Es característico en los salmos mesiánicos presentar un fondo histórico o situacional para tipificar o profetizar los acontecimientos de la *vida, crucifixión, muerte* y *resurrección* de Jesucristo. La parte mesiánica que se presenta o profetiza en el salmo queda enmarcada en la trama del escrito sapiencial, parte del sufrimiento o experiencia del salmista, y no como un sub-mensaje fuera de contexto.

Fue pues necesario presentar un escenario como el expuesto en este salmo para anunciar la intensidad y magnitud de la traición de Judas. Con referencia al versículo 8 de este salmo, los apóstoles llevaron a cabo la sustitución del traidor. *"Hermanos, era necesario que se cumpliera la Escritura que el Espíritu Santo, por boca de David, había anunciado acerca de Judas, que fue guía de los que prendieron a Jesús, y era contado con nosotros y tenía parte en este ministerio."* ... *"porque está escrito en el libro de los Salmos:»"Sea hecha desierta su habitación y no haya quien more en ella,"»y:»"Tome otro su oficio."* (Hechos 1:16, 20).

David en este canto se siente que Dios no ha actuado conforme a su deseo u oración, y con intensidad, le ruega que destruya a sus enemigos sin misericordia. En el salmo no hay indicación de que Dios le haya concedido tal petición. La noche antes de ser entregado y traicionado por Judas, Jesús le rogó a Su Padre que le concediera pasar la copa amarga de ir a la cruz, sin embargo, Jesús dijo, *"no sea como yo quiero, sino como tú"* (Mateo 26:39, 42). El traidor se acercó a Jesús y se cumplió lo que estaba profetizado aunque ya había dicho de su enemigo, Judas, que *"le hubiese sido mejor no haber nacido"* (Mateo 26:24). Aunque nos parezca extraño, en muy pocas ocasiones al enemigo se le permite actuar, si es que va de acuerdo a los planes de Dios. Y así lo manifestó Jesucristo en el versículo anterior: *A la verdad el Hijo del hombre va, tal como está escrito de Él* (26:24a). ¡Sabiduría de Dios en misterio!

27

Salvación: un Sacrificio Voluntario

"En esa voluntad somos santificados mediante la ofrenda del
cuerpo de Jesucristo hecha una vez para siempre"
(Hebreos 10:10).

El profeta Miqueas se hizo varias preguntas en cuanto a su relación
con Dios y cómo agradarle: *"¿Con qué me presentaré ante Jehová y adoraré*
al Dios Altísimo? ¿Me presentaré ante él con holocaustos, con becerros de un
año? ¿Se agradará Jehová de millares de carneros o de diez mil arroyos de aceite?
¿Daré mi primogénito por mi rebelión, el fruto de mis entrañas por el pecado de
mi alma?" (6:6-7). La última pregunta debe ser preocupación para todo
ser humano. ¿Podemos vivir sin considerar a Dios como el Creador, a
quien hemos de darle cuenta?

El joven rico que por tener riquezas y habilidades deseaba encontrar
la fórmula mágica para *alcanzar la vida eterna,* preguntó a Jesús: *"Maestro*
bueno, ¿qué bien haré para tener la vida eterna?" La respuesta de Él fue que
guardara los mandamientos de Dios y atendiera las necesidades de
los pobres. La reacción del joven fue nula y se entristeció porque su
fe era tan escaza que pensó que se convertiría en uno de ellos. Dio
media vuelta marchándose muy triste. Los discípulos que habían oído
la respuesta de Jesús exclamaron diciéndole: ¿Quién, pues, podrá ser
salvo? Jesucristo fijando en ellos sus ojos les expuso el fundamento de

la salvación eterna: *"Para los hombres esto es imposible, pero para Dios todo es posible"* (Mateo 19:16-26). Los siguientes salmos nos instruyen acerca de tal *imposibilidad*.

Salmo 40: un Sacrificio Voluntario

Nuestra naturaleza humana nos obliga a actuar en forma direccional sin considerar lo que pensamos cuando nos encontramos en momentos de angustia y problemas. En tales ocasiones la oración se convierte en interrogaciones hacia Dios. El salmo 40 es un buen ejemplo de una oración en medio de persecución y burla de los enemigos. El salmo se divide en dos partes. En los primeros diez versículos el salmista da gracias y alaba a Dios por los favores recibidos y del 13 al 17, hace una súplica por liberación. Los versículos 11 y 12 son un puente entre las dos partes. ¡He aquí, un buen ejemplo de cómo proceder en medio de la tormenta! Es imperativo empezar alabando y adorando a Dios en las situaciones cuando nuestra actitud no es la mejor. Dios nunca nos abandona y cuando no entendemos la adversidad nos dice, *estad quietos y conoced que yo soy Jehová* (Salmo 46:10a). Jesucristo nos da tal ejemplo. En un escenario tétrico, fúnebre por la muerte de su amigo Lázaro y en compañía de Marta y María, hermanas del difunto, invoca a Su Padre para que lo resucite. Las primeras palabras dirigidas a Dios fueron: *"Padre, gracias te doy por haberme oído. Yo sé que siempre me oyes"* (Juan 11:41-42; cf. 17:1). ¡Unas buenas palabras que anticipan el cumplimiento de una oración hecha con mucha fe!

Los versículos 6 al 8 de este salmo tienen una tonalidad mesiánica los cuales son citados por el autor de la carta a los Hebreos al explicar la suficiencia del sacrificio de Jesucristo en la cruz para erradicar el pecado. Hablando de Jesucristo dice: *"Por lo cual, entrando en el mundo dice: «Sacrificio y ofrenda no quisiste, más me diste un cuerpo. Holocaustos y expiaciones por el pecado no te agradaron. Entonces dije: "He aquí, vengo, Dios, para hacer tu voluntad, como en el rollo del libro está escrito de mí."»* (Hebreos 10:5-7).

En dicha carta, el mensaje a aquellos que estaban dudando de la superioridad de Cristo sobre el sistema sacrificial en el Antiguo Testamento fue que Cristo se presentó *una sola vez* para sacrificarse a sí mismo con el único propósito de quitar de en medio el pecado y darnos *salvación eterna* (Hebreos 9:26-28). Ahora bien, la ley de los sacrificios de animales por los pecados de los seres humanos, en el Antiguo Testamento, era ineficaz en el sentido de que tenían que ofrecerse continuamente y no surtían efecto sobre el pecado. Más bien eran ofrecidos solo por los pecados de ignorancia del pueblo (Hebreos 9:7). Eran sombra de lo verdadero, prefigurando la ofrenda perfecta del cuerpo de Cristo. Cada año, el sumo sacerdote entraba al Lugar Santísimo donde hacía primeramente expiación por sus pecados y luego por los del pueblo (Hebreos 10:1-4; cf. Levítico 16). Los sacrificios le recordaban al pecador lo que en realidad es, un *pecador habitual*. Tales ofrendas surtían un efecto semejante a una medicina recetada por un médico la cual ordena que la tomemos diariamente, no nos sana, pero si la descontinuamos puede tener efectos adversos a la salud.

Había otro problema con el sistema de sacrificios por los pecados cometidos antes de morir Jesucristo. Los pobres animales, víctimas ajenas y llevadas al altar de los sacrificios, eran obligados a morir por pecados ajenos. No tenían voluntad de hacerlo. No levantaban una patita diciendo, *heme aquí*. Si hubiesen tenido la oportunidad de elegir morir por extraños, hubiesen rehusado hacerlo.

En los días del profeta Isaías, la repetición de las ofrendas y sacrificios a Dios, por su ritualidad y procedencia de corazones no arrepentidos, llegó a hastiar a Jehová. Y lo peor de todo fue que tales ofrecimientos Dios no los había requerido, eran voluntarios (Isaías 1:11-12; cf. Levítico 1:2; 2:1; 3:1). Los sacrificios requeridos en la Ley y administrados por los sacerdotes en el Tabernáculo y más tarde en el Templo eran: la ofrenda diaria, en los sábados y en las fiestas solemnes (Levítico 23; Números 28 y 29; 2 Crónicas 8:12-13). También Jeremías reseña que una ofrenda puede ser muy elegante y atractiva pero sino va acompañada con buen deseo, adoración y amor sincero, no agrada a Jehová (Jeremías 6:20;

7:21-23). Aunque los sacrificios de un corazón no inclinado hacia Dios iban acompañados con música instrumental, para Dios le eran una molestia (Amos 5:21-25).

Entonces, ¿qué pide Dios y con qué nos presentaremos ante Él para que le adoremos y que acepte nuestras ofrendas? ¿Becerros gordos, primicias o cantidades de ofrendas? *"Hombre, él te ha declarado lo que es bueno, lo que pide Jehová de ti: solamente hacer justicia, amar misericordia y humillarte ante tu Dios"* (Miqueas 6:8; cf. Salmo 51:15-17; 69:30-31; 141:2; Proverbios 15:8; Oseas 6:6). El profeta Samuel exhortó al rey Saúl cuando éste había desobedecido a Jehová, haciéndole énfasis que *"mejor es obedecer que sacrificar"* (1 Samuel 15:22; Mateo 9:12-13; 12:7).

Para resolver el problema del pecado se necesitaba una medicina o vacuna milagrosa, no de este mundo, pero asociada con los pecadores. La solución fue la Divinidad *vistiéndose* de carne habitando entre nosotros para morir y resucitar para derrotar la muerte, el pecado y a Satanás (Juan 1:1, 14; Colosenses 2:9; Hebreos 2:14). Vencer el pecado con sacrificios de animales es como tratar un cáncer en estado avanzado con una simple aspirina. Aquellos sacrificios, el autor de Hebreos aclara, que solo eran una sombra de lo real y verdadero, esto es, Jesucristo voluntario y dispuesto a sufrir por los injustos (Hebreos 10:1).

¿Cuál fue la diferencia entre el sacrificio de Jesucristo y las ofrendas cruentas? Como dice el dicho: ¡*Del cielo a la tierra!* La noche antes de que los israelitas salieran hacia la tierra Prometida se les ordenó que tomaran un cordero sin *defecto*. Esa víctima tenía que ser seleccionada en el día diez y guardada hasta el día catorce cuando era sacrificado (Éxodo 12:1-11). Era la celebración de su *independencia*. La liberación de la esclavitud en Egipto. Lo hicieron en grande y hasta el día de hoy continúan celebrando *la Pascua a Jehová*. Sin saberlo, ese cordero prefiguraba al Hijo de Dios, perfecto y *dispuesto con mucha voluntad* a quitar el pecado del mundo (Juan 1:29).

La voluntad de Cristo

En la carta a los hebreos está claro que Dios ya no quería más sacrificios de animales por el pecado. Tal remedio era una pérdida de tiempo que no surtía efecto alguno contra tan terrible enfermedad (Hebreos 10:5-10). Jesucristo conociendo la Sabiduría y propósitos de Dios se presentó dispuesto a agradar a Su Padre: *»"Holocaustos y expiaciones por el pecado no te agradaron. Entonces dije: "He aquí, vengo, Dios, para hacer tu voluntad, como en el rollo del libro está escrito de mí."»* (Hebreos 10:6-7). El versículo 10 explica en qué consiste tal *voluntad*: Jesucristo decidió aceptar el reto de venir a morir en una cruz, como pecador, llevando en su carne el pecado del mundo. ¡Y lo hizo! No simplemente obedeciendo un mandamiento, sino por amor hacia un mundo que lo rechazó desde su nacimiento.

Una parte en los sacrificios de animales consistía en quemar la grasa de la víctima la cual ardía subiendo al cielo como *olor fragante*. Un manjar a Jehová (Levítico 1: 9, 17; 2:2, 9, 11, 16). Él no vino como un emperador para impresionar a la gente, sino que se presentó en un cuerpo humano y frágil, pero sin pecado y como una *ofrenda agradable a Dios*.

Como dice la misma Escritura, quizás haya alguien que desee morir por un justo, pero no por un injusto o criminal (Romanos 5:7). Jesucristo murió voluntariamente por todos, *el justo por los injustos*, agradando en todo a Dios y cumpliendo Su voluntad. Él es la ofrenda perfecta y agradable a Dios. Un campeón en sufrimiento, como dijo el profeta Isaías, *experimentado en quebranto o sufrimiento* (53:3). Ese padecimiento no fue solo producto de una muerte física, sino de humillación y desprecio al Hijo de Dios el cual descendió del cielo para habitar en medio de los pecadores y quien *no estimó el ser igual a Dios para asemejarse a los hombres* (Filipenses 2:6-10). ¡Gracias Dios por enviar a tu Hijo para salvarnos y darnos vida en abundancia!

Salmo 49: la Imposibilidad de Ser Salvo

¿De qué le servirá al hombre ganar todo el mundo, si pierde su alma? (Mateo 16:26a)

¿Qué es la vida? Es una pregunta para filósofos, teólogos, científicos y todos los que en determinado momento reflexionamos y exclamamos como el patriarca Job quien en medio de su sufrimiento dijo que el nacido de mujer: *"brota como una flor y es cortado, huye como una sombra y no permanece"* (Job 14:2). El apóstol Pedro nos enseña que para tener una vida buena y exitosa hay que apartarse del mal, hacer el bien y buscar la paz (1 Pedro 3:10-12). Dios es el que da la vida y también la quita. Él, como dador de la misma, quiere que tengamos vida en abundancia y para ello envió a Su Hijo a morir en una cruz para acercarnos a Dios. Y así fue necesario, pues en el Edén la primera pareja escogió lo contrario, desobedecer al Creador.

La caída del hombre, esa interrupción en la comunicación y comunión con su Creador no pudo ser restaurada hasta que sangre inocente fue derramada por el Salvador. Una vida sin la adoración a Dios es una vida animal, de puro instinto y sin sentido que nos hace actuar como las olas del mar. Restaurar la comunión del ser humano con Dios fue, y sigue siendo, una acción de Dios y una improbabilidad para todo ser humano.

El salmo 49, cuyo autor no es David, es un excelente canto que describe tal imposibilidad. Humanamente hablando, no hay manera alguna que podamos alcanzar la salvación por nuestros propios méritos y que Dios nos acepte como justos cerrando esa brecha entre la naturaleza humana y la *divina*.

En este salmo nos encontramos con algunos detalles representativos de una relación rota con Dios, sobresaliendo el humanismo y desprecio hacia Él. No es una oración dirigida a Dios como es muy característico en la mayoría de los salmos. El nombre de Dios sólo se menciona dos veces (v. 7 y 15). Los hijos de Coré (autores) hablan como políticos y, en forma generalizada, se dirigen a los pueblos y a los habitantes del mundo y con un tanto de arrogancia, claman a la sabiduría humana (v. 1-4). El tema central es el engaño de las riquezas y la retribución de las mismas las cuales no pueden hacernos felices y completos. Por último, la trama de esta composición sapiencial ilustra muy bien la *indiferencia* del ser humano ante el amor de Dios quien desea darle salvación y vida eterna.

Los ricos piensan como ciegos; que sus casas son eternas, pero al final, son *otros* los que las disfrutan (v. 11-12). Hoy en día lo estamos viviendo. ¿De qué sirve sudar la gota gorda? El sabio Salomón dijo que el rico piensa de sus riquezas como si fueran su ciudad fortificada, como muralla de defensa (Proverbios 18:11). Para el salmista tanto los ricos como los pobres tienen un mismo destino, la tumba, que los espera como soldados vencidos y sin honor quienes no encontraron armas en tal batalla (v. 16-18; cf. Eclesiastés 3:19; 8:8).

En este salmo, como en otros, el autor recibe por la inspiración divina un mensaje mesiánico relacionado a la obra salvífica cumplida en Jesucristo. El versículo seis dice que los que ponen su confianza en las riquezas se jactan sabiendo que no pueden salvarse a sí mismo, ni a su hermano. En seguida afirma que nadie puede pagar a Dios su rescate pues, *"la redención de su vida es de tan alto precio que no se logrará jamás"* (v. 8). La salvación del hombre tiene un precio muy alto, imposible para todo ser humano de cumplir. Uno que no se puede cuantificar: la sangre del Hijo de Dios. *"Por precio fuisteis comprados; no os hagáis esclavos de los hombres"* (2 Corintios 7:23; cf. Apocalipsis 5:9). ¡Alabado sea Dios por enviar a Su Hijo para ser la *paga* y *propiciación* por nuestros pecados!

Salmo 118: Alabanza por la Salvación

"¿cómo escaparemos nosotros, si descuidamos una salvación tan grande?" (Hebreos 2:3a)

Las historias en el Antiguo Testamento tienen enseñanzas espirituales, propósitos, un buen argumento, son verídicas y cuentan los hechos grandiosos de Dios. Una de ellas muestra la misericordia y amor de Dios cuando el pueblo se humilla en medio de amenazas de los enemigos y la encontramos en el segundo libro de Crónicas (20:1-30). Josafat, rey de Judá, se encontraba bajo amenazas de tres naciones: Moab, Amón y los hijos de Seir o Edom, las cuales formaron una coalición con el propósito de atacarlo y destruir su territorio. Él tuvo gran miedo, pero se humilló ante Jehová e hizo que todo el pueblo ayunara y reunidos en el Templo clamaron por la intervención de Dios ante la invasión de una gran multitud de combatientes. No había manera que Judá hubiese podido derrotarlos, pues como el rey mismo dijo, *no tenemos fuerzas y no sabemos qué hacer* (v. 12). El poder de Dios se perfecciona en la debilidad, dijo Pablo.

La Palabra de Dios vino a Josafat a través del profeta Jahaziel quien dijo a todo Judá y Jerusalén: *"Oíd, todo Judá, y vosotros habitantes de Jerusalén, y tú, rey Josafat. Jehová os dice así: "No temáis ni os amedrentéis delante de esta multitud tan grande, porque no es vuestra la guerra, sino de Dios"* (2 Crónicas 20:15). Y por ellos confiar en Dios en medio de tan gran amenaza, Él les aseguró que ellos no tenían que pelear, solamente marchar hacia el campo de batalla: *"No tendréis que pelear vosotros en esta ocasión; apostaos y quedaos quietos; veréis como la salvación de Jehová vendrá sobre vosotros"* (2 Crónicas 20:17).

El rey Josafat, los habitantes de Judá y los de Jerusalén se inclinaron rostro en tierra para cantar y alabar a Dios y mientras salía la gente armada, el rey les ordenó que dijeran el siguiente estribillo: *«Glorificad a Jehová, porque su misericordia es para siempre.»* (2 Crónicas 20:21). Cuando comenzaron a cantar y alabar, Dios mismo puso emboscadas contra el ejército invasor en el que se mataban unos a otros. El ejército de Judá llegó al desierto y lo que encontraron fueron cadáveres. Los despojaron de tal manera que estuvieron recogiendo el botín por tres días porque era abundante (v. 22-24). Luego de recoger dicho botín se juntaron en el valle de Baraka para bendecir y alabar a Dios (v. 26). La razón por la cual llamaron al valle *Baraka* fue para honrar el favor recibido de Dios pues Baraka en hebreo significa bendición. Josafat y todo el ejército regresaron a Jerusalén gozosos *"porque Jehová les había colmado de gozo librándolos de sus enemigos"* (v. 27).

El salmo 118 es parte de una serie de seis salmos (113-118) conocida como el Halel, de donde se origina la palabra aleluya y la expresión ¡Alabad a Jehová! Estos cantos son entonados durante la celebración de las fiestas de los Tabernáculos y la Pascua. Este canto es una alabanza a Jehová por la liberación y salvación del pueblo de Israel amenazado por las naciones vecinas que lo rodeaban y asediaban sin misericordia (v. 10-13). Un salmo (118) que ha sido fuente para la composición de muchos cánticos que se usan para alabar a Dios en su iglesia hoy en día. El primer y el último versículo repiten las mismas palabras: *"Alabad a Jehová, porque él es bueno, porque para siempre es su misericordia."* Esas mismas palabras de alabanzas sirvieron de marcha militar cuando Josafat y sus hombres salían hacia la guerra. La palabra misericordia, en hebreo *chesed*, es abundante en significado: bondad, misericordia, amor y acciones de cuidado de parte de Dios hacia su pueblo. Expresa una relación de amor muy comprometido entre Dios y el ser humano como un pacto establecido unilateralmente.

La palabra salvación aparece cuatro veces (v. 14, 15, 21, 25), señalando que Dios no abandona a los suyos y los sostiene en el momento peligroso. El salmista alaba a Jehová porque lo ha librado del enemigo y también porque estuvo enfermo y Dios lo sanó librándolo de la muerte (v. 17-18). El sentido y énfasis de salvación en este canto preparan el camino para declarar ciertas verdades y acontecimientos del Mesías antes de morir.

El mensaje de los versículos veintiuno hasta el veintisiete se cumplieron al pie de la letra cuando Jesucristo subió triunfalmente a Jerusalén. El salmista nos sorprende con una aseveración que no tiene que ver con lo que le estaba sucediendo en el momento de escribir este canto. Él dice que la piedra que los edificadores desecharon ha venido a ser la cabeza del ángulo (v. 22). Un constructor escoge la piedra adecuada para ser ubicada en una esquina de la edificación de manera que pueda sostener el peso sobre ella. Una piedra es desechada luego de haberse considerado teniendo en cuenta su tamaño y medida. Si una piedra después de haber sido rechazada vuelve a escogerse como cabeza del ángulo, señala cierta negligencia de parte del constructor.

Cuando Jesucristo comenzó su ministerio fue rechazado por el pueblo judío porque se fijaron en las apariencias. Él no tenía un lugar donde recostar su cabeza, comía con publicanos y pecadores, escogió a doce discípulos que eran del vulgo y no muy eminentes, su físico no impresionaba y sus seguidores eran los del montón. No se dieron cuenta de que habían desechado al Hijo de Dios enviado desde el cielo y anunciado por los profetas. Pero Dios, al desechado y Arquitecto del universo, lo hizo Señor y Cristo después de que resucitó de entre los muertos. Cuando oyeron tal verdad a través de Pedro en el día de Pentecostés, *que la piedra desechada por ellos Dios la había escogido como piedra angular para la edificación de la iglesia*, se asustaron y se compungieron de corazón (Hechos 2:36-37). Los edificadores se asustaron porque se convencieron de su gran error: rechazar al enviado y Ungido de Dios.

Cuando Jesús enseñaba en el Templo, los escribas y fariseos le cuestionaban con qué autoridad lo hacía, a lo cual Él los confrontó haciéndoles una pregunta relacionada con el bautismo de Juan. Simplemente les preguntó si dicho bautismo era del cielo o de los hombres y ellos no pudieron contestarle por temor a las consecuencias de la respuesta (Lucas 20:1-8). En seguida dijo al pueblo la parábola de los Labradores Malvados, la cual describe el destino de todos los enviados de parte de Dios, incluyendo a Jesús (Lucas 20:9-18). Dios deseaba, a diferencia de los anteriores enviados, que a Su Hijo lo recibieran como el Mesías prometido por los profetas, pero no fue así, pues también lo desecharon y le dieron muerte.

En la aplicación del mensaje de dicha parábola, Jesús cita lo profetizado por el salmista: *"Pero él, mirándolos, dijo: —¿Qué, pues, es lo que está escrito?: »"La piedra que desecharon los edificadores ha venido a ser cabeza del ángulo."* (Lucas 20:17). La muerte de Jesucristo a los ojos de las autoridades judías y romanas fue vista como una derrota, pero cuando Él resucitó de entre los muertos Dios lo hizo Señor de todo. Tal acontecimiento fue afirmado por los apóstoles Pedro y Juan en su defensa ante el Concilio de Jerusalén cuando fueron encarcelados por predicar al Cristo resucitado (Hechos 4:2, 11; cf. 1 Pedro 2:7-8; Isaías 28:16).

El salmista hace referencia a un día en especial (118:24) en el cual había que gozarse y alegrarse. Sin duda alguna tal profecía se cumplió en el día de la resurrección de Jesucristo; quien venció el pecado y a Satanás por el gozo puesto delante de Él (Hebreos 2:14; 12:2).

Pablo escribe la carta a los Filipenses desde la cárcel animándoles a que siempre estén gozosos por ser beneficiarios de la salvación en Cristo (1:3, 18; 2:17-18, 28-29; 3:1; 4:1, 4, 10). La gracia de Dios fue manifestada por la aparición de Jesucristo, *"el cual quitó la muerte y sacó a luz la vida y la inmortalidad por el evangelio"* (2 Timoteo 1:10). ¡Aleluya!

El salmista implora a Dios diciendo *sálvanos ahora* equivalente a la frase hebraica, muy popular y usada en los evangelios, *hosanna* (Mateo 21:9, 15; Marcos 11:9, 10; Juan 12:13). La salvación que Dios ha obrado a través de Su Hijo no se puede dilatar o posponer para el futuro, es para hoy. Si escuchamos la voz de Dios no hay que endurecer el corazón (Hebreos 4:7). Y por último, el salmista anunció de antemano: *"¡Bendito el que viene en el nombre de Jehová! Desde la casa de Jehová os bendecimos"* (v. 26), dando la bienvenida e introducción a Jesucristo cuando entró a la ciudad de Jerusalén antes de enfrentarse a los que lo acusarían y lo llevarían a la cruz injustamente (Mateo 21:9; 23:37-39).

Salmo 130: un Cántico de Arrepentimiento y Perdón

Este canto pertenece al grupo de salmos llamados de *arrepentimiento* (6, 32, 38, 51, 102, 143) y también es uno de los quince salmos *graduales* (120 – 134). En los primeros salmos de arrepentimiento el autor implora el favor de Jehová en medio de un peligro o una acción pecaminosa. Para los salmos *graduales* hay dos interpretaciones tradicionales. Una dice que eran recitados o cantados por los que subían a Jerusalén, situada a 750 m sobre el nivel del mar. Se recitaban o cantaban durante la celebración de las tres fiestas de peregrinación: Los Panes sin Levadura, de las Semanas y la de los Tabernáculos (Deuteronomio 16:16). La otra interpretación relaciona los salmos con los quince escalones para llegar al Templo, cantando un salmo en cada escalón.

El salmista inicia su ruego ante Dios pidiendo auxilio y declarando que se encuentra en aguas profundas, pronto a descender como a un abismo de donde es imposible regresar. Son palabras con tono histérico de una persona en estado de desesperación y a punto de perecer (v. 2). El profeta Jonás cuando todavía se encontraba dentro del vientre del gran pez oró a Jehová desesperado: *"Invoqué en mi angustia a Jehová, y él me oyó; desde el seno del seol clamé, y mi voz oíste"* (Jonás 2:2). A la luz del versículo tres, el salmista se encuentra en un estado pecaminoso y pide a Dios que no mire su pecado porque ¿quién podrá mantenerse en tal condición delante de Dios? Como en la mayoría de las oraciones en momentos de arrepentimiento el salmista tiene toda confianza y seguridad de que Dios lo ha de perdonar y al ser perdonado, reverencia y exalta el Nombre de Dios (v. 4).

Quien haya sido el autor de este salmo demostró que es una persona de total confianza en Dios que espera sin titubeos que Él responderá. Y así lo manifiesta, comparándola a la espera de la llegada de la mañana por el centinela y los vigilantes de la noche (v. 5-6). Pablo dice que *todos hemos pecado y estamos destituidos de la gloria de Dios* (Romanos 3:23). Experimentar el perdón y la gracia de Dios es motivo de gozo y alegría. *"¿Qué Dios hay como tú, que perdona la maldad y olvida el pecado del remanente de su heredad? No retuvo para siempre su enojo, porque se deleita en la misericordia"* (Miqueas 7:18; Jeremías 50:20). ¡Gracias Dios por enviar a tu Hijo para ser la propiciación por nuestros pecados!

El salmo finaliza con una alusión a la salvación de Israel por medio del sacrificio de Jesucristo como resultado de la abundancia de misericordia y redención que hay en Jehová (v. 7-8). En la narración del nacimiento del niño Jesús de acuerdo a Lucas, éste hace el señalamiento de que debido a que María, esposa de José, estaba encinta antes de contraer matrimonio, José estaba muy inquieto por tal situación y no queriendo difamarla callaba con mucha preocupación. Pensando en esto, un ángel del Señor se le aparece y lo consuela diciéndole que no tema en tomarla como esposa pues ella había concebido del Espíritu Santo. El ángel le instruye que al Hijo de la Virgen María le ponga como nombre *Jesús*, del hebreo *Jeshua* o *Hehoshua* que significa salvación o el *Señor salva* (Mateo 1:18-21). La razón por la cual al Hijo de Dios le fue otorgado el nombre Jesús o Salvación fue para que se cumpliese lo profetizado por el salmista. Israel gozaría de tener un Salvador (Salmo 130:8; Mateo 1:21). ¡Y Jesucristo hizo honor a su nombre! Siendo inocente y parte de la Divinidad no tomó en cuanta tal privilegio y como dijo Pablo de Jesús: *se despojó a sí mismo* (Filipenses 2:5-11).

28

El Juicio: Falsos Testigos contra Jesucristo

"No juzguéis según las apariencias, sino juzgad con justo juicio."
(Juan 7:24)

En ocasiones cuando oímos de algún crimen donde las autoridades pertinentes tardan en actuar y resolver el caso judicial nos preguntamos y repetimos: ¿Será necesario tomar la justicia en nuestras propias manos? David se encontraba en una situación donde era burlado por enemigos y ejércitos extranjeros (v. 1-6). ¿Qué hacer cuando nos encontramos que nuestros derechos han sido burlados o que hemos sido despedidos de un empleo injustificadamente? ¿Cuál debe ser nuestro proceder ante falsas acusaciones, insultos, agravios, humillaciones y cualquier otro tipo de mal, dirigidos con toda mala intención? En medio de tal estado de desesperación nos cruza por la mente tantas cosas y nos acusa la consciencia. Lo que dijo Moisés y repitió Pablo sobre la venganza nos redarguye: *"No os venguéis vosotros mismos, amados míos, sino dejad lugar a la ira de Dios, porque escrito está: «Mía es la venganza, yo pagaré, dice el Señor.»"* (Romanos 12:19; cf. Deuteronomio 32:35).

260

Salmo 35: Acusaciones Falsas

David comienza este salmo orando a Dios y diciéndole que dispute, pelee y enfrente a los enemigos que lo estaban acosando. El salmista le ruega a Dios que actúe como soldado equipado y listo para la guerra y que tome las armas necesarias: el escudo, pavés y lanza, y que el Ángel de Jehová sea quien persiga a los enemigos. Dios es justo, hace justicia y con su poder toma venganza contra nuestros enemigos. Tomar la justicia en nuestras propias manos puede tener resultados mixtos. Cuando la justicia del hombre está ausente por negligencia de las autoridades correspondientes es necesario orar a Dios para que ejerza su poder de acuerdo a la justicia celestial. El Señor Jesucristo nos ha prometido tomar acción y pelear contra los que nos oprimen; Él lo hará con armas espirituales o la *espada de su boca* (Apocalipsis 2:16). Jesús no lo va a ejecutar con una celebración de un juicio con todo el ensamblaje de una corte judicial. Será el poder de Su Palabra en acción contra los opresores de su iglesia.

Para David no era solo una persecución que agotaba físicamente, era la falsedad con que sus enemigos arremetían contra él. Testigos malvados y falsos que devuelven mal por bien y que lo avergonzaron diciendo enfáticamente: *"con nuestros propios ojos lo hemos visto"* (v. 7, 11, 21). La Palabra de Dios nos prohíbe que tomemos acción contra un oponente por motivo de acusaciones que proceden de un sólo testigo pues es necesario que haya más de uno (Deuteronomio 17:6; 19:15).

Impresiona cuando en la celebración de un juicio el oficial que da la bienvenida a los testigos y antes de testificar les toma la juramentación diciéndoles que repitan las siguientes palabras: "Promete usted decir la verdad y únicamente la verdad." El testigo está obligado a declarar la evidencia que es de su conocimiento. Cualquier otra información falsa y medias verdades o incompletas pueden tener consecuencias adversas al acusado o al impugnador. Una de las seis cosas que Jehová más aborrece es el *testigo falso* (Proverbios 6:19; 12:17).

Al igual que David que fue acusado falsamente, burlado y avergonzado delante de sus enemigos (v. 19), Jesucristo también fue humillado y asediado por testigos falsos, falta de evidencia y una audiencia instigada por religiosos y políticos. Pero Él encomendó la causa al que lo podía asistir, a Su Padre (1 Pedro 2:22-23).

A Jesús lo acusaron falazmente. Los ancianos, escribas y los principales sacerdotes lo inculparon ante el Concilio de que era un blasfemador. Su argumento fue que Él había dicho que era el Hijo de Dios (Lucas 22:66-71). Cuando fue llevado ante Pilato la acusación fue que Cristo pervertía a la nación, no dieron explicaciones y también que prohibía al pueblo dar tributo al César para lo cual tampoco tenían evidencia (Lucas 23:1-5; Juan 18:33-38).

Salmo 38: Abandonado y Perseguido

En la Biblia encontramos un buen símbolo para ilustrar el pecado: *levadura*. El pan hecho con *levadura* esponja alterando su tamaño normal, esto es, *aparenta* ser cuantioso sin alterar el peso o contenido. El pan confeccionado sin levadura es lo que es, sin añadidura y su peso es real o neto, exento de apariencias. La fermentación en el proceso de *leudar* la masa es la acción que hace que el pan expanda más de lo normal.

El pecado es insubordinación a lo establecido o desobediencia a las leyes de Dios y hace que el ser humano se esponje y enorgullezca en una manera de rebeldía en contra de su Creador. Los efectos del pecado contra Dios y su creación tienen consecuencias graves. Pablo dice que la paga del pecado es muerte (Romanos 6:23). El sustantivo *paga,* en el idioma griego significa una compensación en víveres o alimentos que se deben consumir en un corto tiempo pues de lo contrario se dañan. Una compensación efímera.

El salmo 38 pertenece al grupo de los siete salmos de arrepentimiento (Salmo 6; 32; 51; 102; 130; 143). El autor, David, expresa su angustia y aflicción como un *enfermo* a causa de haber pecado, al sentirse abrumado y perseguido por sus enemigos. Ruega a Dios que no derrame su ira sobre él (v. 1-2) y que lo sane porque su cuerpo se encuentra enfermo a consecuencia de sus pecados (v. 3-10). Sus enemigos han emprendido todo tipo de ataque contra él a tal extremo que siente que va a ser vencido y su única esperanza es Jehová actuando a su favor (v. 15-22).

David en su condición desesperada ora a Dios y profetiza sobre los sufrimientos del Mesías. Él dice que sus amigos lo tratan como si fuera un *leproso, "Mis amigos y mis compañeros se mantienen lejos de mi plaga, y mis cercanos se han alejado"* (Salmo 38:11, énfasis mío). Y continúa, *"Pero yo, como si fuera sordo, no oigo, y soy como un mudo que no abre la boca"* (Salmo 38:13). Jesucristo fue llevado al matadero como un cordero que no abrió su boca aceptando que en Él se cumpliera la voluntad de Dios (Isaías 53:7).

Una de las señales del Mesías, en su ministerio terrenal, era limpiar o sanar a los leprosos de tan terrible enfermedad (Mateo 11:3-5; cf. Isaías 35:5-6). Las reglas para detectar y controlar la propagación de la lepra en una persona están registradas en el libro de Levítico, capítulos 13 y 14. Una persona diagnosticada con lepra era puesta en cuarentena por el sacerdote, se le ordenaba llevar vestidos rasgados y mientras caminaba se le exigía que gritara: *"¡Impuro!" "¡Impuro!"* (Levítico 13:44-46). Estaba prohibido tocar a los leprosos. Había que mantener distancia cuando se acercaban y por orden celestial y para evitar el contagio con otras personas fueron expulsados del campamento donde estaba el Tabernáculo (Números 5:1-4).

El pecado es una lepra mortal. Una pared entre Dios y el ser humano que nos inhibe de gozar una relación de amor con Él (Isaías 59:2). Nuestro Señor Jesucristo, el Rey de reyes, se acercó, tocó y sanó a los leprosos no importándole lo que la ley o las tradiciones religiosas establecían en cuanto al trato con los infectados por lepra (Mateo 8:3; Lucas 5:1-13).

Dios hizo pecado a Su Hijo para salvarnos de esa lepra mortal que es el pecado. *"Al que no conoció pecado, por nosotros lo hizo pecado, para que nosotros seamos justicia de Dios en él"* (2 Corintios 5:21). La justicia a través de la Ley era imposible por lo que Cristo nos redimió de la maldición y consecuencias del pecado (Gálatas 3:10-14). Uno de los títulos del Mesías que profetizó Isaías es, *herido y afligido* (53:4). La tradición rabínica ha interpretado tal designación (herido y afligido) dándole el título "el Leproso" como uno de los nombres para describir al Mesías. En Jesucristo se cumplió tal calificativo pues por su sacrificio en la cruz llevó todos los pecados del mundo venciendo esa lepra mortal.

Salmo 96: Juicio con Justicia y Verdad

Cuando uno amanece cantando muy alegre y con un rostro de regocijo estamos mostrando alegría que sale de lo profundo del corazón. La música y el canto, ya sea que nos inspiremos o la escuchemos, es medicina para el cuerpo y el espíritu. Este salmo es una canción y poesía de principio a fin. Cada versículo manifiesta que Dios es alabado por su poder, creación, santidad, grandeza, porque es superior a todos los dioses y porque es digno de ser alabado.

La letra de la alabanza comienza con un llamado a entonar un *cántico nuevo* (v. 1), mandato que aparece en otros lugares en la Escritura. ¿Por qué un cántico nuevo? El salmista se refiere a un cántico que no se ha entonado, una nueva composición. Se trata de una ocasión muy especial, un evento histórico. Esto me recuerda cuando me gradué del colegio la primera vez. ¡Aquellos tiempos! La canción para una graduación de la escuela o la universidad es seleccionada con mucho interés. La misma tiene que llevar un gran mensaje y que no sea una canción que esté pegando en el momento.

El fondo histórico de este salmo es el momento cuando David trasladó el Arca del Testimonio, símbolo de la misma presencia de Dios, a una casa especial que había preparado porque como decía David, Dios *habitaba entre cortinas,* mientras él residía en *casa de cedro* (1 Crónicas 15:1-16:6; 17:1; 2 Samuel 7:2). Se ordenó cantar un cántico nuevo para alabar a Dios por su poder en la creación. Dios puso cántico nuevo en boca de David cuando lo liberó de la muerte y, porque Él, *hace maravillas* (1 Crónicas 16:7-36).

El profeta Isaías hace lo mismo para declarar que Dios va a anunciar cosas nuevas (Isaías 42:10). En el Apocalipsis los cuatro seres vivientes, los veinticuatro ancianos y los redimidos por la sangre del Cordero también cantan un cántico nuevo (Salmo 33:3; 40:3; 98:1; Apocalipsis 5:9; 14:3). De la manera que nos gozamos cuando estallamos de alegría o en llanto cuando nos dan la buena noticia que nos han ofrecido un nuevo trabajo, una nueva posición en una empresa o hemos adquirido una casa, así debemos tener el mismo motivo para acercarnos cada día a adorar y alabar a Dios. ¡Jehová hace siempre cosas nuevas y nos da sorpresas y, hasta en ocasiones nos da cosas que ni las hemos pedido en oración!

El final de este salmo tiene una referencia directa a Jesucristo: *"delante de Jehová, que vino, porque ha venido a juzgar la tierra. ¡Juzgará al mundo con justicia y a los pueblos con su verdad!"* (Salmo 96:13). Tales palabras tenían que haber sorprendido a David pues era imposible que él llegara a juzgar a la tierra. En el Nuevo Testamento, tanto Dios como el Hijo juzgan al mundo. Juan en su evangelio dice que el Padre dio al Hijo todo juicio y ambos actúan en unidad, recibiendo Jesucristo la misma alabanza y honra que Su Padre (5:19-23). ¿Quién juzgará al mundo con justicia y verdad? La respuesta es el Hijo, quien dijo de sí mismo que es la *verdad*, el *camino* y la *vida* y a través de quien se manifiesta la justicia de Dios (Juan 14:6; Romanos 3:21-26; Apocalipsis 19:11). ¡Sabiduría de Dios en misterio!

29

Angustia y Dolor en la Cruz

"Dios mío, Dios mío, ¿por qué me has desamparado?"
(Salmo 22:1)

Los niños nos impresionan con su sinceridad cuando tienen una necesidad. No expresan retraimiento y nos sorprendemos con sus pedidos, y en ocasiones, tenemos que simplemente reírnos y abrazarlos. Ellos no tienen reserva al manifestar sus inquietudes y en especial cuando están en una situación de emergencia. La sinceridad de un bebé es su principal arma para cautivarnos y conquistarnos. Cuando los estimulamos a que se rían, si no es su momento, nos ponen una carita muy seria con un mensaje claro y directo.

Cualquier clase de sufrimiento no importa su magnitud nos hace actuar de la misma forma, de manera directa y sin reservas. Nos expresamos con las primeras palabras que procesa el cerebro, y sin titubeos, hablamos con poca sabiduría. Esta es una de las razones por la cual se utiliza la tortura durante un conflicto bélico con el fin de sacar información confidencial y estratégica a un prisionero de guerra. Dicha tortura produce un estado de dolor profundo y desesperación que hace que el interrogado descargue la esperada información secreta.

Salmo 22: un Grito de Angustia

Este salmo se puede dividir en dos partes principales. En la primera (v. 1 -21), el salmista se queja a Dios por no haberle respondido en momentos de tormenta y dolor. La segunda (v. 22-31), es un canto de alabanza a Jehová por el cuidado que le tiene al afligido en medio del dolor (v. 24), los humildes son saciados (26), su poder es para siempre y todas las naciones lo adorarán de generación en generación (v. 27-31).

El salmo comienza directo al asunto sin expresar acciones de gracia o alabanza. El salmista se encuentra en tribulación y angustia y quizás hasta enfermo. Como un niño sin reservas, David se queja contra Dios exclamando que Él lo ha abandonado en la hora del sufrimiento. *"Dios mío, Dios mío, ¿por qué me has desamparado? ¿Por qué estás tan lejos de mi salvación y de las palabras de mi clamor?"* Esas palabras agonizantes fueron repetidas por Jesucristo en arameo *«Elí, Elí, ¿lama sabactani?»*. La segunda vez que las repitió, expiró y entregó su espíritu (Mateo 27:46).

En otro salmo (10) David también se queja porque Dios no le responde en el tiempo de la tribulación. No se puede concluir que Dios abandone a los suyos en medio de la dificultad, ¡no! Él actúa a su tiempo y su presencia no se aleja. Es la fuerza de la desesperación la que nos lleva a tal conclusión. Como el sol no desaparece en un día lluvioso y nublado, sino que permanece detrás de las nubes, así Jehová está pendiente de todas nuestras necesidades. En ocasiones nos parece que la repuesta no llega, pero sus ojos se mantienen sobre los que le temen como lo manifiesta David (Salmo 10:14).

Tan abandonado y desesperado por sus aflicciones se sentía David que se comparaba a un gusano (Salmo 22:6). Bildad, uno de los amigos de Job que lo juzgaba como un pecador no arrepentido se expresa del ser humano así: *"ese gusano, ese gusano que es el hijo del hombre"* (Job 25:6). Esto es una imagen verdadera de humillación y sufrimiento. En el libro del profeta Isaías el rostro de Jesús es presentado de *tal manera que no parecía el de un ser humano* (Isaías 52:14; 53:1-3). Aun Pilato cuando le presentaron a Jesucristo con la corona de espinas sobre su cabeza quedó asombrado (Juan 19:5).

Todos los que veían a David se burlaban desmedidamente y sin clemencia, desacreditando la confianza y devoción que tenía hacia Dios (Salmo 22:7-8). Con exactitud, Jesucristo tuvo el mismo acecho de los enemigos que se presentaron para presenciar sus padecimientos en el madero (Mateo 27:38-40, 43). Quizás David lo tomó como una desgracia que lo podía incitar a la venganza contra sus enemigos, pero Dios estaba preparando el camino hacia la cruz por el cual caminó Su Hijo con el propósito de cumplir el plan de salvación eterna. David, al igual que Jesús, tuvo plena confianza en Dios en la hora de aflicción. David dice que fue encomendado a Dios desde el *vientre de su madre* (Salmo 22:10) y Jesús encomendaba su causa a Dios (1 Pedro 2:23; cf. Lucas 23:46). Dios nos cuida como a la *niña de sus ojos* y nos esconde bajo la *sombra de sus alas* (Salmo 17:8) porque Él es Padre y los dioses no lo son.

Las imágenes gráficas de atropello presentadas en este salmo (22) se cumplen al pie de la letra durante las horas que Cristo estuvo colgado en la cruz momentos antes de su muerte. El salmista habla de que su vigor se *secó* como un tiesto y que su lengua se le *pegó* al paladar (v. 15). ¿Coincidencias? Minutos antes de su muerte Jesús clamó y dijo *"tengo sed"* cumpliéndose así lo que estaba predicho de Él en la Escritura (Juan 19:28; Salmo 69:21). El desgarre de las piernas y manos que se menciona (v. 16) es una referencia directa a los clavos que penetraron los pies y las manos de Jesús (Juan 20:25, 27).

Destaca el hecho de la *repartición* y de *echar suertes* sobre la ropa de David (Salmo 22:18) la cual es mencionada en todos los evangelios (Mateo 27:35; Marcos 15:24; Lucas 23:34; Juan 19:24). Y, ¿qué significa que ambos personajes, David y Cristo fueran despojados de sus ropas en su sufrimiento? David se sentía tan enfermo por el sarcasmo de sus enemigos que se compara a un *esqueleto* y que podía contar sus huesos. Es una escena de un enfermo tan adelgazado que sus ropas ya no le ajustan y los enemigos están prestos a quitárselas. En el caso de Jesús sucedió lo mismo antes de ser crucificado.

Yo creo que tal acción profética nos habla de la fragilidad de la vida y el engaño del amor a las cosas materiales. Jesucristo vino a cambiar tal sistema o filosofía de vida. Al rico insensato le dijo que *"la vida del hombre no consiste en la abundancia de los bienes que posee"* (Lucas 12:15). Él vino para darnos vida y vida en abundancia, esto es, la vida eterna de Dios. Tomando en consideración las palabras dichas por Pablo a su hijo en la fe, Timoteo, *"porque nada hemos traído a este mundo y, sin duda, nada podremos sacar"*, podemos entender que ni aun la pobre vestimenta de Jesús, muy significativa, tiene valor en el cielo (1 Timoteo 6:7; Job 1:21; Salmo 49:17; Eclesiastés 5:15). Lo que subió al cielo y al trono mismo de Dios fue Su Gloria, Su Hijo victorioso ya glorificado. La ropa que llevemos al sepulcro llegará a ser parte de la tierra, pero el espíritu regresará a Dios que lo creó (Eclesiastés 12:7).

La segunda parte del salmo que comienza en el versículo 22 inicia anunciando el nombre de Dios a los hermanos en medio de la congregación. Una alusión probablemente a la adoración que más tarde se estableció con la construcción del Templo. Sin embargo, el autor de la carta a los Hebreos aclara que Jesús fue perfeccionado por sus aflicciones en el sufrimiento, lo que le hizo estar orgulloso de los redimidos por su sangre, esto es, no se avergüenza de llamarnos hermanos (Hebreos 2:10-12). El salmista termina exaltando el poder y bondad de Dios y Su reino eterno y en forma abrupta y misteriosa anuncia la aparición de un pueblo *no nacido aún* el cual anunciará el poder del evangelio, la justicia de Dios (Salmo 22:29-31). Una clara referencia a la era del evangelio. ¡Sabiduría de Dios en misterio!

Salmo 31: el Último Grito

Otra vez, no hay duda que lo que distinguió a David como uno de los personajes más sobresalientes en la línea genealógica del Mesías fue su confianza en Dios. No importaba en la situación en que se encontrara, peligros, angustias, persecuciones, momentos de alegría, críticas de parte de sus enemigos, amenazas de muerte y hasta en situaciones pecaminosas David permanecía fiel a Dios. Y también cuando todo le iba muy bien y en momento de paz, cuando le puso el ojo a la vecina y esposa de su buen soldado cometiendo adulterio y luego que el profeta lo reprende, no se apartó de Jehová.

En este salmo, una vez más, David expresa su confianza en Dios de una forma abarcadora como un campeón o héroe de fe. Para él, Dios es su refugio (v. 4), fortaleza (v. 2), una roca y castillo (v. 3) y guarda a los suyos en su casa o Tabernáculo (v. 20). Uno de mis himnos favoritos es *Castillo Fuerte*. Fue escrito en 1529 por Martin Lutero inspirado en el salmo 46, en momentos muy difíciles. Este cántico sirvió como himno de marcha a los reformadores. ¡Y en verdad que Dios es un castillo fuerte cuando nos encontramos en situaciones difíciles y cuando las fuerzas y opciones se agotan!

En momentos de desesperación es cuando el poder de Dios se manifiesta, pues Pablo dijo que cuando se encontraba en debilidad se sentía más fuerte porque *el poder de Dios se manifiesta en la debilidad* (2 Corintios 12:9). Nuestra fe en Dios no es para obtener cosas materiales. Eso ya está dado o prometido en la Palabra de Dios. Es para confiar y depender de Él cuando vemos que todas las opciones y puertas se han acabado y cerrado. Hay un dicho que dice que *no hay mal que por bien no venga* y eso puede aplicarnos en nuestra relación con Dios. Según la Escritura todas las cosas, buenas o malas, a los que aman a Dios les trabajan para bien (Romanos 8:28). Orar con insistencia para que Dios conceda cosas materiales más allá de lo que podemos manejar es portarnos como un niño caprichoso que llore y patalee por un dulce después de haber comido lo suficiente.

Este canto tiene solamente una referencia a la muerte de Cristo que se repite en los evangelios como las últimas palabras pronunciadas por el Señor en la cruz. ¡Y qué palabras tan luminosas! Ellas son parte de la consumación del sacrificio de Jesucristo que nos trajo el evangelio de salvación. En su instante final y aún con hálito de vida, Jesús repitió las mismas palabras del salmista: *"En tu mano encomiendo mi espíritu"* (v. 5; cf. Mateo 27:50; Marcos 15:37; Lucas 23:46; Juan 19:30). También las repitió Esteban entregando su espíritu cuando era apedreado por la furiosa muchedumbre (Hechos 7:59). No creo que el salmista compusiera tales palabras como una obra de su talento como escritor. Ningún detalle del sacrificio de Jesucristo fue casualidad. Fue el plan de Dios desde antes de la fundación del mundo. Como dijo el profeta, Dios lo revelaría poquito a poquito, renglón tras renglón (Isaías 28:10, 13).

Salmo 34: ni un Solo Hueso Quebrado

Una promesa muy clara en la Escritura y que nos fortalece en medio del trauma e incertidumbres en el diario vivir es la protección divina. Dios nunca abandona a los suyos. Él controla y tiene poder sobre nuestros enemigos. Dios es el Padre eterno muy diferente a los otros dioses paganos. Tales deidades, como retratos, no se mueven aunque les tiren flores.

El fondo histórico de este salmo se encuentra en el primer libro de Samuel, los capítulos 21 y 22. En esa ocasión David se encontraba muy afligido huyendo de Saúl quien lo perseguía para matarlo por la envidia que le tenía. En su huida David es asistido por el sacerdote Ahimelec en Nob, ciudad de los sacerdotes, quien le da de comer los *panes sagrados* que habían sido retirados de la presencia de Jehová para remplazarlos por panes calientes. También le dio la espada de Goliat el filisteo a quien David había vencido y dado muerte. De Nob sigue su viaje hasta Gat habitando con el rey Aquis, quien más tarde sospecha que David en verdad estaba huyendo del rey Saúl. David por temor al rey de Gat, huye y se refugia en la cueva de Adulam (1 Samuel 21:6-22:1).

En dicha cueva ya agobiado por la persecución y en un simbolismo mesiánico recibe la visita de toda su familia a quien se unieron también en solidaridad los *afligidos*, los *endeudados* y todos los que tenían *amargura de espíritu* (1 Samuel 22:1-2). ¡Qué buena ilustración para enseñar las miserias y efectos del pecado! Esta es una imagen exacta que se cumplió en Jesucristo. David era el rey de Israel, ya Saúl había sido desechado, pero pocos lo sabían y le seguían, por tal razón estaba huyendo. En su ministerio terrenal los poderosos y políticos no reconocieron al Salvador y fueron los leprosos, los pobres, hambrientos y los enfermos los que le seguían. Jesús dijo: *"Venid a mí todos los que estáis trabajados y cargados, y yo os haré descansar"* (Mateo 11:28).

El salmo (34) es un canto a Jehová porque Él oye a los que le buscan (v. 4), le miran (v. 5), a los pobres e insignificantes (v. 6) y el Ángel de Jehová acampa alrededor de los que le temen (v. 7). En la segunda parte encontramos consejos muy sabios en el temor a Jehová. El que desea buena vida debe guardar sus labios del mal y de hacer engaño (v. 12-14). Los ojos de Jehová están atentos a los justos pero su ira es contra los que practican el mal (v. 15-16). Y por último, los que claman a Jehová y están quebrantados, Él los libra de todas sus aflicciones (v. 17-19).

Como un aparte y sorprendente anuncio David declara que sus huesos no serán quebrados (v. 20). Esta declaración se cumplió en Jesucristo cuando por sugerencia de los judíos a Pilato le pidieron que bajara los cuerpos de los tres crucificados porque era la preparación de la Pascua. Los soldados romanos procedieron a quebrar las piernas de ellos pero cuando llegaron al cuerpo de Cristo encontraron que ya había muerto (¿coincidencia?) y no le quebraron sus pies o hueso alguno. Juan explica que tal suceso ocurrió para que se cumpliera lo dicho por David acerca del Cristo (Juan 19:36).

En el Antiguo Testamento la víctima para la Pascua era un cordero sin defecto. A los israelitas se les instruyó: *"El animal será sin defecto, macho de un año; lo tomaréis de las ovejas o de las cabras"* (Éxodo 12:5). Y había un requisito muy particular: *"Se comerá en una casa, y no llevarás de aquella carne fuera de ella ni le quebraréis ningún hueso"* (12:46; cf. Números 9:12). El cordero pascual desde el día que era seleccionado por cada familia, el 10 del mes Nisán, hasta que su carne era consumida tenía que permanecer íntegro, pues era la representación del Hijo de Dios.

Jesucristo fue el Cordero perfecto y sin mancha. Fue enterrado con sus huesos intactos, el que quitó el pecado del mundo, el *Cordero de Dios* (Juan 1:29, 36). Él es todo lo suficiente para salvarnos y darnos vida en abundancia, la *vida eterna de Dios*.

30

Muerte y Resurrección

"porque no dejarás mi alma en el Hades ni permitirás que tu Santo vea corrupción"
(Hechos 2:27)

Salomón dijo unas palabras muy ciertas que nos hacen reflexionar con lo más seguro e inevitable: ¡la muerte! *"No hay hombre que tenga potestad sobre el aliento de vida para poder conservarlo, ni potestad sobre el día de la muerte. Y no valen armas en tal guerra, ni la maldad librará al malvado"* (Eclesiastés 8:8). Jesucristo estaba destinado a la cruz desde antes de la fundación del mundo. La noche antes de su muerte apeló ante el trono de la gracia de Dios y le pidió con mucho ruego que si era posible lo librara de tener que pasar el trago amargo de ser sacrificado. Cuando terminó su oración se encomendó al que tiene la última palabra y dijo: *"pero no se haga como yo quiero, sino como tú"* (Mateo 26:39b).

Jesús sólo tenía dos salidas: morir y resucitar de acuerdo al plan de Dios o morir como mueren todos los seres humanos. Él escogió la primera opción. Hizo la voluntad de Su Padre y resucitó al tercer día derrotando a Satanás, la muerte y al pecado. Cincuenta días después de haber resucitado, el apóstol Pedro inaugura el reino de Dios en la tierra y en su discurso dijo: *"Sepa, pues, ciertísimamente toda la casa de Israel, que a este Jesús a quien vosotros crucificasteis, Dios lo ha hecho Señor y Cristo"* (Hechos 2:36). Esas palabras llegaron hasta lo más profundo del corazón de la audiencia judía los cuales, al oírlas, quedaron atónitos y compungidos (v. 37). David, el personaje más representativo del Mesías escribió acerca de la muerte y resurrección de Jesucristo.

Salmo 16: un Cuerpo Santo

Cuando David se dirigía a Dios lo hacía como todo un escritor derramando todo lo mejor de su repertorio. Este es un salmo en el cual él mezcla varios tópicos y un misterio: la *muerte y resurrección* de Jesucristo. El primer versículo es una oración y súplica expresando total confianza en Dios y rogando que lo guarde y proteja en su diario caminar. Como ya he repetido varias veces, si algún detalle de David necesitamos mencionar que recoja su personalidad, es esa dependencia que tenía en Dios en todo lo que emprendía, aun cuando se encontraba en *situaciones graves después de haber pecado*. David reconocía sus faltas y se humillaba ante Dios. ¡Nunca se apartaba de su Creador!

Llamarle Señor a Dios (v. 2) es reconocer que Él está en control de nuestra vida y que nunca nos ha de fallar pues Jehová dijo en otro salmo: *"Estad quietos y conoced que yo soy Dios"* (Salmo 46:10). Todo lo contrario le sucede a los que siguen a otros dioses que no tienen vida y que no pueden bendecir; a los seguidores de tales dioses se le multiplican sus dolores (v. 4).

Uno de los privilegios de ser un servidor de Dios es adorarlo y convivir con la comunidad de creyentes (v. 3). Los cristianos del primer siglo permanecían juntos, comían con alegría y sencillez de corazón y la pasaban de maravillas (Hechos 2:43-47). David continuamente estuvo rodeado de enemigos, no solo opositores, sino personas que buscaban destruirlo pero en la compañía de santos se sentía en familia y al lado del Señor: *"¡Mirad cuán bueno y cuán delicioso es que habiten los hermanos juntos en armonía!"* (Salmo 133:1).

Decenas de años atrás, el futuro económico de una persona o familia descansaba en los bienes recibidos de sus progenitores, aquellos que eran más afortunados, por medio de los derechos de herencia. Luego se dio paso al sistema de pensiones tanto de compañías privadas como las adquiridas en instituciones gubernamentales. Hoy ya las pensiones en el sector privado prácticamente han desaparecido dando paso a la inversión individual la cual acarrea cierto riesgo debido a la volatilidad en los mercados de inversión.

Para el salmista eso no era tema de preocupación ni de discusión, a tal punto, que afectara su sueño. El no necesitaba tener un buen plan de inversión o plan de retiro pues él tenía uno que tiene promesa para esta vida y la venidera, administrado por Dios quien le aseguraba su entrada y salida (v. 5-6, cf. 1 Timoteo 4:8). Él dijo: *"Jehová es la porción de mi herencia y de mi copa; tú aseguras mi suerte."* (Salmo 16:5). ¡Eso es tener fe, ausencia de duda! Como decimos en el leguaje del béisbol, ¡tírate de pecho!

Muerte y Resurrección de Jesucristo

En una forma misteriosa David termina este canto y oración hablando de la muerte y resurrección de Jesucristo (v. 9-11). Yo me imagino a David meditando en lo que había recibido por inspiración divina y en un instante se le informa que *su alma no sería dejada en el seol ni su cuerpo sufriría corrupción.* Es posible que sacudiera su cabeza y silenciosamente dijera: "¡amén! Y que se haga tu voluntad oh Jehová." ¡Quizás ese día perdió su apetito y no pudo dormir!

David une al misterio de la incorrupción de su cuerpo (v. 9) un gozo y alegría en su corazón. Ahora bien, el autor de la carta a los Hebreos escribe también del *gozo* que fue puesto delante de Jesucristo el cual lo ayudó a enfrentar su muerte en la cruz. Él dijo de Jesús: *"puestos los ojos en Jesús, el autor y consumador de la fe, el cual por el **gozo** puesto delante de él sufrió la cruz, menospreciando el oprobio, y se sentó a la diestra del trono de Dios"* (Hebreos 12:2, énfasis mío).

Para enfrentar cualquier adversidad en la vida, tenemos dos opciones. Una, lamentarnos hasta sentirnos miserables, la otra, seguir el ejemplo del Maestro ¡gozándonos en las tribulaciones!

¿Cuál fue ese gozo puesto delate de Jesucristo que lo ayudó a vencer en la cruz? Jesús desde antes de la fundación del mundo sabía que la cruz era su destino y que no había lugar para escoger lo contrario. Él estaba consciente que su cuerpo iba a ser destruido en una cruz, ¡el destino final para los criminales más prominentes! También anticipaba que su sangre se derramaría como un río y que tenía que entregar su espíritu pero la Escritura le aseguraba la resurrección y recibimiento en el cielo por Su Padre. Ya Dios había anunciado que su sufrimiento en la cruz no era el fin y que su cuerpo no sería dejado en el sepulcro, ni su alma, tampoco su espíritu serían destruidos. Sólo tenía que entregarlo a Dios pues su espíritu es el mismo de Su Padre. Pues la Escritura dice: *"Y Dios lo levantó, sueltos los dolores de la muerte, por cuanto era imposible que fuera retenido por ella"* (Hechos 2:24). El último versículo (16:11) de este salmo resume el triunfo de Jesucristo sobre la muerte después de haber resucitado. Vida, plenitud de gozo y la gracia de sentarse a la diestra de Su Padre. Jesús dijo: *"Yo soy la resurrección y la vida"* (Juan 11:26-26).

El hecho de estar sentado a la diestra de Dios significa poder para vencer a todos sus enemigos y un lugar de honor. Jesús no subió a los cielos simplemente porque ya había terminado su misión aquí en la tierra. Él regresó al cielo y se sentó en el trono de Dios para continuar su trabajo junto a Su Padre, esto es, interceder a favor de la iglesia. Él no sólo está esperando que venga el fin de todas las cosas para regresar por segunda vez a la tierra, sino que está al tanto de cada necesidad y preocupación nuestra para rogar a Dios que nos conceda lo que pidamos de acuerdo a la voluntad divina.

Salmo 69: Oprobio en la Cruz

En medio de cualquier peligro la primera reacción es gritar y enloquecernos por el pánico hasta llegar a darnos cuenta de que no tenemos otro remedio que calmarnos y pensar cuál va a ser nuestro plan de acción. El primer paso a seguir en medio de una emergencia, de acuerdo a los expertos en rescate, es mantener la calma y no dejar que la desesperación nos inunde. La mayoría de los salmos comienzan dirigiéndose o alabando a Dios, exaltando su poder y gloria. En este salmo, David se dirige a Dios con un grito de desesperación diciéndole que lo salve como alguien que ha caído súbitamente en un hoyo o en aguas profundas. Metafóricamente expresa que las aguas han entrado hasta el alma, se ha hundido en profundo cieno, la corriente lo arrastra y sus gritos han sido en vano (v. 1-3).

El agua y el lodo es la representación de sus enemigos que sin causa lo acechaban y lo hacían sentir culpable siendo él inocente. Se siente tan culpable que acude a Dios en oración pidiendo clemencia y perdón (v. 4-5). La persecución de los adversarios y aun de los administradores de la ciudad (aquellos que se *sentaban a la puerta*) ha hecho que su autoestima llegue a niveles tan bajos, que él mismo siente que no es un buen ejemplo para su pueblo. David llega a expresar un sentido de culpabilidad convenciéndose que él se ve como obstáculo para que Dios escuche las oraciones de aquellos que buscan y oran a Dios (v. 6-12).

La súplica de David a Dios en medio de la ofensiva de los enemigos es muy intensa. Su oración está llena de plegarias pidiendo acción inmediata contra ellos. David pide en sus ruegos a Dios que lo libere, lo saque del abismo en que ha caído, que no esconda de él su rostro y que Dios se acerque a su alma para redimirla (v. 13-18). Deja el castigo de sus enemigos en las manos de Dios, que sea Él el que los destruya y aun implora para que Dios los borre del *libro de los vivientes* (v. 22-28). David termina este canto en una nota alta, *alabando* a Jehová y *exaltándolo* porque finalmente le concederá salvación a él y a Israel (v. 29-36).

Esta oración de David, que se puede catalogar como un grito de muerte, sirve como escena introductoria a dos versículos (9, 21), que dan la impresión de estar fuera de lugar o contexto. En el versículo *nueve* David dice que el celo de la Casa (o el Templo) lo consumió y que los insultos o vituperios cayeron sobre él. Literalmente estos dos sucesos se cumplieron en Jesucristo. Cuando Jesús subió a Jerusalén cerca de la celebración de la Pascua encontró que el Templo se utilizaba para mercadear las víctimas que se ofrecían en tal celebración. También era centro de cambio de monedas para los que procedían de otras naciones. Presenciando lo que allí se hacía y viendo que la Casa de adoración a Dios la habían profanado, se hizo de un azote y los echó fuera diciendo muy enojado: *"Quitad esto de aquí, y no convirtáis la casa de mi Padre en casa de mercado"* (Juan 2:16). Pablo hablando del ejemplo humilde de Jesucristo de no agradarse a sí mismo sino que buscó el bienestar de los demás, cita la segunda parte del versículo *nueve* de este salmo que dice: *«Los vituperios de los que te vituperaban cayeron sobre mí.»* (Romanos 15:3b; cf. Job 6:15; Salmo 38.11).

En el versículo *veintiuno* David señala que sus enemigos le pusieron en la mesa *hiel por comida* y cuando tuvo sed le dieron a *beber vinagre*. En el camino hacia el Gólgota donde Jesús fue crucificado, Jesús llevaba su cruz ayudado por Simón de Cirene a quien los soldados romanos obligaron a cargarla. Sintiendo el cansancio y agonía de saber que iba a ser crucificado tuvo sed y le ofrecieron a beber vinagre mezclado con hiel, un remedio analgésico que se le daba a los que eran crucificados para mitigar el dolor y el sufrimiento, una especie de anestesia (Mateo 27:34; Marcos 15:21-41; Lucas 23:26-49; Juan 19:17-30; cf. Proverbios 31:6-7).

El hecho de que *Jesucristo se negó a tomarlo* significa que Él optó por sufrir hasta la muerte como el Cordero que Dios envió para quitar el pecado del mundo cumpliendo así la voluntad de Dios. Una situación parecida ocurre con algunas mujeres muy valientes, que están listas para el alumbramiento de sus criaturas y optan por la forma natural (sufrir el dolor intenso de un parto) sin que se les administre anestesia.

Jesús no quiso *mitigar el dolor* y, si lo hubiese hecho, la palabra del profeta Isaías no se hubiese cumplido cuando dijo que Cristo es un experto en sufrimiento (53:3). Con el último suspiro en la cruz, el Hijo de Dios se coronó campeón del sufrimiento a quien Isaías identifica como el *varón de dolores*. ¡Gracias Dios por enviar a tu Hijo a morir por nosotros!

Salmo 68: Subió a los Cielos

Por definición un salmo es una alabanza a Dios. Son cantos que lo enaltecen por su hechos poderosos, amor manifestado, protección a los suyos o cualquier favor recibido. Este canto es un resumen de lo que Dios hizo por su pueblo cuando lo sacó de Egipto con mano fuerte. Una alabanza que recoge lo que Jehová hace a favor de los que le aman.

El salmo comienza con unas palabras de estilo militar las cuales Moisés pronunciaba cuando los israelitas iniciaban la marcha con el Arca como estandarte. Al movimiento del Arca, Moisés decía: "*«¡Levántate, Jehová! ¡Que sean dispersados tus enemigos y huyan de tu presencia los que te aborrecen!»* Y cuando ella se detenía, decía: *«¡Descansa, Jehová, entre los millares de millares de Israel!»* (Números 10:35-36). Los enemigos eran dispersados como la cera que se derrite al fuego (v. 2), lo contrario sucede a los justos los cuales se llenan de alegría y gozo (v. 3). El salmista enfatiza que a Dios hay que alabarlo, no porque sea un mandamiento, sino porque Él es el defensor de los pobres, huérfanos y de las viudas. También porque su poder se manifestó haciendo temblar la tierra y los reyes huyeron ante su presencia (v. 4-10). Dios hizo a Sión como su morada para habitar con su pueblo y sitio de enlace para siempre (v. 14-16). El salmo continúa alabando al Creador por la defensa, bendiciones y protección hacia su pueblo en medio de los enemigos (v. 19-35).

La intervención mesiánica la encontramos solo en los versículos 17 y 18 los cuales son citados por Pablo en su carta a los Efesios (4:7-13) para ilustrar los diferentes dones otorgados a los cristianos con el fin de cumplir con la obra de edificación del *cuerpo de Cristo* o su iglesia. El salmista describe un escenario de una victoria militar donde el triunfador se queda con el botín. Dios o Señor ascendió a lo alto, tomando cautivos y tomó dones *de los hombres*. El apóstol, por el contrario (y para explicar los dones o gracia que nos equipan para hacer la voluntad de Dios), dice que Jesucristo subió también a lo alto y llevó cautiva a la cautividad, pero dio dones *a* los hombres.

Dios *tomó dones de los hombres* y Jesucristo *dio dones a los hombres*. ¿Cuál es la diferencia? El hecho de que Dios tomó dones *de los hombres* significa que Dios ha triunfado sobre los enemigos de su pueblo y tomó el botín de la manera que lo expone Santiago: *"Pero él da mayor gracia. Por esto dice: «Dios resiste a los soberbios y da gracia a los humildes.»"* (4:6, cf. Proverbios 3:34; 1 Pedro 5:5; Mateo 23:12). Dios ha frustrado y destruido la sabiduría e inteligencia de los sabios (1 Corintios 1:19-20). En cambio, por el sacrifico de Cristo y su victoria sobre los enemigos de Dios y su pueblo *recibimos dones* y hemos sido equipados para toda buena obra, luchar contra el mal y todo lo que se opone a la justicia de Dios (Efesios 4:11-13). De manera que podemos decir como Pablo: *"¿Qué, pues, diremos a esto? Si Dios es por nosotros, ¿quién contra nosotros?"* (Romanos 8:31).

La gracia estaba destinada y reservada para su iglesia (1 Pedro 1:10). Pablo explica que Jesús primero tuvo que haber bajado a la tumba (morir) para poder subir por encima de todos los cielos (resucitar) y vencer a todos sus enemigos (Efesios 4:9). Y al presente continúa derrotando a todos los enemigos del pueblo de Dios hasta que los ponga por estrado de sus pies. *"Y despojó a los principados y a las autoridades y los exhibió públicamente, triunfando sobre ellos en la cruz"* (Colosenses 2:15). Jesucristo nació, murió y resucitó para ser el Rey y Señor de señores. ¡Sabiduría de Dios en misterio!

Bibliografía

Cohn Eskenazy T., y Tikva Frymer-Kensky. *The JPS Bible Commentary Ruth (El Comentario Bíblico JPS de Ruth)*. Philadelphia: The Jewish Publication Society, 2011.

Clayton, John y Nils Jansma. *The Source (La Fuente)*. West Monroe: Howard Publishing Co., 2001.

Edersheim, Alfred. *Bible History Old Testament (Historia Bíblica del Antiguo Testamento)*. Peabody: Hendrickson Publishers, 1995.

Green, Arthur. *These are the Words (Estas son las Palabras)*. Woodstock: Jewish Lights Publishing, 1999.

Specter Lascelle, Ruth. *We Have a Great High Priest (Tenemos un Gran Sumo Sacerdote)*. Arlington: Bedrock Publishing, 1997.

Lavine, Baruch A. *The JPS Torah Commentary Leviticus (El Comentario JPS de la Torah en Levítico)*. Philadelphia: The Jewish Publication Society, 1989.

Grant Luton, L. *In His Own Words (En sus Propias Palabras)*. Akron: Beth Tikkun Publishing, 1999.

Mandela, Nelson. *Long Walk to Feedom, (Un Largo Camino hacia la Libertad)*. New York: Little, Brown and Company, 1994.

Milgrom, Jacob. *The JPS Torah Commentary Numbers (El Comentario JPS de la Torah en Números)*. Philadelphia: The Jewish Publication Society, 1990.

Polish, Daniel F. *Bringing the Psalms to Life (Dándole Vida a los Salmos)*. Vermont: Jewish Lights Publishing, 2000.

Polish, Daniel F. *Keeping Faith with the Psalms (Aumentando la Fe con los Salmos)*. Vermont: Jewish Lights Publishing, 2004.

Sadan, Tsvi. *The Concealed Light (La Luz Escondida)*. Missouri: Vine of David, 2012.

Sarna, Nahum M. *The JPS Torah Commentary Genesis (El Comentario JPS de la Torah en Génesis)*. Philadelphia: The Jewish Publication Society, 1989.

Sarna, Nahum M. *The JPS Torah Commentary Exodus (El Comentario JPS de la Torah en Éxodo)*. Philadelphia: The Jewish Publication Society, 1991.

Taylor, Wade E. *The Secret of the Stairs (El Secreto de las Escaleras)*. Capitol Heights: Wade E. Taylor Publications, 2009.

Tigay, Jeffrey H. *The JPS Torah Commentary Deuteronomy (El Comentario JPS de la Torah en Deuteronomio)*. Philadelphia: The Jewish Publication Society, 1996.

Biografía

José A. Quiñones realizó sus estudios bíblicos en el Instituto Leta Baxter en la ciudad de México y se graduó de Abilene Christian University con una licenciatura en química. Él adquirió una maestría en Administración de Empresas (MBA) de la Universidad del Turabo en Puerto Rico. Por más de treinta y cinco años ha sido maestro de escuela bíblica y ha predicado en Puerto Rico, Estados Unidos y en México. Es autor del libro Las Pisadas de Cristo en el Antiguo Testamento Parte I. Actualmente trabaja en investigación química e imparte clases bíblicas en Cumming, GA. José y su esposa Tere tienen tres hijos: Rocío, José Ely y Lucía Quiñones y dos nietas.

Para más información: quinonesramos@gmail.com

Printed in the United States
By Bookmasters